LOS MEDIOS DE IMPUGNACIÓN EXTRAORDINARIOS EN EL PROCEDIMIENTO LABORAL

***ACCESO GRATIS** a la Lectura en la Nube*

Para visualizar el libro electrónico en la nube de lectura envíe junto a su nombre y apellidos una fotografía del código de barras situado en la contraportada del libro y otra del ticket de compra a la dirección:

ebooktirant@tirant.com

En un máximo de 72 horas laborales le enviaremos el código de acceso con sus instrucciones.

LOS MEDIOS DE IMPUGNACIÓN EXTRAORDINARIOS EN EL PROCEDIMIENTO LABORAL

Oswaldo Duque Luque

Bogotá D.C. 2025

En caso de erratas y actualizaciones, la Editorial Tirant lo Blanch publicará la pertinente corrección en la página web www.tirant.com.

Duque Luque, Oswaldo, autor.

Los medios de impugnación extraordinarios en el procedimiento laboral / Oswaldo Duque Luque. -- Primera edición. -- Medellín : Tirant lo Blanch, 2025.

236 páginas.

(Laboral colombiano)

Incluye bibliografía: páginas 233-236.

ISBN: 978-84-1095-372-7

1. Derecho laboral -- Colombia. 2. Recurso de casación. 3. Recurso de revisión. 4. Revocación de la legislación. 5. Arbitramento laboral. 6. Procedimiento laboral. I. Beltrán Sierra, Alfredo, escritor de prólogo. II. Título. III. Serie.

LOC: KHH1841.A66 CDD: 344.01 ed. 23

Catalogación en publicación de la Biblioteca Carlos Gaviria Díaz

EDITA: TIRANT LO BLANCH
Calle 11 # 2-16 (Bogotá D.C.)
Telf.: 4660171
Email: tlb@tirant.com
www.tirant.com
Librería virtual: www.tirant.com/co/
ISBN: 978-84-1095-372-7

Si tiene alguna queja o sugerencia, envíenos un mail a: *atencioncliente@tirant.com*. En caso de no ser atendida su sugerencia, por favor, lea en *www.tirant.net/index.php/empresa/politicas-de-empresa* nuestro procedimiento de quejas.

Responsabilidad Social Corporativa: *http://www.tirant.net/Docs/RSCTirant.pdf*

ÍNDICE

CAPÍTULO III

CAPÍTULO IV

CAPÍTULO V

CAPÍTULO VI

CAPÍTULO VII

CAPÍTULO VIII

CAPÍTULO IX

CAPÍTULO X
EL RECURSO DE REVISIÓN

CAPÍTULO XII.
I. EL RECURSO DE ANULACIÓN

II. EL RECURSO DE ANULACIÓN

MODIFICACIONES Y REFORMAS AL RECURSO DE CASACIÓN LABORAL, REVISIÓN, ANULACIÓN DE LAUDOS ARBITRALES Y AL ORDINARIO DE QUEJA.

CAPITULO X

PRÓLOGO

A solicitud de su autor, el doctor Oswaldo Duque Luque, abogado egresado de la Universidad Libre de Colombia, de cuya Sala General fue integrante, y elegido por ella como Censor Nacional cargo este que desempeñó con lujo de competencia, imparcialidad y vivencia en la defensa de los principios que inspiran a esa Universidad, escribo este prólogo sobre el trabajo académico que el autor ha titulado "LOS MEDIOS DE IMPUGNACIÓN EXTRAORDINARIOS EN EL PROCEDIMIENTO LABORAL", en el que ofrece a los estudiosos análisis histórico y jurídico sobre los recursos de casación y de revisión en las sentencias que se profieran por la jurisdicción, trabajo que extiende al Recurso de Anulación contra las decisiones arbitrales en los conflictos colectivos de trabajo. El autor realiza este trabajo académico con el conocimiento acumulado durante el ejercicio profesional, así como con la versación propia de quien estuvo vinculado a la Rama Judicial del Estado como Magistrado Auxiliar de la Sala Laboral de la Corte Suprema de Justicia y luego como Procurador delegado en asuntos de carácter Laboral y de la Seguridad Social. A ello agrega el autor de esta obra su experiencia en el ejercicio de la profesión como litigante y la docencia universitaria como profesor destacado de Posgrados en la materia tanto en la Universidad Libre como en la Universidad Externado de Colombia.

I. EL RECURSO EXTRAORDINARIO DE CASACIÓN

En relación con lo atinente al Recurso extraordinario de Casación, el autor analiza la trascendencia y fines de este recurso extraordinario y, a este efecto, expresa, de entrada, que para su cabal entendimiento jurídico e institucional es esencial una comprensión de que este recurso tiene como objeto la sentencia judicial que se dicte en instancia con carácter definitivo si el fallador lo fue un Tribual Superior como juzgador de segundo grado, o , si excepcionalmente ese recurso extraordinario fuere interpuesto, por acuerdo de las partes , con prescindencia de la segunda instancia, en el hipotético caso de la "Casación *Persaltum*". Por esta razón se insiste por el autor en que la sentencia escrita constituye una garantía procesal por cuanto así se permite actuar con la debida precisión al interponer el recurso extraordinario de casación, y al decidir sobre este, impone límites al juzgador para la mayor eficacia del derecho como instrumento necesario para la efectividad de la convivencia social.

En la misma dirección se recuerda que el Recurso Extraordinario de Casación es de estirpe Constitucional por lo que cobra especial relevancia la consideración del profesor Álvaro Pérez Vives en su obra sobre "el Recurso de Casación en materias civil, penal y del trabajo" en el cual se señala la tendencia doctrinaria a considerar que ha de dejarse de lado el "fetichismo de la ley escrita", para abrir paso a la función que se cumple por la jurisprudencia como fuente del derecho al interpretar la legislación que ha de aplicarse por los jueces en su labor de administrar justicia, tendencias que al decir del doctor Oswaldo Duque Luque en esta obra explica la trascendencia de las sentencias judiciales que en materia constitucional se ejercen por la Corte Constitucional en vigencia de la Constitución de 1991, como quiera que el trabajo además de un derecho fundamental es uno de los principios protegido principalmente por la Constitución que constituye uno de los fundamentos del estado social de derecho.

Prosigue el autor bajo esta concepción del Recurso Extraordinario de Casación establecido directamente por la Constitución y regulado por la ley, con el análisis sobre la respuesta que se ha de dar por el Estado y la administración de justicia a las demandas sociales para la aplicación del Derecho a través de la jurisprudencia, "en aras de la igualdad de los ciudadanos frente a la ley o igualdad de trato que es un derecho superior en el Estado Social del Derecho en la medida que la primacía de la ley obedece en esa fórmula política , al pacto de los asociados, lo que no ocurre en los proyectos autoritarios donde la voluntad general que para el caso es la concertación, se reemplaza por un poderío de intereses particulares bajo la influencia de un estado corporativo".

Por esta razón, expresa el autor de esta obra que en el marco constitucional no es posible admitir "que sea válida una supuesta fractura entre la Jurisdicción Ordinaria y la Constitucional; toda vez que, en principio, la Ley es la Constitución o la Constitución es la propia Ley, cuando se basta a sí misma como texto prescriptivo que contiene una proposición jurídica inequívoca de derechos fundamentales".

El carácter democrático del Recurso Extraordinario de Casación trae como consecuencia necesaria que todos los órganos del poder público, incluidos quienes administran justicia, se encuentran en su actividad imperativamente obligados a "garantizar la efectividad de los principios, derechos y deberes consagrados en la Constitución. A esos fines no puede escapar ninguno de los recursos, ni el carácter extraordinario de la casación es pretexto para ello". Así entendido, el recurso de casación prosigue el autor de esta obra -, "es un instrumento formidable contra el error judicial, la discriminación, la arbitrariedad y la desigualdad de trato, en lo que coinciden autores clásicos sobre este recurso como Piero Calamandrei en Italia y Manuel de la Plaza en España".

A continuación, y dadas las funciones que se establecen por la Constitución para la Corte Constitucional, a la cual, conforme al artículo 241 de la Carta Política "se le confía la guarda de la integridad y supremacía de la Constitución" y a la Corte Suprema de Justicia, establecida por el artículo 234 de la Carta Política como " el máximo Tribunal de la Jurisdicción Ordinaria", a esta corporación le corresponde como primera de sus atribuciones conforme al artículo 235 de la Carta Política, "actuar como Tribunal de Casación".

Con fundamento en las normas constitucionales en las que se precisan las funciones de la Corte Constitucional y de la Corte Suprema de Justicia, se recuerda por el autor que ello dio "lugar a dificultades en la labor de integración del ordenamiento jurídico superior, tal como es del resorte de una justicia constitucional", lo cual "produjo incertidumbre jurídica, inseguridad y aquello que coloquialmente se conoció en Colombia como choque de trenes".

A esta discusión, también se enfrentó España luego de la expedición de la Constitución de 1978 lo que dio lugar a que se establecieran las diferencias entre el recurso de amparo para la protección de derechos fundamentales y el recurso extraordinario de casación, pero los dos, con raigambre constitucional pues su objeto no se contrapone a la unidad del sistema jurídico , conforme lo advierte el profesor Eduardo García de Enterría, en su obra sobre "Reflexiones sobre la Ley y los Principios Generales del Derecho". Así mismo el autor, recuerda que el profesor Hans Kelsen en su obra "La Garantía Jurisdiccional de la Constitución", precisa que los jueces no pueden aplicar la ley en dirección opuesta a la Constitución y mucho menos la Constitución contra la Constitución, por lo que, concluye el autor de esta obra que "la divergencia entre las dos Cortes no puede tener valor constitucional ya que, en la fórmula de un Estado Democrático de Derecho la interpretación efectuada por el Tribunal Constitucional es la que , en todo caso, prevalece;" por lo que "en materia del recurso de Casación, se debe buscar que la técnica obedezca a una lógica que facilite casar razonablemente la sentencia contraria al ordenamiento jurídico", pues, reitera que el recurso extraordinario de casación en el marco constitucional debe "facilitar la aplicación de los valores constitucionales", por conducto del legislador pues "no conviene al Recurso Extraordinario que sea el mismo Tribunal de Casación el que, por vía de doctrina o de autos, lo regule".

El autor de esta obra, inextenso se ocupa expresamente de la motivación de la sentencia en la cual se concreta la máxima garantía para las partes que acuden al proceso para evitar decisiones arbitrarias y para hacer efectivo el derecho de todos a ser juzgados conforme a normas de carácter general, impersonal y objetivo que, de suyo excluyan privilegios inaceptables en un Estado de Derecho. A este efecto en cita afortunada del desarrollo del proceso adelantado en Inglaterra contra el monarca Carlos I, recuerda que el Rey expresó en su defensa lo que a continuación se transcribe: "porque soy vuestro Rey no me podéis procesar, porque yo soy Rey ningún poder en la tierra me puede pedir cuentas. (St. T., p. 996)", cita esta que fue tomada del libro de Demandt, Alexander, editor. "Los grandes Procesos, Derecho y poder en la Historia" Drakontos, Barcelona 1993.

La motivación de la sentencia, entonces, es un elemento esencial para hacer efectivo el sometimiento de todos en condiciones de igualdad a la Ley, razón por la cual surge entonces para el control de la sentencia judicial proferida en instancias, el Recurso Extraordinario de Casación. Por ello la sentencia del juez de instancia tiene como pilares básicos los hechos que se invocan por las partes; pero exige además, que estos se establezcan mediante pruebas decretadas o allegadas al proceso en las cuales se cumpla el derecho de contradicción de las mismas, pues a esos hechos deberán ser aplicadas las normas establecidas por el ordenamiento jurídico y aquellas previstas en el mismo para suplir, no por capricho sino en virtud de la ley, los eventuales vacíos que puedan existir en la regulación normativa que habrá de aplicarse. En resumen, el juzgador, en un estado democrático encuentra delimitada su potestad de juzgar, pues realiza su labor racionalmente conforme al ordenamiento jurídico. De allí surge como garantía de imperativo cumplimiento el deber de motivación de los fallos judiciales para que quienes acuden al proceso puedan hacer efectivo el sometimiento de la sentencia que se profiera a la legislación expedida por el legislador conforme a la Constitución Política.

El ejercicio al derecho de impugnación de las providencias judiciales y, en particular de aquella que ponga fin a la labor de instancia, exige que el Recurso Extraordinario de Casación sin perjuicio de la reglas técnico-procesales que el legislador determine, pueda ser interpuesto con conocimiento pleno de la motivación del fallo, como garantía de carácter democrático y del sometimiento de los jueces al imperio de la ley. A esta conclusión se llega por el autor con apoyo en la evolución histórica y constitucional de Colombia. En cuanto hace referencia a la justicia laboral, se recuerda que en el Acto Legislativo No. 1 de 1940 se facultó al legislador para establecer la jurisdicción especial del trabajo y su organización. Cuatro años más tarde durante el gobierno del presidente Alfonso López Pumarejo y siendo sus ministros de gobierno y de trabajo los doctores Alberto Lleras Camargo y Adán Arriaga Andrade, se expidió el Decreto Ley 2350 de 1944.

Expedido luego el Código de Procedimiento Laboral, en su artículo 87 se reguló el Recurso Extraordinario de Casación norma esta que fue objeto de modificaciones ulteriores por el Decreto 528 de 1964. Desaparecido el Tribunal Supremo del Trabajo este fue reemplazado por la Sala de Casación Laboral de la Corte Suprema de Justicia. Se recuerda por el autor de esta obra que mediante la Ley 270 de 1996, Estatutaria de la Administración de Justicia, se reorganizó la Sala de Casación Laboral para integrarla con siete (7) Magistrados. En la actualidad por haberlo dispuesto así la Ley 1781 de 2016, se creó una Sala de Descongestión Transitoria por ocho (8) años en materia Laboral respecto de la cual manifiesta el autor que "de llegar a permanecer en el tiempo", se pondría de manifiesto la existencia de "una congestión irremediablemente crónica". Adicionalmente, observa que esta Sala de Descongestión Transitoria no tiene la función de "unificación jurisprudencial, que está reservada a la Sala Permanente".

Critica así mismo el autor la propuesta de establecer el Recurso Extraordinario de Casación para algunos procesos especiales, de los cuales afirma que, "convertidos en "pequeños" procesos ordinarios quedarían blindados frente al control Constitucional de tutela".

En el capítulo III de lo atinente al Recurso Extraordinario de Casación Laboral, el autor de esta obra analiza los fines y el objeto del Recurso Extraordinario de Casación Laboral y recuerda que conforme se expresa en "la Casación Civil, tomo I de Piero Calamandrei", el "objeto de la Corte de Casación no es "la producción de una decisión justa del concreto proceso singular, sino el mantenimiento de una uniforme y correcta actividad compleja en la aplicación del derecho en juicio; y, como consecuencia, también las condiciones de su ejercicio se regulan no según principios de derecho procesal civil, sino según principios de derecho Constitucional (subrayas fuera de texto)". Es decir, que así se reitera que la Casación como Recurso Extraordinario tiene como finalidad última mantener una aplicación judicial del Derecho que sea uniforme y exacta para hacer efectiva la igualdad de los ciudadanos que acuden a la jurisdicción, posición está en la que coincide con el profesor Calamandrei el profesor Manuel de la Plaza.

Es de gran trascendencia la insistencia del autor en que el Recurso de Casación ha de acudir al uso de la lógica normativa propuesta por Kelsen de manera singular, particular y concreta para que el Derecho cumpla la función social para la cual ha sido creado como instrumento de la civilización, más allá de la lógica Aristotélica.

El capítulo cuarto sobre el Recurso Extraordinario de Casación lo dedica el autor al análisis del contenido de la violación directa de normas sustanciales, la interpretación errónea, su aplicación indebida, como causales que autorizan casar la sentencia impugnada, análisis que extiende de manera particular a lo que ha de entenderse por "aplicación indebida *Juris*, en la vía directa de normas sustanciales", la cual tiende, en ocasiones a confundirse con la interpretación errónea del texto legal.

Al error de hecho en Casación y a los sistemas de valoración de la prueba en el Código de Procedimiento Laboral y los medios probatorios calificados para sustentar ese tipo de error en la violación de normas jurídicas sustanciales, dedica el autor estudio extenso en el capítulo quinto en este aparte de su obra apoyado también en algunos casos que toma como ejemplos, que ponen de manifiesto su vocación docente en la materia. De igual forma procede en el análisis de algunas exigencias formales al interponer y sustentar luego el recurso extraordinario de casación con muy útiles distinciones entre el alcance parcial de la impugnación o a su alcance total, así como en lo que respecta a la proposición jurídica esencial y la proposición jurídica completa, asuntos estos que dieron origen a amplias discusiones tanto en la Corte Suprema de Justicia como entre algunos profesionales del derecho con posturas diferentes.

El capítulo séptimo sobre el Recurso Extraordinario de Casación lo dedica a la reforma en perjuicio, es decir, cuando la Casación se refiere a contener la sentencia con la cual culmina el proceso en instancias decisiones que hicieron más gravosa la situación de quien apeló la sentencia de primera instancia o respecto de quien se surtió el grado jurisdiccional de consulta. A este respecto, resulta muy oportuna y de gran utilidad la cita que se hace de la sentencia T-1029 de 2012 de la Corte Constitucional conforme a la cual, "los proveídos de consulta no tienen cuantía para estudiar la procedencia del citado Recurso Extraordinario, es decir, que tendrá competencia para conocer de los Recursos de Casación en que se alegue esta causal la Sala de Casación laboral, en todos los casos en que la causal segunda de casación mencionada se invoque en la demanda respectiva".

Son muy importantes los planteamientos del autor en torno a la Casación PER-SALTUM, con útiles referencias a la legislación mexicana.

Propone el autor que en asuntos relativos a prestaciones económicas y Asistenciales sería conveniente auscultar la procedencia de establecer un Recurso Extraordinario para la unificación doctrinal sobre la materia a continuación del Recurso de Casación, con la finalidad de que a los mismos supuestos de hecho y de Derecho se asignen luego las mismas consecuencias jurídicas para evitar así una discriminación que sería violatoria del derecho a la igualdad.

En cuanto hace referencia a la Casación de Oficio en el procedimiento Laboral, ya establecida en el Código General del Proceso para los procesos a los cuales este se aplica cuando resulte afectado "gravemente el orden público, el patrimonio público o cuando se atenta contra derechos o garantías constitucionales", expresa el autor de este trabajo, que "se trata de un paso histórico en el desarrollo mismo del Recurso de Casación", que sería asunto del cual debería ocuparse tanto la academia como el legislador para asegurar así "el cumplimiento de la Constitución", como una función imperativa de todos los jueces "que actúan en representación del Estado Democrático de Derecho" a cuya realización se encuentra ligada "la Función Pública en la Administración de Justicia".

II. EL RECURSO EXTRAORDINARIO DE REVISIÓN

El recurso Extraordinario de Revisión que, por su propia naturaleza se instituyó contra sentencias judiciales ya ejecutoriadas y que, además, adquieren la categoría de cosa juzgada, no existía en la legislación procesal laboral, sino, que a ella fue incorporado y regulado por la Ley 712 de 2001, como así se dispuso en su artículo 2.

Este recurso, impone una consideración de carácter filosófico y jurídico que explica su existencia. En efecto, si una sentencia judicial adquiere la categoría de cosa juzgada, esta impone que lo resuelto, en adelante, tendrá definitividad y será, en consecuencia, inmodificable tanto por el juez que la profirió como por cualquier otro juez. Es decir, lo allí resuelto otorga a las partes que actuaron en ese proceso seguridad jurídica, finalidad esta que las partes persiguen pues los procesos deben terminar alguna vez y, además, para siempre.

No obstante, la sentencia que alcanzó ya la fuerza de cosa juzgada, en ocasiones puede encontrarse en pugna con la justicia, como suprema aspiración del derecho para que el proceso alcance su finalidad de instrumento de la civilización para conseguir y promover las pacífica convivencia entre los asociados. Por ello, si la sentencia judicial tiene como soporte la comisión de un delito, como ocurre por ejemplo cuando se funda en las declaraciones de testigos que fueron condenados por incurrir en falsedad en sus declaraciones testificales; o, cuando el fallo judicial se apoya en el ocultamiento o destrucción total o parcial de un documento que, de haber sido allegado al proceso, no lo fue por fuerza mayor o caso fortuito, o por obra de la parte contraria; o esa sentencia en la motivación tiene como apoyo un delito contra la administración de justicia, como producto de un cohecho; o la actuación delictual de un perito como auxiliar de la administración de justicia, la cosa juzgada que así se impone como seguridad jurídica, debe ceder ante la necesidad social de no revestir al delito como fuente de legitimidad de una decisión judicial y, por consiguiente, ha de retirarse del ordenamiento jurídico. Igual sucede, si la sentencia judicial es violatoria del derecho de contradicción por falta de citación y notificación al demandado, o por indebida notificación, para aducir luego que esa irregularidad carece de importancia, no obstante que sin publicidad no pueda ejercerse el derecho de contradicción que es de rango constitucional; por lo mismo, si este derecho se viola designándole al demandado un curador *ad litem* que no tendrá ninguna información para defender a un demandado que no conoce, y sobre unos hechos y pretensiones que apenas se mencionan en la demanda, esa vulneración del derecho de contradicción, no puede otorgar legitimidad social ni jurídica a la sentencia que con ese vicio se profiera pues, como en los casos anteriores, la pretendida seguridad jurídica desconocería el imperio de la justicia que se administra por la jurisdicción del estado.

Igual sucedería si el proceso se utiliza para perjudicar a un tercero que ni siquiera conoce la existencia de este, por personas que acuerdan previamente su utilización para que demandante y demandado en razón de una colusión que constituye fraude procesal, arrebaten así un derecho de ese tercero a quien ni siquiera se le informa de la existencia del proceso, caso en el cual, de nuevo, la cosa juzgada no puede aducirse como prevalente sobre el imperio de la justicia.

Las falencias anteriormente mencionadas se establecieron como causales para la creación del Recurso Extraordinario de Revisión en el Código de Procedimiento Civil de 1970, recurso hoy regulado por el Código General del Proceso.

El autor de esta obra, luego de analizar las causales del recurso de revisión de manera general, expresa que por su propia naturaleza se trata en todos los casos, de una "cuestión fáctica" que es "diferente a la del proceso que dio origen a la sentencia impugnada", lo que explica como razón suficiente que en el Recurso Extraordinario de Revisión se demande la sentencia con la cual terminó el proceso que dio origen a la interposición del recurso, las cuales no fueron de debate en ese proceso.

El autor expresa que entre las causales de revisión en que hacen procedente el Recurso Extraordinario de Revisión respecto de sentencias proferidas en los procesos contenciosos administrativos y en el Código General del Proceso, tienen como diferencia con las establecidas en el procedimiento laboral vigente que en este no fue incluida como causal, que la sentencia se hubiere dictado con fundamento en "dictamen emitido por un perito condenado penalmente por ilícitos cometidos en su expedición".

Manifiesta, a continuación que la Sala de Casación Laboral de la Corte Suprema de Justicia en auto de 20 de marzo de 2019 consideró que no es posible acudir al artículo 145 del Código de Procedimiento Laboral para abrir paso a la integración normativa en cuanto a las causales que estableció el legislador para este recurso en la Ley 712 de 2001, con causales contempladas en el Código General del proceso o para sentencias dictadas en procesos contenciosos administrativos, por cuanto, según lo expresado en el auto mencionado, consideró la Corte Suprema de Justicia que "el recurso de revisión en materia laboral tiene su propia regulación" por lo que no puede extenderse a causales distintas a las establecidas específicamente en el Código de Procedimiento Laboral.

Frente a esta posición de la Sala de Casación Laboral manifiesta el autor de esta obra que, en su opinión, lo expresado en ese auto, "debe ser replanteado, toda vez que la norma de integración del Código de Procedimiento Laboral, en armonía con el artículo primero del Código General del Proceso sí permite" que tal integración se realice "... como puede ocurrir con el dictamen emitido por un perito condenado penalmente por ilícitos cometidos en su expedición". Además, agrega que "no es acorde a los principios de interpretación de las normas procesales para hacer efectivo el derecho sustancial", darles tratamiento diferente a situaciones sustancialmente iguales con una interpretación restrictiva de la ley procesal. Aduce que por mandato legal "el juez al interpretar las normas procesales debe tener en cuenta que el objeto de los procedimientos es la efectividad de los derechos reconocidos por la ley sustancial, los principios constitucionales y generales del proceso, por lo que debe abstenerse de exigir y cumplir formalidades innecesarias".

Como se observa, el autor distingue el Recurso extraordinario de Revisión del Recurso de Casación; e igual lo hace luego con respecto a la conciliación entre las partes en la hipótesis de solucionar mediante esta una controversia de naturaleza laboral, con la aclaración, muy pertinente, según la cual el acto de conciliación privada entre las partes tiene como límite el respeto a la integridad de los derechos laborales mínimos que, por serlo, son "indisponibles e irrenunciables" conforme a lo expresado tanto por la Corte Suprema de Justicia Sala de Casación Laboral como por la Corte Constitucional.

A continuación se analizan por separado las causales de Revisión Laboral para la procedencia del Recurso Extraordinario de Revisión sobre sentencias judiciales proferidas en los procesos de esta índole y se ilustra con apoyo en la jurisprudencia, especialmente con la mayor importancia que ha adquirido la prueba pericial en materia laboral a partir de la vigencia de la lay 100 de 1993 y las normas que rigen en los asuntos relativos a riesgos laborales, lo cual lleva a reiterar la procedencia de la integración normativa entorno a las causales establecidas con respecto a la interposición de este Recurso Extra Ordinario.

III. EL RECURSO DE ANULACIÓN

Dado que el arbitramento como mecanismo para solucionar los conflictos colectivos económicos que puedan surgir entre los empleadores y los trabajadores se encuentra regulado por la ley en el Código Sustantivo del Trabajo, el autor pone de relieve su trascendencia en el ámbito social y económico–laboral, para ponerle fin a esa clase de controversias, precisamente por el antagonismo de intereses que exista entre las partes y por cuanto este puede superarse sin la intervención del Estado y por la vía de la autocomposición, pues en este caso el Laudo Arbitral se utiliza por acuerdo de las partes cuando a ellas no les fue posible otra forma de arreglo directo.

En este caso, recuerda el autor, que para la solución de estos conflictos colectivos mediante esa pacifica solución del conflicto, se permite a las partes acudir en material laboral conforme al artículo 55 de la Constitución Política que le ordena al estado promover la concertación y los demás medios para solución pacífica de las controversias de carácter económico–laboral, entre las cuales se encuentra el Tribunal de Arbitramento, sin que los árbitros designados por las partes tengan, por aceptar tal designación el carácter de representantes de ellas, pues han de actuar con sujeción al principio de independencia y con el objetivo de llegar a una decisión que le de efectividad a la equidad que permita superar las diferencias.

Tras recordar en cuales casos es procedente la convocatoria de un Tribunal de Arbitramento de manera obligatoria, y la legitimidad indispensable para ese efecto, se sintetizan luego los requisitos para ser árbitro en un Tribunal de Arbitramento de esta naturaleza y se hace una síntesis de la evolución legislativa en Colombia sobre el particular, con análisis de los principios que rigen la actividad arbitral y el trámite al que queda sometida la decisión sobre ese conflicto, que para evitar arbitrariedad se somete a control mediante un Recurso Extraordinario, que lo es el Recurso Extraordinario de Anulación del Laudo Arbitral cuyo conocimiento corresponde conforme a la ley 712 de 2001, a la Corte Suprema de Justicia – Sala de Casación Laboral.

Como un aporte especial para la comprensión del Recurso de Anulación de Laudos Arbitrales en materia laboral, el autor recuerda que los árbitros tienen competencia para la solución de conflictos colectivos de trabajo promovidos por el Pliego de peticiones de los trabajadores, lo que impone unos límites a los empleadores quienes, sin embargo, tienen el derecho a designar a uno de los árbitros sin que ni éste, ni el designado por los trabajadores, puedan actuar como representantes de quien los designa, porque se encuentran junto con el tercer árbitro, en una posición que se lo impide y con unos mandatos que se encaminan a buscar la solución del conflicto conforme a la equidad, que es la justicia del caso concreto. Por esta razón el autor observa que es asunto que debe resolverse si la denuncia de las partes es suficiente para dar por terminada la existencia de una convención colectiva, asunto delicado que la legislación tiene resuelto en cuanto la sola denuncia no le pone fin a una convención colectiva ya vigente, pero sí expresa que es una facultad de las partes para precisar lo que ellas someten a la negociación; es decir, lo que desean modificar, y, por ello, cita como ejemplo la legislación laboral de la República de Guatemala, según la cual "la denuncia de un pacto colectivo de condiciones de trabajo, no implica la terminación ni disminución de los beneficios contenidos en este, siendo su único efecto dejar en libertad las partes para negociar un nuevo pacto". En todo caso, se insiste por el autor en que para el éxito y funcionamiento adecuado de los Tribunales de Arbitramento en materia laboral es indispensable que a las partes se les de toda la información que requieran y las facilidades pertinentes para que se pueda ejercer adecuadamente la labor que como árbitros deben cumplir.

En cuanto hace referencia al Recurso extraordinario de Anulación de Laudos Arbitrales, se observa por el autor que las cláusulas del Laudo Arbitral tienen validez mientras no sean anuladas conforme al procedimiento legal correspondiente. Por ello, es distinta la anulación de la homologación del Laudo pues esta última declara que el acto jurídico proferido por los árbitros en el Laudo no es invalido, por cuanto fue expedido conforme a la ley. A este efecto deberá confrontarse con la Constitución, la ley y los derechos consagrados en la Convención Colectiva vigente, porque son estas las condiciones que el ordenamiento jurídico establece para su validez y eficacia. Este Recurso Extraordinario no se encuentra sujeto a ninguna formalidad especial, como lo observa el autor de esta obra, quien expresa que en su interposición sí debe precisarse si su alcance es "total o parcial", razón esta por la cual, "en materia laboral, aquellas cláusulas que no fueron objeto de impugnación entran a regir a partir de la vigencia del laudo".

Al procedimiento para la interposición del Recurso de Anulación contra Laudos Arbitrales no existe término establecido por el legislador, ni existe trámite especial para la presentación de alegatos por las partes, ni se ha establecido expresamente la deserción del recurso. La Sala de Casación Laboral de la Corte Suprema de Justicia se ocupó antes del control de legalidad de los laudos arbitrales en materia laboral "por vía de homologación", es decir, solo para su examen de legalidad. Se trataba, conforme al artículo 143 del Código de Procedimiento del Trabajo de un examen de legalidad, es decir, de un control rogado para establecer la validez y eficacia de las cláusulas arbitrales.

Por las razones expuestas, este Recurso de Anulación de los Laudos Arbitrales, con silencio del legislador para establecer términos para interponerlo o causales para ello, dejó abierta la posibilidad de expresar, de manera precisa si la anulación de ese acto jurídico tiene por objeto que se le quite validez total o parcialmente, y nada más. Por ello el autor manifiesta que, a su juicio, la Corte Suprema de Justicia, Sala de Casación Laboral, no tiene competencia para actuar como legislador para fijar reglas de procedimiento para el ejercicio de este derecho a impugnar total o parcialmente un laudo arbitral, como lo hizo en auto de 5 de febrero de 2008 en el que se estableció que para ejercer este Recurso de Anulación y para su sustentación se fija un término de tres días hábiles. Este recurso se surte con el envío del original de su interposición dentro de los dos días siguientes al proferimiento del auto. El silencio del legislador, conforme los expresa el autor, no confiere a la Corte Suprema competencia para regular el procedimiento para interponerlo o sustentarlo.

Al autor, especial agradecimiento por la feliz oportunidad para leer y analizar esta obra en un prólogo que más que ello constituye respuesta a la distinción que se me hizo por él para prorrogarla. A los destinatarios de esta, especialmente a los profesionales del Derecho, a los funcionarios de la Rama Judicial y a los discípulos universitarios del doctor Oswaldo Duque Luque, una invitación a la lectura de los capítulos destinados a "Los Medios de Impugnación Extraordinaria en el Procedimiento Laboral" que, a todos, nos será de utilidad académica y profesional.

Alfredo Beltrán Sierra

Expresidente Corte Constitucional

Bogotá D.E. Julio de 2024

PRESENTACIÓN DEL AUTOR

A comienzo del mes de marzo de 2020, las alarmas se prendieron ante los efectos devastadores de un virus proveniente de la China que entró por los aeropuertos del país y se expandió por todo el territorio colombiano. A su paso, produjo una tragedia inesperada que enlutó a los hogares de muchos amigos y conocidos. Durante el confinamiento, la cátedra por internet resultó ser el repuesto de la cátedra presencial con la cual se inauguró la academia virtual de hombres aislados y atrincherados ante la amenaza.

Las alarmas fueron temporales, pero el confinamiento se alargó y la academia presencial parecía condenada a desaparecer.

Fue el momento de activar la imaginación. Decidí, que era el tiempo indicado para procesar una larga experiencia, modesta sí, en el ejercicio de la profesión como abogado laboralista; como docente en la Facultad de Derecho de la Universidad Externado y ocasionalmente de la Universidad Libre. La impronta de una larga estancia en la Sala Laboral de Corte Suprema de Justicia, en años anteriores a 1999, gracias a la invitación del profesor Hernán Guillermo Aldana Duque, para integrar su despacho como Magistrado Auxiliar. Experiencia que se prolongó hasta el día en que tomé la decisión de poner punto final y emprender otro capítulo de la vida. Al otro lado del cuadrilátero, el litigio y la razón práctica de las herramientas que ahora comparto.

En ese recorrido quedaron lecturas y apuntes de cátedra que venía conservando con el pasar del tiempo. Lo más valioso de todo la cátedra universitaria, que alienta la disciplina intelectual, la confrontación con las inquietudes de los jóvenes estudiantes, algunos muy aventajados tal como lo han demostrado. Pero, sobre todo, porque fortalece la generosidad al compartir la experiencia y trasmitir el conocimiento; la conexión con un aprendizaje recíproco, infinito y provechoso.

Al maestro Fernando Hinestroza, le escuché en varias ocasiones reprobar a esos profesores que son "como las vacas que se guardan la leche". – Así lo decía ante la muchachada-.

La academia es una actividad humanista y generosa de socialización. Aprendí en la Universidad que lo más progresivo de la docencia es formar comunidades académicas, dirigidas a generar preguntas, a ejercer la crítica con fundamento y asumir con humildad la obligación de ser criticado, porque para bien del conocimiento, nada es perfecto. Es, Adquirir formación a partir de la diferencia, el disenso y la civilizada confrontación que le mueven la cerca a la realidad y transforman para bien lo que no funciona.

En medio de la incertidumbre del confinamiento, organicé estas ideas que presento a los que buscan información y aprendizaje. Mi deseo es, no perder un trabajo de largos años que tiene la impronta de una mirada crítica y propositiva, tal como corresponde a la escuela de pensamiento de la cual derivo mis convicciones. A la Universidad Libre donde recibí la formación profesional y a la Universidad Externado, en la Facultad de Derecho, parientes que me acogieron generosamente en la docencia durante largos años.

El reto asumido lo componen tres recursos extraordinarios en materia laboral, el de Casación, el de Anulación de Laudos Arbitrales de naturaleza económica, el de Revisión y el de Queja – alguien dirá, la ñapa- que, no siendo extraordinario, es una garantía y un aliado del Recurso de Casación.

El Recurso extraordinario de Casación está organizado en el contexto de un medio de impugnación de naturaleza Constitucional, cuya estructura guarda relación con tres momentos: el descubrimiento, el juicio y el control. Su estudio parte del plano normativo en que se ejerce el control de las sentencias de cierre proferidas en el Proceso Ordinario Laboral, la Ley sustancial atributiva de derechos y de la estructura probatoria que acoge el Código Procesal del Trabajo. Así, como el relacionado con la norma procesal (de creación jurisprudencial). De confección muy singular y excepcional con relación al de Casación en otras disciplinas. La más cercana, la del Código General del Proceso.

En cuanto a las sentencias de las altas Cortes, recogí aquellas que pueden ser consideradas jurisprudencia, ya que se corre el riesgo obsesivo de navegar en la constelación de pronunciamientos y de casuística, según los itinerarios y conveniencias del poder, que nos aleja de la lógica de los recursos. Lo llamo, coloquialmente, el síndrome de los Mucutuy, niños perdidos cuarenta días en la selva del Guaviare, que solo veían árboles, pero no encontraban el camino. La Salas de decisión permanente y de permanente descongestión, no ayudan en la tarea de unificación del derecho objetivo y han reproducido el bosque de sentencias.

Hago uso del pensamiento del jurista vienés Hans Kelsen, en sus estudios sobre el silogismo y la lógica normativa, que estimo útil en la aplicación práctica de las modalidades de la primera causal de Casación Laboral.

Acogí la idea de los usos del Kelsen, propuesta por el profesor argentino Oscar Sarlo, nuestro decano en el conversatorio de Hans Kelsen, que surgió de un intercambio de ideas con mi exalumno de Laboral Colectivo, Gonzalo Ramírez Cleves.

El recurso de Anulación de Laudos arbitrales, proferidos en materia económica al cierre del conflicto colectivo de trabajo, por vía del arbitramento, tiene por objeto controlar el poder de los árbitros en la actividad de impartir justicia en equidad, elaborar la ley de las partes ante el fracaso de las negociaciones directas. Que pone a prueba el buen sentido y la razón, en la búsqueda de la mejor opción posible para las partes en conflicto.

Como tal, el recurso de anulación se encuentra cercado por los derechos de las partes, consagrados en la Constitución Política, la Ley y las convenciones colectivas de trabajo. Es un recurso de marcado contenido doctrinario, sustentado en prolijos precedentes de la Sala Laboral de la Corte Suprema de Justicia, en lo que fue el recurso de homologación y ahora, el recurso de anulación de laudos arbitrales. Que oscila en su trayectoria doctrinal entre la concepción corporativista y la de libre composición.

El recurso de revisión amenazaba convertirse en un vehículo de impugnación varado, al que le dimos arranque en el Ministerio Público, en la delegada para los Asuntos del Trabajo y la Seguridad Social, con el apoyo del Procurador Edgardo Maya Villazón. El propósito es, procesar la experiencia de ese entonces, cuya continuidad ha sido impulsada en algunas entidades oficiales y contribuir a rectificar el estrabismo de su génesis.

El recurso de queja, aunque recurso ordinario, es un buen aliado del recurso extraordinario de Casación Laboral. Tan útil y necesario cuando los juzgadores de instancia optan por negar, caprichosamente, el recurso de apelación y el de Casación contra una sentencia que pone fin a la vía ordinaria.

Antes de lucir el bléiser de madera, dejo a las nuevas generaciones de abogados este recorrido por la historia de unas instituciones del Derecho Laboral. Tengo la esperanza que servirá de apertura para el conocimiento de quienes se inclinan, desde las aulas universitarias, por esta disciplina, que exige algo más que la letra menuda del sinóptico del procedimiento, una herramienta para rectificar desigualdades, resolver conflictos y dar importancia a la dignidad de quienes viven y aportan a la sociedad con su personal esfuerzo: el trabajo.

Por último, agradezco la lectura crítica de algunos de los capítulos. Sobre todo, las observaciones y sugerencias que hicieron los doctores Alfredo Beltrán Sierra, expresidente de la Corte Constitucional, que generosamente asumió el trabajo de hacer la presentación y Carlos Tobón Borrero, estudioso y aliado de batallas jurídicas.

Oswaldo Duque Luque

Bogotá D.C. Colombia, octubre de 2024

LOS MEDIOS EXTRAORDINARIOS DE IMPUGNACIÓN EN MATERIA LABORAL

La Casación Laboral

CAPÍTULO I

1. El ambiente Constitucional de la Casación Laboral. 2. La trascendencia de una revolución institucional y los fines del recurso de Casación. 3. La motivación de la Sentencia. 4. La sentencia judicial de cierre como objeto del recurso extraordinario de Casación. 5. La sentencia escrita como garantía procesal.

CAPÍTULO II

1. Los orígenes del control sobre las decisiones judiciales en Colombia 2. Antecedentes de la recepción del recurso extraordinario de Casación laboral en Colombia 3. El rescate constitucional del recurso de Casación frente al formulismo jurídico en la Casación Laboral.

CAPÍTULO III

1. Los fines y el objeto del recurso extraordinario de Casación Laboral 2. La fundamentación lógica del recurso de Casación, las reglas universales del pensamiento 3. El silogismo normativo en la práctica del derecho, el uso de la lógica normativa en Hans Kelsen 4. El contexto del descubrimiento y del juicio respecto al hecho nuevo en casación.

CAPÍTULO IV

1. El contexto del control. La violación directa o sustancial. 2. Interpretación errónea. 3. El concepto de la aplicación indebida en la Casación Laboral. 4. El complejo concepto de la aplicación indebida iuris (vía directa).

CAPÍTULO V

1. La aplicación indebida, como consecuencia de errores de hecho. El juicio fáctico, el error de hecho y los sistemas de valoración de la prueba en el Código de procedimiento Laboral .2. Medios probatorios calificados para sustentar el error de hecho en la Casación Laboral o el poder de la instancia 3. particularidades del error de derecho en la Casación Laboral. El dilema. 4. la ausencia de un recurso extraordinario para la unidad doctrinal.

CAPÍTULO VI

1. Lo dispositivo del Recurso de Casación Laboral 2. El alcance de la impugnación principal y el alcance de la impugnación subsidiaria. 3. La proposición jurídica completa y la proposición jurídica esencial o la proposición jurídica. 4. Los criterios auxiliares como integración del derecho en la proposición jurídica.

CAPÍTULO VII

1. Causal segunda. La reforma en perjuicio 2. La casación *per saltum*. 3. El interés jurídico para recurrir, criterio cuantitativo y cualitativo. Las costas y agencias en derecho 4. Aspectos procedimentales del trámite del recurso. Citación de las partes a audiencia. El auto para mejor proveer. 5. La demanda de Casación y la oposición. 6. La acción de tutela contra sentencias como super casación. 7. La necesidad de un Recurso Extraordinario para la Unificación Doctrinal.

CAPÍTULO VIII

1. La casación de oficio en el Código General del Proceso, su alcance e integración en el procedimiento laboral 2. ¿Recurso de Casación en procesos especiales?

CAPÍTULO IX

1. El recuso de Queja, un aliado del recurso extraordinario de Casación Laboral

EL RECURSO DE REVISIÓN

1. Naturaleza del Recurso de revisión 2. Excepción a la Cosa Juzgada y seguridad jurídica 3. Diferencia con el recurso extraordinario de casación 4. Procedencia del Recurso de Revisión y sus causales 5. Competencia, prejudicialidad y término para interponerlo. 6. Legitimación por activa 7. Demanda y trámite 8. Acción de Revisión 9. Comparativo entre el Recurso de Revisión del Código de Procedimiento Laboral, el Código General del Proceso y el Código de Procedimiento Administrativo y de lo Contencioso Administrativo. 10. observaciones finales.

EL RECURSO DE ANULACIÓN

Capítulo I

EL ARBITRAJE OBLIGATORIO

1. Arbitramento en conflicto colectivo de trabajo 2. Autocomposición o heterocomposición 3. Definición de Tribunal de arbitramento que resuelve conflictos de intereses o económicos 4. Eventos en que procede un Tribunal de Arbitramento obligatorio 5. Legitimidad por activa para convocar un tribunal de arbitramento obligatorio 6. Requisitos para ser arbitro en un Tribunal de Arbitramento para dirimir conflictos colectivos de trabajo 7. El poder de los árbitros 7.1 Competencia negativa 7.2 Competencia positiva 8. Principio de congruencia 9. La cláusula retrospectiva 10. Carácter transitorio del arbitraje en conflicto de intereses 11. Notificación del Laudo arbitral 12. Vigencia del Laudo 13. Doctrina de la duración estipulada o impuesta legalmente. 12. Procedimiento para el arbitramento en conflicto de intereses 12.1 Solicitud de convocatoria 13.2. Trámite administrativo.

Capítulo II

EL RECURSO DE ANULACIÓN

1 ¿Por qué anulación y no homologación? 2. Término para interponer el recurso de anulación y competencia para su conocimiento 3. Término para sustentar el recurso de anulación 4. Apéndice. La cláusula de novación 5. El derecho de información y de petición (Un procedimiento de negociación participativo y razonable).

LA CASACIÓN LABORAL
CAPÍTULO I

1. El ambiente Constitucional de la Casación laboral. 2. La trascendencia de una revolución institucional y los fines del recurso de Casación. 3. La motivación de la Sentencia. 4. La sentencia judicial de cierre como objeto del recurso extraordinario de Casación. 5. La sentencia escrita como garantía procesal.

1. El ambiente Constitucional de la Casación laboral.

La Casación laboral recibe cuestionamientos frente a su capacidad de control y sujeción a la igualdad de trato, seguridad jurídica, certeza y unidad doctrinal; en función del principio de legalidad y de supremacía de la Constitución, frente a la tendencia en períodos de crisis a flexibilizar o desregularizar las reglas prescriptivas a través de la jurisdicción laboral, como respuesta a una bajísima capacidad de concertación o debido a la inactividad del legislador en esa materia. Lo cual conduce a un deterioro del principio de la legalidad y de la propia constitución.

Un documento histórico relevante es la introducción que hace Álvaro Pérez Vives, al texto de su autoría, "Recurso de Casación, en materias civil, penal y del trabajo". Donde, en el contexto histórico de ese momento, se duele de la inactividad del órgano legislativo del poder público para actualizar y poner a tono con las circunstancias la legislación existente, lo cual impone al órgano judicial la tarea de legislador.

Para el año de 1938, decía que "La finalidad del derecho moderno ha variado el alcance de las finalidades del Tribunal de Casación. Soberana única antaño, la ley es mirada hoy, cuando menos, con prevención, y los autores se pronuncian contra el 'fetichismo de la ley escrita'". Seguidamente, afirma que, "en Colombia el vuelco jurisprudencial ha sido francamente favorable a esas tendencias, a partir de 1935". Lo cual es cierto, porque en Colombia, en cuanto hace con el derecho del trabajo se estaba formando una intelectualidad que daría origen al Tribunal Supremo del Trabajo y a la doctrina que surgió de allí, que despejó el camino a la modernidad en el enfoque de dicha disciplina. Y, por último, señala que, "en tales circunstancias la Corte de Casación ha dejado de estar al servicio de la Ley para hacer justicia al derecho. Ya no es un apéndice del Órgano legislativo. A su vez se ha convertido en un poder con facultad legislativa, tanto más efectivo cuanto verdaderamente científico, en tanto que los Parlamentos, por su composición política y por hallarse integrados por personas de muy poco valor intelectual en su gran mayoría, fracasan rotundamente en su labor esencial de legislar." Hace referencia al "Curso de Derecho Civil" de Josserand, cuando sostienen que "La Ley es lo que la jurisprudencia quiere que sea".

Esta tendencia le dio un reconocimiento especial a la Corte de Casación de ese entonces; pero, el poder del Órgano legislativo se desplazó en gran parte al Órgano Ejecutivo que, en materia laboral, por vía de excepción, produjo importantes disposiciones en materia sustantiva y procesal.

Estas corrientes doctrinales regresan actualizadas al escenario político con la Constitución de 1991, con más fuerza, pero aupadas en textos positivos de jerarquía superior que recogen concepciones actuales del derecho y del Estado. La creación de la Corte Constitucional, cuyas doctrinas le tendieron una sombra a la Corte de Casación que, en la Constitución de 1991, se concibe como un tribunal especializado en esa materia. Entonces, la tarea de desarrollar un papel normativo con alcance general, por vía de la acción de inconstitucionalidad, lo asumió la Corte Constitucional, a través de las sentencias admonitorias y condicionadas. Así como la elaboración de una principialística propia para optimizar la legislación laboral en la aplicación de la ley y por vía de la Acción Constitucional de Tutela.

Para el derecho del trabajo resulta relevante el tema de su constitucionalización; toda vez que, desde la república de Weimar, lo inspira un sentimiento universal por los valores implícitos en el enfoque del conflicto capital y trabajo, lo cual tiene especial relevancia en los derechos fundamentales del trabajo (principios) que cobran importancia en la globalización de la economía y de la organización social. El concepto de constitucionalización de derechos fundamentales del trabajo de factura global y las normas que lo integran, el valor y la eficacia de las normas programáticas y los derechos de los trabajadores como derechos análogos a los del ciudadano, especialmente en lo que tiene que ver con las disposiciones relativas a los derechos y libertades fundamentales susceptibles por su naturaleza de aplicación inmediata. Cómo, no mencionar, la facultad legislativa delegada por el ordenamiento jurídico superior a empleadores y trabajadores a través de la negociación colectiva.

El Recurso Extraordinario de Casación, en materia laboral, hay que reivindicarlo en cuanto que su objeto esté dirigido a garantizar el cuadro de valores y mecanismos utilizados en el Estado Social de Derecho para hacer posible el cumplimiento de los derechos que emergen de la Constitución y de la legislación laboral que protege. En el caso particular de la jurisdicción del trabajo y el poder del Tribunal de Casación, materializar las garantías de igualdad frente a la ley, unificar la jurisprudencia del trabajo e imponer seguridad jurídica a las relaciones que regula. Su papel integrador o de completud del ordenamiento jurídico protege los derechos del trabajo como expresión de la voluntad manifiesta de los actores en el ordenamiento jurídico.

A lo anterior se agrega, que la misma Carta, establece unos criterios rectores del ejercicio de la función judicial como son la prevalencia del derecho sustancial, el imperio de la ley y de la Constitución como norma superior; con auxilio únicamente de los principios generales del derecho, la equidad, la doctrina y la jurisprudencia; que son el lindero de su actividad en la creación del derecho. Sin que esté dentro de su competencia crear nuevas reglas o adicionar conductas o comportamientos por vía general, de resorte de la actividad legislativa[1]. Sin embargo, el derecho no es un objeto que se presenta ante los jueces completamente elaborado. Es en la solución de los conflictos jurídicos en que emerge la creación del derecho en la norma individual que es la sentencia.

Cabe agregar, en este punto que, ante la crisis de concertación laboral, cuya nota característica es la pasividad del órgano legislativo, la actividad de los jueces del trabajo, en todos los niveles, tiende a sobre dimensionar la equidad sobre la primacía de la ley, como un mecanismo para atenuar los rigores del texto positivo mas no del formulismo jurídico. Ya que, en la tendencia a desregularizar, se corre el riesgo de caer en un anti-positivismo que arroja al juez por fuera de su competencia. O, cuando se confunde esa labor en aras de corregir formulismos o excesos de rigor, en ocasiones no manifiestos, que sacrifican el derecho sustancial y lo colocan en el terreno de los intereses particulares.

La primera pregunta es, si el recurso extraordinario de casación en materia del trabajo, dispuesto por la propia ley para su defensa, es capaz de corroborar a las demandas de justicia que se propone el modelo de Estado Social de Derecho, en su labor de órgano de control sobre la decisión judicial de cierre. Sobre todo, si realiza o edifica la unidad de la jurisprudencia nacional, en aras de la igualdad de los ciudadanos frente a la ley o igualdad de trato que es un derecho superior en el Estado Social de Derecho, en la medida que la primacía de la ley obedece, en esa fórmula política, al pacto de los asociados. Lo que no ocurre en los proyectos autoritarios donde la voluntad general que, para el caso es la concertación, se remplaza por un poderío de intereses particulares bajo la influencia de un Estado corporativo.

El segundo problema es, detectar las posibles interferencias entre mecanismos destinados a proteger y hacer efectivos los derechos fundamentales con relación a otros. Que también tienen el propósito de resolver contiendas respecto a derechos que no obstante su origen constitucional, encuentran su desarrollo pleno en la ley. Para derivar de allí, las consecuencias sobre la armonía de todo el sistema jurídico y su credibilidad, en cuanto que compromete la seguridad jurídica que es uno de los aspectos centrales del recurso extraordinario de casación frente a las consecuencias de la incertidumbre judicial.

---

1 "Reflexiones sobre la Ley y los principios generales del Derecho".
GARCÍA de Enterría, Eduardo, Editorial Civitas, 1986, Madrid.

Una respuesta acorde con las exigencias de justicia es actualizar los conceptos, modalidades del recurso extraordinario y el Tribunal de Casación, dentro del ambiente de la Constitución, más allá de una fórmula burocrática. Toda vez que los principios constitucionales mínimos e institucionales le conceden autonomía al sistema normativo que desarrolla el derecho del trabajo. Sin que sea válida una supuesta fractura entre la Jurisdicción Ordinaria y la Constitucional; toda vez que, en principio, la Ley es la Constitución o la Constitución es la propia Ley, cuando se basta a sí misma como texto prescriptivo que contiene una proposición jurídica inequívoca de derechos fundamentales.

La tendencia actual del sistema jurídico general y los subsistemas es, fijar unos derechos fundamentales y principios generales e institucionales que son la base unificadora de la ley como referentes en su creación y aplicación, como la razón de ser y fundamento de los derechos. Tienen su origen primigenio en un estado de cosas que se construyen en el curso de la historia de la humanidad, que se fundan y rigen como valores universales; cuya realidad fáctica, hacen que el destino de la política sea el de transformarse en la ley. De allí, la cautela del órgano jurisdiccional.

No obstante que el recurso extraordinario de casación no tiene por objeto juzgar el caso concreto, lo cual es labor del juez en la instancia, su función política de controlar la legalidad de la sentencia no se puede apartar de la Constitución ni de la Ley; como de la axiología de la justicia. Es una finalidad del Estado y por tanto de los órganos del poder público garantizar la efectividad de los principios, derechos y deberes fundamentales consagrados en la Constitución. A esos fines no puede escapar ninguno de los recursos, ni el carácter extraordinario de la casación es pretexto para ello.

Tengo la convicción de que el carácter democrático del recurso extraordinario de casación y de su herencia revolucionaria desde su origen, surge en escenarios legítimos de concertación, cuando representa una voluntad general, cuando se presenta como una garantía de unidad para su contenido sustancial frente al capricho, la arbitrariedad, la rebeldía, la desactualización. Históricamente introdujo un elemento típico de la casación clásica a partir del yerro *juris;* posteriormente, el *yerro facti in iudicando* e *in procedendo,* para convertirse en un instrumento formidable contra el error judicial, la discriminación, la arbitrariedad y la desigualdad de trato.

Tiene importancia mencionar que tanto, Piero Calamandrei como Manuel de la Plaza; éste último, caracterizado por divulgar el recurso de casación en España, coinciden en señalar que el recurso de Casación es un recurso Constitucional. Lo cual se evidencia, para comentar el caso de la doctrina colombiana, cuando estableció un instrumento "informal" para la protección de los derechos fundamentales, al que podía acudir, sin formalismo alguno cualquier ciudadano. Pero, finalmente, los jueces se vieron obligados, por vía de doctrina, a introducir conceptos de violación propios de la técnica o, tal vez, mejor, de la lógica del recurso extraordinario de casación, que no es de fácil realización para un ciudadano analfabeta y sin instrucción.

Se me ocurre afirmar que el concepto que acoge la Constitución de 1991, para el órgano encargado del recurso extraordinario, proviene de la tendencia alemana de un Tribunal de Casación, como "una autoridad judicial dentro del sistema ordinario de la organización judicial"[2] (Kohler). Mientras que la Corte de Casación en la versión francesa, lo concibe como *"una institución estatal que está por encima del poder judicial ordinario para la defensa del derecho objetivo".*[3]

Se puede colegir que en Colombia se adoptaron dos tribunales de casación. Uno de jerarquía supra judicial, guardián de la constitución y de los derechos fundamentales por vía de selección y, otro, dentro del sistema ordinario del poder judicial, vigilante de la Ley.

Schmidt (no confundir con Carl Smith), citado por Calamandrei[4], y por, De la plaza[5], sostienen la naturaleza Constitucional del recurso Extraordinario de Casación apoyados en una cita textual según la cual, *"... el Tribunal de Casación no es un órgano de tutela jurídica privada que obra en interés de las partes, sino un órgano de fiscalización jurídica que el Estado tiene a su servicio; y añade, que el fin que persigue con su actuación no es el pronunciamiento de una resolución justa, sino el mantenimiento de una aplicación judicial del derecho uniforme y exacta; por lo cual, añade el escritor germánico, las condiciones del recurso se regulan, no según principios estrictamente procesales, sino según normas de Derecho Constitucional".* Principio de legalidad, sujeción al ordenamiento jurídico, prevalencia del derecho sustancial y, debido proceso.

Las dos expresiones, la de una Corte Constitucional como jurisdicción difusa y una Corte Suprema de Justicia como gendarme de la Ley, dieron lugar a dificultades en la labor de integración del ordenamiento jurídico superior, tal como es del resorte de una justicia constitucional.

La coexistencia de dos instancias constitucionales produjo incertidumbre jurídica, inseguridad y aquello que coloquialmente se conoció en Colombia como el choque de trenes. Para los doctrinantes europeos se trataba de un período de transición, no de permanencia, que, en mi concepto, tendrá que confluir en una sola Corte ya que no será posible el fraccionamiento de la Constitución con la Ley cuando el tribunal de Casación no da el brazo a torcer frente a divergencias. Un juez demócrata aplica la

---

2 ARAGÓN, REYES, Manuel "Estudios de Derecho Constitucional" Centro de Estudios Políticos Constitucionales, Madrid, 1998.

3 ARAGÓN, REYES, Manuel Op. Cit.

4 CALAMANDREI, Piero "La Casación Civil". Editorial EJEA Buenos Aires, 1973. (3 tomos) Tomo I, volumen 2, Pág. 247.

5 DE LA PLAZA, Manuel, "La Casación Civil". Editorial Revista de Derecho Privado, Madrid. Pág. 37, 1944.

ley en función de la Constitución y para ello debe existir un monopolio del control Constitucional.

Si la competencia de la Corte Constitucional queda reducida al ámbito de los derechos fundamentales, la jurisdicción ordinaria representada en su máxima jerarquía por la Corte Suprema de Justicia no es de ninguna manera el supremo intérprete de la Constitución Política. Si los derechos fundamentales están presentes en la Ley, la línea divisoria para la integración del ordenamiento jurídico resulta complejo establecerla. Son casos ilustrativos aquellos que han dado lugar a divergencias entre la Corte Constitucional y la Corte de Casación.

Así las cosas, comienza a desarrollarse una doctrina sobre la vía de hecho con las modalidades clásicas del recurso extraordinario como si se intentara desplazar al recurso extraordinario de casación, que ya en la experiencia española había sido advertida por el profesor Eduardo García de Enterría, como "el riesgo de convertir el recurso de amparo en una supercasación", al referirse al Tribunal Constitucional de España en el "caso Vinader[6], oportunidad en la cual se dijo:

"pues de otro modo si se aceptase la identificación, que el recurrente nos propone entre infracción de la Ley e infracción constitucional, el recurso constitucional de amparo resulta desnaturalizado para transformarse en un recurso universal de casación violentando lo dispuesto en los artículos 53.2,161. 1.b) de la Constitución, y 41 y 44 de la Ley Orgánica del Tribunal Constitucional".

Igualmente se vale de la sentencia de 27 de mayo y 8 de noviembre de 1983, con las cuales concluye el jurista español que,

"El recurso de amparo no puede insertarse respecto de esas vías ordinarias como un segundo y sobrepuesto recurso de casación general (o como una 'tercera instancia') ... o "superinstancia" (sentencia de 23 de noviembre de 1983). Esta interpretación ad *absurdum* debe ser excluida, evidentemente"".

En Colombia, abundan los ejemplos de la controversia que se suscitó entre las altas cortes como consecuencia de la actividad de la Corte Constitucional por vía de la acción de tutela contra sentencias de los órganos de cierre de la jurisdicción ordinaria y contenciosa.[7]

Ya el profesor Hans Kelsen, tenía entre sus inquietudes el concepto de ***regularidad,*** como relación de correspondencia entre un grado inferior y un grado superior

---

6 GARCÍA DE ENTERRÍA, Eduardo. "Reflexiones sobre la Ley y los Principios Generales del Derecho", Editorial Civitas S.A. 1986, Ver páginas 136 a 138, referencia al Tribunal Constitucional de España, sentencia de 23 de noviembre de 1983.

7 QUINCHE Ramírez, Manuel Fernando "Vías de hecho, Acción de Tutela contra Providencias", Ediciones Doctrina y Ley Ltda. 2010, sexta edición.

del orden jurídico, que no puede ser interferido o fracturado por la decisión judicial[8]. A falta de doctrina constitucional sobre un asunto concreto el juez no puede aplicar la ley en dirección opuesta a la constitución y mucho menos la Constitución contra la Constitución. Siempre que las aplica, debe proceder conforme al texto constitucional o la doctrina suprema del Tribunal constitucional. Es lo novedoso en la transición histórica del Tribunal constitucional del Estado Liberal de Derecho al Estado Democrático de Derecho, en cuanto que la preocupación central es la realización material de los derechos y de las garantías fundamentales[9].

Esto nos permite concluir que la divergencia entre las dos Cortes no puede tener valor constitucional ya que, en la fórmula de un Estado Democrático de Derecho, la interpretación efectuada por el Tribunal Constitucional es la que, en todo caso, prevalece.

En materia del recurso de Casación, se debe buscar que la técnica obedezca a una lógica que facilite casar razonablemente la sentencia contraria al ordenamiento jurídico. Pero, de ninguna manera, la confusión proclive a salvaguardarla, bajo una técnica con el ropaje aparente de lógica o en función de la presencia de intereses corporativos dentro del tribunal.

Los conceptos de que se vale dicho recurso extraordinario deben facilitar la aplicación de los valores constitucionales que deben prevalecer. En otras palabras, que la constitución como fuente debe ser capaz de disciplinar el recurso a través del legislador y hacerlo idóneo a sus propósitos. No conviene al Recurso extraordinario que sea el mismo Tribunal de Casación el que, por vía de doctrina o de autos, lo regule.

2. La trascendencia de una revolución institucional y los fines del recurso de Casación

La Revolución Francesa de 1789, tiene el valor de haber transformado a la humanidad al rectificar el lenguaje del poder en el antiguo régimen, a cambio de otra forma de entendimiento en la que está presente un concepto nuevo del hombre y del

8 Kelsen, HANS "La Garantía Jurisdiccional de la Constitución "(La justicia constitucional), Universidad Nacional Autónoma de México. México 2001, Instituto de investigaciones jurídicas. Num.5. El profesor Kelsen, ya había expuesto la tesis de la Constitución como norma cuando en el citado escrito, sostiene que "El contenido de la Constitución puede, en efecto, hacer inútil una ley, como sucede cuando una ley es formulada de tal manera que no hay necesidad de un reglamento para que pueda ser aplicada mediante actos administrativos o jurisdiccionales individuales..." (Pág.24)

9 ARAGÓN, REYES, Manuel "Estudios de Derecho Constitucional" Centro de Estudios Políticos Constitucionales, Madrid, 1998.

ordenamiento social. De allí, las expresiones de libertad, igualdad y fraternidad, como improntas del poder que con el tiempo serán los valores del derecho.

El profesor García de Enterría, señala que, dentro de los elementos básicos de esa institucionalización jurídica, que surge de la Declaración de Derechos del Hombre y el Ciudadano de 1789, está la técnica del ejercicio del poder político y la técnica de la garantía de la libertad y de los derechos inherentes a ella. Es justamente allí, donde tiene su génesis y su razón de ser, el instituto del recurso de Casación, como una técnica de control que obedece a un contenido de reintegración, *"de unidad sistemática que debe existir en la Ley y la jurisprudencia"*[10]

El recurso de *Casación* surge y se proyectará en el futuro como un instrumento de resistencia frente al poder omnímodo de los jueces, a la sentencia opresiva, a la discriminación, a la desigualdad, al entrabamiento de la libertad cuya diáfana representación está en la Ley como expresión de la voluntad general, cuya impronta obedece a un pacto de convivencia y la obligación de observarla.

La Ley como técnica de organización social aparece como un antídoto contra los privilegios. Su primera expresión aparece en la Declaración referida, pero muy especialmente en el artículo 1, al expresar que "*Los hombres nacen y permanecen libres e iguales en derechos. Las distinciones sociales solo pueden fundarse en la utilidad común*". Y, en el artículo 6, en cuanto dispuso que *"La Ley es la expresión de la voluntad general. Todos los ciudadanos tienen derecho de participar personalmente o por medio de sus representantes en su formación. Debe ser la misma para todos, tanto si protege como si castiga. Todos los ciudadanos, al ser iguales ante ella, son igualmente admisibles a todas las dignidades, puestos y empleos públicos, según su capacidad y sin otra distinción que las de sus virtudes y las de sus talentos."* También, en el artículo 16, al señalar que "*Toda Sociedad en la cual la garantía de los derechos no está asegurada ni la separación de los poderes establecida, no tiene Constitución."*

Es allí donde tiene origen aquello que Benjamín Constant[11], refería en su momento como la libertad de los modernos, que es el gobierno de la Ley, aquella técnica de administración social que garantiza la seguridad jurídica en el ejercicio de la libertad y de los derechos de los ciudadanos.

En el primer proyecto de Constitución de 1789 en Francia, introdujo un cerrojo al concepto de Ley como expresión de la voluntad general, cuya prevalencia era trascendental en la lucha contra los privilegios del antiguo régimen. Al prescribir que *"no*

---

10 COSSIO, Carlos "La plenitud del ordenamiento jurídico" Editorial Losada S.A Buenos Aires, segunda edición 1947, la segunda parte " La plenitud hermética del ordenamiento jurídico y los problemas positivos conexos"

11 CONSTANT, Benjamín. "La Libertad de los modernos", Alianza editorial, edición de Ángel Rivero. Pág. 99

será permitido a ningún juez, de cualquier manera, que sea, interpretar la Ley". Este nuevo ordenamiento jurídico pasaba por una tradición propia del antiguo régimen que, Alexis de Tocqueville describe como "regla rígida y practica blanda", "aunque no se cambiara la ley, la manera de aplicarla variaba todos los días"[12]

Así mismo, la Ley 16-24 de agosto de 1790, respecto de la organización judicial, expresó que los tribunales *"No podrán hacer reglamentos y se dirigirán al cuerpo legislativo todas las veces que lo crean necesario, bien para interpretar una ley, bien para hacer una nueva"*, no había un método distinto al gramatical debido a la posibilidad real de que el legislativo se ocupara de modificarla.

El derecho de resistir a la opresión como un estandarte inicial del derecho natural, se consagra en el derecho positivo al convertirse en recursos legales; que la doctrina procesal moderna concibe como los medios de impugnación. Así, la Declaración de derechos Girondina de 1793, dispuso que, "*Los hombres reunidos en Sociedad deben tener un medio legal de resistir a la opresión*". Según la Declaración mencionada, hay opresión cuando "*...una ley viola los derechos naturales, civiles y políticos que está llamada a garantizar o cuando la ley es violada por los funcionarios públicos en su aplicación a hechos individuales, o cuando los actos arbitrarios violan los derechos de los ciudadanos contra la expresión de la ley.*" Estableció, por tanto, que "*En todo gobierno libre el modo de resistencia a estos diferentes actos de opresión debe ser regulado por la Constitución*", que es la manera como en el Estado de derecho pierden reconocimiento todos aquellos actos de poder ilimitado a los cuales se recurre en un estado de naturaleza o desregularizado, donde reina la desintegración y por tanto no existe una expresión de sociedad organizada, sino el abuso del poder.

El derecho de resistencia se traduce en una acción judicial, a través de la cual, un juez de superior jerarquía es facultado por el poder público, para devolver el derecho desconocido en sede jurisdiccional.

La técnica del control de legalidad sobre los actos de los agentes públicos, con la acción de nulidad, surge a la par con el control de legalidad sobre las decisiones de cierre a través del recurso extraordinario de Casación.

Lo que se llamó el arbitraje legislativo llegó hasta la expedición del Código Civil de Napoleón (1804), que en su artículo 4, atenuó el rigor legislativo, al señalar que "el juez que se rehúse juzgar bajo pretexto de silencio, oscuridad o insuficiencia de la Ley podrá ser perseguido como culpable de denegación de justicia". Lo cual dio lugar al aforismo *iuvit novit curia* que permite presumir que el juez conoce la ley. Y, el recurso extraordinario de Casación representaba el mecanismo apropiado para defensa del mencionado código.

---

12 TOCQUEVILLE, Alexis "El antiguo régimen y la Revolución" Fondo de cultura económica, México, primera reimpresión 1998. Pág. 151

3. La motivación de la Sentencia. (contexto del descubrimiento y de la justificación)

En el antiguo derecho canónico no existía la obligación de motivar las decisiones judiciales. Dios no tiene obligaciones frente a los hombres, todo es gracia divina, y lo pronunciado en nombre del supremo principio de la creación no es susceptible de atribuirle error. Se trata de una creatura omnisciente bajo la cual se justifican sus representantes en términos absolutos por la presunción de verdad. No había para qué explicar o motivar el razonamiento basado en el principio de toda la verdad que no podía ser cuestionado por los súbditos.

Para examinar este momento de la historia, en la formación del Estado y el derecho moderno, es ilustrativo el desarrollo del proceso en el juicio contra Carlos I, y la Revolución inglesa, cuando en su defensa, sostuvo: "Porque soy vuestro rey no me podéis procesar, porque yo soy rey, ningún poder en la tierra me puede pedir cuentas. (St. T., p.996)"[13]. la defensa del rey estaba en consonancia con una monarquía hereditaria cuyo poder emanaba de Dios y no del pueblo.

No había lugar a motivar ninguna decisión, solo Dios le podía llamar a cuentas, pero nadie ocupar el lugar del creador del universo, o sus representantes.

El fiscal Cook, representante del nuevo orden y exponente de la transición a una monarquía constitucional, le respondió. "De la misma forma que el derecho está sobre vos, así realmente señor, hay algo que está sobre el derecho y ése es el creador y autor del derecho, y ése es el pueblo de Inglaterra. (St.T. pp. 1.009 ss.)"[14]

En el proceso de secularización del poder siguió al gobierno de los hombres, el gobierno de la ley dio paso a una de las más importantes reglas procesales: Toda decisión judicial debe ser motivada. De esa manera se buscó apartar la arbitrariedad de los pronunciamientos judiciales, toda vez que la motivación es, en cierta medida, un culto a la razón y un instrumento que revela con evidencia, como el acierto o la arbitrariedad corresponde o difiere de lo convenido en la Ley, como expresión del pueblo representado en el parlamento.

El profesor García de Enterría, en ese magnífico texto que es una obra cumbre de la literatura jurídica[15], concluye su exposición acerca de esta etapa, al señalar que, *"El juez decide no por capricho, sino en virtud de la Ley cuya particularización concreta al caso debatido debe hacer explícita. Porque el ciudadano no estará ya sometido a la dis-*

---

13 Demandt, Alexander, editor. "Los Grandes Procesos, Derecho y poder en la historia". Drakontos. Barcelona 1993.

14 Op.Cit "Los Grandes Procesos, Derecho y poder en la historia".

15 GARCÍA DE ENTERRÍA, Eduardo "La Lengua de los derechos. La formación del Derecho Público europeo tras la Revolución Francesa", Alianza Universidad, 1995.

creción, a la buena intención o buen juicio, a la voluntad de ninguna persona supuestamente superior, menos aún a ninguna vaporosa esencia transpersonal de la que fuese oráculo precisamente el juez, a través de no sabe que unción; está sujeto a la Ley y nada más que a ella y es preciso, por ello, explicarle cómo la Ley en el caso concreto le afecta, para beneficiarle o para perjudicarle. Esa necesidad de ser informado de porqué y cómo la Ley resuelve el problema que el proceso le ha de resolver es una necesidad derivada de la condición libre del justiciable; es, además una forma de excluir la arbitrariedad decisoria del juez, que ningún principio del sistema permite; es, en fin, un instrumento de defensa, para que el justiciable pueda, en su caso, impugnar la sentencia ante una nueva instancia."

Es así como la motivación de la sentencia aparece como un elemento esencial del gobierno de la Ley; es, además, indispensable para la labor del Tribunal de Casación, ya que una decisión contraria al orden jurídico es la que acciona el derecho de resistencia, secularizado en los medios de impugnación[16].

El recurso de casación, como extraordinario, frente a la decisión del juez que pone fin al juicio a través de su decisión, es la manifestación de una instancia última de control Constitucional, de la misma esencia de las acciones de amparo dentro del auge de los derechos fundamentales no circunscritos a la órbita de las naciones, sino con dimensión universal.

- **La sentencia judicial de cierre como objeto del recurso extraordinario de Casación.**

El objeto del Recurso Extraordinario de Casación es la sentencia que cierra el juicio, cuando se ha cumplido en términos generales la etapa del descubrimiento y la del juicio y, sigue la del control a través de este instrumento extraordinario.

Su técnica emerge de un contenido lógico normativo, en la tarea que cumple el tribunal de cierre en la elaboración definitiva del juicio.

La obra del juez es la sentencia, para la cual emplea en materia del trabajo las evidencias recogidas a través del descubrimiento, que se cumple cuando las partes han sometido a contradicción pública los hechos en que se fundamentan las pretensiones y las excepciones; la acción y la oposición.

La sentencia está fundada sobre dos pilares básicos que son, los hechos y el ordenamiento jurídico y, aquellas herramientas que el mismo derecho positivo le suministra para enfrentar los vacíos de la Ley.

---

16 Según, Michele Taruffo, "La motivación de la sentencia civil", Editorial Trotta,2011, pág.19. La motivación de la sentencia cumple una función endoprocesal en las instancias del proceso, respecto del derecho a la impugnación y extraprocesal, en cuanto a las garantías fundamentales de la administración de justicia que caracterizan el Estado democrático moderno.

El juez que corresponde a un Estado democrático de Derecho actúa en función del ordenamiento jurídico, por encima del poder, de intereses particulares o de sentimientos ideológicos o religiosos. Acata las competencias de los demás órganos del poder público y ejerce sus funciones con autonomía e independencia. Es agente de un poder enorme pero, limitado por el propio ordenamiento jurídico.

El Estatuto Procesal Colombiano que se integra al Procedimiento del Trabajo, reglamenta el contenido de la sentencia. Allí señala, que la sentencia debe limitarse al examen crítico de las pruebas con la explicación razonada de las conclusiones sobre ellas. Es un mandato de raciocinio, en la actividad judicial, que da por superado el sistema de la íntima convicción. Los razonamientos constitucionales, legales, la equidad y doctrinarios, son los estrictamente necesarios para fundamentar las conclusiones.

La sentencia es la síntesis constitucional de la Ley y del ordenamiento jurídico (de ponderación y optimización en caso de vacíos de la Ley), aplicado al caso concreto; es, el ejercicio de subsunción de las evidencias encontradas a partir del presupuesto factico y jurídico de la regla prescriptiva, en el proceso del descubrimiento y en el acto de motivación de la sentencia. La motivación surge en el contexto de la justificación.

Del objeto de la sentencia emerge la técnica de casación en materia laboral y se hace explícita en el procedimiento que la regula, con la ley sustancial y con la reglamentación de los medios probatorios.

4. La sentencia escrita como garantía procesal al concluir el debido proceso[17]

En la tradición procesal colombiana, en general, no existió ningún reparo a la sentencia escrita y ésta siempre se aceptó así, sin objeción alguna a su formalidad, como una garantía tangible y efectiva de síntesis y certeza en la conclusión de un debido proceso.

Motivación y escritura son la causa y la forma de la decisión judicial, que se produce en un sistema garantista dirigido a efectivizar el control de una decisión judicial por un órgano competente ante el cual se ejerce la impugnación como una praxis real del derecho de defensa. Medida secular de resistencia a los poderes absolutos que, corresponde al ejercicio razonado del derecho a impugnar una decisión contraria a la Ley.

---

17 El 22 de abril de 2013, el Departamento de Derecho Laboral de la Universidad Externado, publicó en su boletín ISSN 109-437X, el texto "La Sentencia Escrita", una crítica desde la academia a la Ley 1149 de 2007.

En el mundo clásico de la comunicación y expresión de las ideas, el libro es el instrumento en el cual la escritura llega a su máxima expresión, las tecnologías de punta han intentado superarlo con el medio magnético, tal como ocurrió con el audio libro en el género de la literatura y las tablas electrónicas cuya pantalla de fondo buscan, apenas, reemplazar la hoja de papel como continente ideográfico del pensamiento. Lo cierto es que el objetivo de la escritura no ha tenido comienzo ni final en el género de la literatura científica o en la técnica, no obstante, el recurso a la demanda en esas materias, al audio libro no se han llevado textos como el "Algebra de Baldor" o "la Crítica del Juicio", para mencionar ejemplos.

Qué implica ¿entonces? El acercamiento del audio sentencia con el género literario del cuento, la historia, la novela o la poesía; en tanto aquella concreta un discurrir lógico jurídico y éstos, la expresión de lo imaginativo y lo ensoñador.

El énfasis en la tradición oral[18] ha sido duramente criticado en la academia en cuanto que promueve el hábito del diletantismo, la improvisación, las explicaciones orales y declamatorias, el histrionismo y, el paralogismo[19], que a pesar de que posee un aspecto de razonamiento, en la oratoria tendría no sólo un eventual factor de razonamiento engañoso, sino un recurso al sentimentalismo que no logra trascender de lo emocional a la convicción fundada en la razón escrita para dejar una impronta de seguridad y certeza, un pensamiento razonado y coherente.

Con el paso de los oradores áticos al humanismo se da comienzo a una nueva tradición al introducir "el deber escrito" (la tarea) en las escuelas y en la enseñanza; pero,

---

18 Gonzales; Elena- García; Blanco; "Estudios sobre la "Tradición oral" de la Rioja. Reflexiones críticas y perspectivas de futuro. Academia.edu. "Como punto de partida de un estudio sobre la tradición oral, hemos de recordar que, en España, hasta la guerra, había en cada comunidad personajes castizos entre los que solía haber un bufón o más, un emisario, un pregonero, y además de otras muchas figuras, uno o más "aedos", cuya misión era la de divertir y recordar las cosas que todos habían oído y sabían, pero que necesitaban de alguien que se lo recordase. El aedo era persona notable, con fama y prestigio nada pequeños. Los había en todos los pueblos. En Calahorra, Javier Asensio recuerda a la dicharachera en Azcona, en Naval saz vivió Apolinar Fernández, que nunca hizo de aedo por su gran seriedad, pero cualidades no le faltaban; en Medrano hubo dos personajes relevantes: el Tío Bernabé y Ceferino. A esta especie también pertenecía la abuela Isabel en El Villar de Enciso, y pertenecen todavía hoy sus nietas Vitoria y Luz.
(...)
Cuando llegó y se difundió la civilización de la prensa, y en especial la TV, esos personajes fueron perdiendo interés, relevancia y función. Es lo mismo que ocurrió con los memorizadores, cuando llegaron a la Polinesia los pastores anglicanos con sus catecismos, que ya no fue posible encontrar personas capaces de repetir de memoria un discurso de una hora de duración."

19 Término filosófico que indica un razonamiento falaz. Aunque se diferencia del sofisma en que el paralogismo es un error involuntario, mientras que el sofisma es una argucia dolosa.

desde la Edad Media, con la escolástica, se comienza a superar la pedagogía basada en la oratoria porque los errores de lógica formal eran más frecuentes en la argumentación hablada, que no exige el discurrir estricto propio de la confrontación de lo escrito con lo pensado, que se expresa en esa relación de la mano escritora con la idea cerebral que trata de traducirse en la palabra escrita. La imprenta revolucionó el mundo cultural y el procesador de palabra parece continuar con la tarea, pero la simple grabación de lo hablado no sustituye ese avance de la humanidad. Es, por supuesto, en la sentencia judicial una verdadera regresión, toda vez que la comunicación hablada es de una superioridad superficial pero no así en cuanto a su profundidad[20].

No sin antes advertir al lector que, el audio libro fue primero texto escrito, las civilizaciones se desarrollaron con la escritura y fue el tránsito de la palabra oral al lenguaje escrito el que desarrolló la civilización, de allí que la gran revolución del derecho se ve reflejada desde la Ley de las doce tablas hasta el concepto de Ley, pública y escrita, de los revolucionarios franceses.

Porqué excluir el subrayado, las tachaduras, los comentarios adjuntos y las referencias a pie de página, las fuentes de información, ausentes en el audio sentencia, que en la buena práctica garantizan el derecho a resistir a los desatinos. Cuál es la finalidad de enfatizar la oralidad en una justicia desbocada, sometida al imperio de la estadística, como un mundo regulador de la cantidad, con desmedro en la calidad de la decisión judicial y limitar en el tiempo una impugnación razonada.

Si el término "sentencia" proviene de sentir, el sentimiento del juez no puede ser una canción, ni una tonada vocal, sino la expresión material de la Ley y del derecho llevado a un caso particular.

Característica de los Estados totalitarios es que no facilitan el control judicial de sus actos; pero tampoco los de sus jueces cuando éstos actúan como extensiones del legislador o del ejecutivo.

El Maestro Piero Calamandrei, se refirió en 1935 (época emblemática del fascismo), a la oralidad, en su texto "Elogio de los Jueces, escrito por un abogado", como la "expresión pura y simple del propio pensamiento" que, para recuperar el puesto que le correspondía, debía "arrojar del proceso la oratoria, entendida como arte retórica de envolver el propio pensamiento bajo palabras". Explicable, porque era el orador, el prototipo del intelectual italiano acentuado en la figura "del duce".

El estado de prevalencia del sentimiento, del ánimo sobre la razón, como una manera de eclipsar el conocimiento con la teatralidad de la oratoria verbal, de ocultar la verdad tras de un telón de emociones, reemplazar el saber con la farsa. La intelectualidad italiana tuvo que enfrentar ese estilo, de allí que el jurista italiano expuso que.

---

20 Gramsci; Antonio, "Cultura y Literatura"; Ediciones península,1977, en "Oratoria, conversación, cultura" (Pág.349).

"La brevedad y la claridad, cuando consiguen ir juntos, son los medios seguros para corromper honestamente al juez."[21]

Hay que alertar a las escuelas de derecho en Colombia acerca de esas experiencias históricas, cuando echamos mano a modelos que se nos quieren presentar bajo el ropaje de la modernidad, cuando son un mal retorno a las agrias experiencias de otras naciones y de un pasado anacrónico.

El procedimiento oral que los laboralistas ensayamos en Colombia desde 1948, no traba vínculo indisoluble con un solo instrumento de comunicación: el lenguaje hablado. También hace parte de dicho procedimiento actuaciones escritas, como hasta el momento ocurre con la demanda y su contestación, algunos recursos e insistimos que, por excelencia, la sentencia siempre debe ser escrita y respecto de la cual se permita a las partes contar con un tiempo suficiente para que el escrito que la contenga pueda ser examinado y facilitar así, en el ejercicio del derecho a la defensa, una impugnación razonada y ordenada, construida sobre la certeza de la decisión.

Es el contexto de una justicia democrática la que marca esa exigencia. Es un desaguisado creer que el procedimiento oral le declaró una guerra de exterminio al lenguaje escrito y existe la experiencia en estatutos procesales donde se ha intentado oralizar algunas actuaciones y la escritura se ha terminado imponiendo por la naturaleza de las cosas[22].

Si de lo que se trata es de estar a tono con la tecnología, resulta más avanzado el Código de Procedimiento Administrativo y de lo Contencioso Administrativo (Ley 1437 de 2011), que en el artículo 203 al regular la "notificación de las sentencias", insiste el uso del lenguaje escrito en la sentencia, al prever que "Las sentencias se notificarán, dentro de los tres días siguientes a su fecha, mediante el envío ***de su texto*** a través de mensaje al buzón electrónico para notificaciones judiciales…". En relación con el trámite de apelación de las sentencias es ampliamente garantista, ya que el recurso se debe interponer y sustentar ante la autoridad que profirió la providencia dentro de los diez (10) días siguientes a su notificación.

Cualquier comparación que se haga con otras disciplinas procesales, el procedimiento oral escogido en materia del trabajo pone al descubierto su talante totalita-

---

21 Cappelletti, Mauro. "Proceso, Ideologías, Sociedad", Ediciones Jurídicas Europa-América, 1974.

22 Plana; Juan Gil: "La Prueba en el Proceso Laboral", Editorial Thomson, Aranzadi, Madrid, España 2005. "Con relación al principio de escritura, la LECiv de 1981 no sólo establecía la obligación de presentar por escrito tanto las posiciones para la prueba de confesión judicial (art. 581) como las preguntas que se debían efectuar a los testigos (art. 183), sino también, la petición del recibimiento del pleito a prueba. Así mismo la proposición de los concretos medios de prueba se efectuaba por escrito; conducta forense que, si en algún aspecto no venía obligatoriamente determinada por la Ley, se acabó imponiendo en el quehacer diario de los órganos de procedimiento civil." Pág. 25 (subrayas fuera de texto).

rio en cuanto que lesiona los derechos fundamentales de defensa, igualdad y debido proceso.

La motivación escrita induce a una deliberación razonada que permite superar las reacciones intuitivas fundadas en primeras impresiones. La oralidad, hace prevalecer el histrionismo y la disputa. Pero, no es así en la prueba personal donde permite una valoración natural y directa de la declaración y de los hechos.

5. Una rectificación necesaria

La primera legislación que se propuso un procedimiento verbal en Colombia fue la legislación procesal laboral desarrollada en el decreto 2158 de 1948, como una respuesta de autonomía frente al Código Judicial, previsto para resolver las causas privadas. El espíritu de su reforma, contenido en la Ley 1147 de 2007, eleva a principio la oralidad y la publicidad, en cuanto que dispone que las actuaciones judiciales y la práctica de pruebas en las instancias se efectué oralmente en audiencia pública, so pena de nulidad. Excepto las allí previstas.

Lo novedoso de la reforma está en la oralidad, según la cual "En ningún caso se hará la reproducción escrita de las grabaciones. Las grabaciones se incorporarán al expediente".

De allí, que la audiencia de juzgamiento se limite al pronunciamiento oral de la sentencia y al levantamiento de un acta suscrita por el Juez, el secretario y quienes intervinieron en ella. Si hay un escrito de la sentencia es para el juez. Pero, con relación a las partes, por la expresa prohibición ya referida, la sentencia no es escrita y tan solo, al finalizar la audiencia, se puede obtener su reproducción en medio magnético los días siguientes.

Una práctica desbocada del procedimiento verbal permite que el juez lleve la sentencia entre la toga, antes de concluir la práctica de algunas pruebas.

Sin embargo, in *situ* y luego de escuchar las palabras de la providencia, en boca del juez y por altoparlante, inmediatamente se tiene que interponer el recurso de apelación," mediante la sustentación oral estrictamente necesaria" y el juez lo niega o lo deniega.

Es el teatro en que se representa la más efectiva restricción al derecho de impugnar y resistir a una decisión judicial que puede estar afectada de ilegalidad. Es el momento en que terminan las bondades del procedimiento oral y emerge en ese instante la posibilidad de que el debido proceso se corrompa. Una suerte de hipocresía del sistema.

Con la primera impresión de una sentencia escrita para el juez, que lee en la audiencia, se tiene que captar a oídas la construcción de una decisión judicial elaborada sobre las pruebas aportadas al proceso y la lógica empleada en la aplicación de la ley en conexión con las pretensiones y excepciones. Luego de un proceso ordinario en donde se debaten variadas pretensiones y se tienen que apreciar complejas pruebas y asuntos de derecho precedidos en algunos casos de una constelación de normas y "sentencias de las Altas cortes" que el juez, agobiado por las circunstancias, imposta y hace aparecer como "precedente jurisprudencial". Frente al "argumento de autoridad" no hay lugar a elaborar una impugnación razonada a la decisión injusta, en función de la garantía del "tiempo razonable"[23], y la decisión escrita, para facilitar la impugnación.

El Código General del proceso que introdujo en las causas privadas el procedimiento oral, resulta ser más garantista que el estatuto procesal laboral, ya que dejó la posibilidad de la sentencia escrita "cuando deba dictarse por escrito", mientras que las aclaraciones y los salvamentos de voto siempre deben quedar en esa forma.

En relación con el recurso de apelación contra la sentencia que pone fin a la primera instancia, aun cuando impone la obligación de interponerlo en forma verbal inmediatamente después de pronunciada, allí el juez resuelve sobre su procedencia, "así no hayan sido sustentados los recursos". Si la norma llegare hasta allí, estaría emparentada con el Estatuto procesal Laboral. Pero, más adelante precisa que cuando se apele una sentencia, el interesado, al momento de interponer el recurso en la audiencia, si hubiere sido proferida en ella, o dentro de los tres (3) días siguientes a su finalización o a la notificación de la que hubiere sido dictada por fuera de audiencia, deberá precisar, de manera breve, los reparos concretos que le hace a la decisión, sobre los cuales versará la sustentación que hará ante el superior.

La naturaleza de las cosas, en honor a Lucrecio, según que la realidad se impone a la ilusión. El legislador se vio obligado a replantear el procedimiento de la apelación en materia laboral, conceder un término razonable de cinco (5) días para "alegar por escrito", oír las alegaciones de las partes en la segunda instancia y ordenar la sentencia escrita. Luego de largo tiempo de haber regido una práctica oral perniciosa, de la que se abstuvo de ocuparse la Corte Constitucional con argumentos revestidos de exigencias formales. Tarea a medias, que muy pronto se extenderá a la sentencia de primera instancia (Artículo 13 de la Ley 2213[24], de junio 13 de 2022).

---

23 Cappelletti, Mauro. "Proceso, Ideologías, Sociedad", Ediciones Jurídicas Europa-América, 1974; en "Las garantías de los Artículos 6 y 13 de la Convención Europea sobre los Derechos del Hombre; carencia de una posibilidad de recurso del ciudadano italiano a la comisión".

24 Artículo 13. APELACIÓN EN MATERIA LABORAL. – El recurso de apelación contra las sentencias y autos dictados en materia laboral se tramitará así:

6. Paradoja y conclusión

El procedimiento oral no equivale a sentencia oral. Como vehículo de comunicación y de expresión, lo que hemos visto en la práctica judicial, en los asuntos del trabajo, se acerca al audio decisión con semejanzas al audio libro. La sentencia escrita es una garantía formal e imprescindible para el debido proceso, y la impugnación la materialización real del derecho de defensa. Un propósito de transparencia en la decisión judicial.

En la transición del recurso de casación civil del Código Judicial al de Casación Laboral previsto en el Decreto 969 de 1946, se produjo una controversia relacionada con el término del traslado y el procedimiento oral para la elaboración de la demanda de Casación. Precedente histórico relevante de otro disparate en la historia del procedimiento laboral. En esa ocasión el profesor Álvaro Pérez Vives, sostuvo[25]:

"Nosotros no discutimos la conveniencia de una reforma legal que permita reducir los términos del traslado en la Corte. Pero en defecto de aquélla, no es posible sustituir- mediante un simple Decreto de la Rama Ejecutiva- el procedimiento del mencionado art.530 del Código Judicial por la alegación oral consagrada en el art.74 del Decreto en referencia, puesto que la demanda de casación, esencial en el recurso, no puede desaparecer sin desvirtuar la naturaleza de éste. *Tampoco es posible sujetar a las partes al azar de una demanda verbal, puesto que la difícil técnica de la casación requiere calma y meditación, con el fin de que los fundamentos del recurso respondan a las exigencias legales y a la mecánica propia de aquél.* Lo más que hubiera podido ordenar, para conciliar el art.530 del C.J. son los principios que informan el procedimiento verbal, sería que la Corte, al vencimiento de los 30 días siguientes a la admisión del recurso, recibiera las partes en audiencia (art.534 del C.J.), sin excluir la demanda escrita. Por lo tanto, creemos, dada la complejidad del recurso y la técnica especial de sus causales, que es realmente una aventura presentarse a fundamentarla" (inclinadas por fuera del texto).

Aventura que se intentó revivir en escenarios académicos en el verano caliente de la oralidad.

---

1. Ejecutoriado el auto que admite la apelación o la consulta, si no se decretan pruebas, se dará traslado a las partes para alegar por escrito por el término de cinco (5) días cada una, iniciando con la apelante. Surtidos los traslados correspondientes, se proferirá sentencia escrita.
Si se decretan pruebas, se fijará la fecha de la audiencia para practicar las pruebas a que se refiere el artículo 83 del Código Procesal del Trabajo y de la Seguridad Social. En ella se oirán las alegaciones de las partes y se resolverá la apelación.
2. Cuando se trate de apelación de un auto se dará traslado a las partes para alegar por escrito por el término de cinco (5) días y se resolverá el recurso por escrito. (subrayas fuera del texto)

25 Pérez Vives, Álvaro "Recurso de Casación en materias Civil, Penal y del Trabajo", segunda edición, Librería Americana , 1946. Pág. 206

CAPÍTULO II

1. Los orígenes del control sobre las decisiones judiciales en Colombia 2. Antecedentes de la recepción del recurso extraordinario de Casación laboral en Colombia 3. El rescate constitucional del recurso de Casación frente al formulismo jurídico en la Casación laboral.

1. Los orígenes del control sobre las decisiones judiciales en Colombia

Las constituciones provinciales eran la muestra patética del trasplante de constituciones europeas, porque todavía no había fenecido las Leyes de las Siete Partidas, La Recopilación de Indias y las Ordenanzas españolas que eran invocadas para sustentar decisiones judiciales.

Los Decretos de Angostura del Libertador Simón Bolívar, fueron la respuesta a lo que representaba para ese entonces el viejo régimen de las leyes españolas.

La primera necesidad fue el arreglo de tribunales que administraran justicia. De resaltar la introducción del recurso de apelación en las causas civiles y criminales, de las sentencias del gobernador ante el tribunal de la Alta Corte de la República, encargada de oír y decidir en segunda y última instancia las apelaciones propuestas y admitidas ante los gobernadores políticos de provincia. Dicho tribunal pronunciaba las sentencias con carácter definitivo y ejecutadas sin recurso alguno conforme a las leyes.

El Congreso de Angostura coincide con la creación del Congreso provisional de Estado con sede en la Provincia de Guyana, integrado con ministros de la alta Corte de Justicia, entre otros.

Cito el ánimo que acompañó al Libertador para promover en nuestro territorio la experiencia política de crear y fortalecer el poder judicial, como base de la organización social y fundamento de un Estado:

"Yo he anhelado, agrega, y podría decir que he vivido desesperado en tanto que he visto a mi patria sin Constitución, sin leyes, sin tribunales, regida por el solo arbitrio de los mandatarios, sin más guías que sus banderas, sin más principios que la destrucción de los tiranos, y sin más sistema que el de la independencia y de la libertad. Yo me he

apresurado, salvando todas las dificultades, a dar a mi patria el beneficio de un Gobierno moderado, justo y legal"[1].

Al dictar el Reglamento de la Presidencia de la República, el 18 de febrero de 1819, estableció lo que podría identificarse como la recepción incipiente de un recurso de control frente a "*los casos de injusticia notoria*", con el fin de "*suspender su ejecución y devolver la sentencia al tribunal que la pronunció*". Pero, si llegase a insistir en ella, debía consultar al Congreso o a sus delegados, "*cuya determinación será decisiva*". Expresión incipiente de lo que más adelante será un recurso de Casación.

El Congreso de Angostura, según el decreto del Libertador de 26 de febrero de 1819, estableció el poder judicial y dio paso a la creación de la Corte Suprema de Justicia, como el órgano depositario del poder judicial de la República y de los tribunales que se establecieron.

Llama la atención el mandato, según el cual, el poder judicial debía fundar las sentencias "*con expresión de la ley aplicada al caso*". Como una manera criolla de cerrar el paso a la legislación española y fijar la sujeción de los jueces nacionales a la legislación colombiana.

La Constitución de 1821 de la República de Colombia, acogió y mantuvo la "*Alta Corte de Justicia*" y le atribuyó a la Ley la forma y los casos que debía conocer. Pero, lo que llama la atención es que introdujo uno de los conceptos más importantes del lenguaje del derecho en la revolución francesa, como es la obligación de motivar la sentencia. En el artículo 171, dispuso "*Todo juez y tribunal debe pronunciar sus sentencias con expresión de la Ley o el fundamento aplicable al caso*".

En la Carta Política de la República Boliviana, la Corte Suprema de Justicia se concibió como la primera magistratura judicial del Estado y tenía entre sus funciones la de "*oír las dudas de los demás tribunales sobre la inteligencia de alguna Ley; y consultar al Ejecutivo para que promoviera la conveniente declaración en las cámaras. También, conocía del recurso de nulidad contra las sentencias proferidas en última instancia por las Cortes de Justicia*". La nulidad era propiamente un recurso de Casación y abolió el recurso de "*injusticia notoria*", algo así como el certiorari norte americano.

En el Decreto Orgánico de la Dictadura, que debía servir de Ley Constitucional del Estado, hasta 1830, mantiene vigente el Consejo de Estado, y la justicia será, entonces, administrada en nombre de la República de Colombia y por autoridad de la Ley, por una "*Alta Corte*" y demás instancias judiciales. Además, creó el Ministerio Público.

El Libertador proclamó que la justicia pedía códigos capaces de defender los derechos de la inocencia de hombres libres. De tal manera que le atribuyó al Congreso

---

1 Pombo, Manuel Antonio y Guerra, José Joaquín; Constituciones de Colombia, Tomo III, cuarta edición. Biblioteca Banco Popular, Volumen 129, Bogotá, Colombia 1986; Pág.15.

la facultad de "*formar códigos nacionales de toda clase, dar leyes y decretos necesarios para el arreglo de las diferentes ramas de la administración general, e implantar, reformas, derogar y abrogar los establecidos.*"

La justicia se administraba por una Alta Corte de Justicia, que tenía a su cargo el conocimiento de los recursos que le atribuyera la ley contra las sentencias de las Cortes de apelación. Oír las dudas de los tribunales superiores sobre la inteligencia de alguna Ley y consultar sobre ellas al Congreso por conducto del poder Ejecutivo. Mantuvo el deber de "*Todos los tribunales y juzgados de fundar y motivar las sentencias*".

En la Constitución de 1832, del estado de Nueva Granada, estableció una Corte Suprema de Justicia con sede en la Capital de la República, que tenía entre sus atribuciones "*Oír las dudas de los Tribunales Superiores sobre la inteligencia de alguna ley, y consultar sobre ellas al Congreso por conducto del Poder Ejecutivo*".

En las Repúblicas de la Nueva Granada, bajo la presidencia del general Santander, se suprimió el Consejo de Estado al considerarlo "*una rueda superflua y por lo mismo embarazosa de la máquina de gobierno*".

La Constitución Política de la República de la Nueva Granada, se caracterizó porque no estableció ningún mecanismo de control sobre las decisiones judiciales de orden constitucional. Cambió el Consejo de Estado por el Consejo de Gobierno. Paradójicamente, la institución más conservadora de todas las anteriores, que, además, tuvo muy pocos años de vida. Pero su respuesta no fue la más afortunada, al crear Estados federales y el voto directo y universal para la elección de magistrados y el Ministerio Público.

2. Antecedentes de la recepción del recurso extraordinario de Casación laboral en Colombia

La Ley 105 de 1931, conocido como el código judicial consagró el recurso extraordinario de casación en materia civil. Mientras que, en materia laboral, los asuntos se tramitaban mediante un procedimiento verbal cuyas sentencias no eran susceptibles del recurso de casación.

Sin embargo, se encuentra en sus disposiciones el precedente del concepto de la violación sustancial, que más adelante recoge la regulación del recurso de Casación Laboral en sus tres modalidades: falta de aplicación, que equivale doctrinalmente a la infracción directa en la Casación laboral; la aplicación indebida (*iuris y facti*) y la interpretación errónea.

El gobierno del presidente Eduardo Santos, el 19 de septiembre de 1940, expidió el Acto Legislativo No. 1, reformatorio de la Constitución Política, que en artículo único dispuso la creación mediante una Ley de la República, de la jurisdicción especial del trabajo y su organización.

En 1944, durante el gobierno del presidente Alfonso López Pumarejo y el ministro de gobierno Alberto Lleras Camargo y, en la Cartera del Trabajo, el doctor Adán Arriaga Andrade; se expide una legislación del trabajo con el Decreto Ley 2350 de 1944[2]. Que, entre varios temas, introduce un recurso de Casación sin consideración alguna del interés jurídico para recurrir en casación; alejado de toda motivación patrimonial y tan solo dirigido a garantizar la prevalencia de la Ley. Con unos sujetos procesales legitimados para promover el recurso, que eran los sujetos de la relación laboral y el propio Estado a través de los inspectores del trabajo.

Es la primera legislación que se ocupa del precedente jurisprudencial en materia del trabajo a partir de las decisiones del tribunal Supremo del Trabajo sobre cuestiones de principio en tres sentencias favorables.

La ley 6 de 1945, es la apertura a la modernidad en el Derecho del Trabajo, elaborada con la información recibida por la doctrina Mejicana y el derecho del trabajo alemán, en cuya implementación participó el jurista Ernesto Herrnsstadt[3] asesor técnico del Ministerio del Trabajo, a finales de la década del cuarenta. Se introdujo una jurisdicción especial del trabajo y creó la Corte Suprema del Trabajo como Tribunal de Casación. Pero la característica de este periodo es que apenas se hizo el anuncio del instrumento de control, antes de que entrara a regir una jurisdicción laboral especializada.

Fue así como se creó, mediante la Ley 73 de 1945, de facultades al gobierno, la Corte Suprema del Trabajo y, además, dispuso que mientras se expedía el Código Procesal del Trabajo que era objeto de una fuerte y candorosa resistencia en el Congreso[4], los

---

2 Decreto Ley 2350 de 1944, artículo 37 "Todo asunto es susceptible del recurso de casación, con tal que este sea interpuesto por un sindicato de patronos o de trabajadores, o por un inspector del trabajo, y siempre que el tribunal Supremo del Trabajo no haya decidido la cuestión de principio en tres sentencias consecutivas uniformes."

3 HERRNSTADT, Ernesto "Tratado del Derecho Social Colombiano", Tercera edición revisada y aumentada, con la jurisprudencia del Tribunal Supremo del Trabajo y los textos legales más importantes, Editorial A B C – Bogotá- 1949.

4 Mauricio Mackenzie, asesor de empresas a comienzos de la década de los años cincuenta, académico de número de la Academia Colombiana de Jurisprudencia, en una exposición en la Academia , relacionada con el proyecto de Código de Procedimiento Laboral, se refirió en los siguientes términos : "Y no es que quiera aparecer como especializado en Derecho Laboral, porque de paso advierto que no me siento agradable cuando lo veo aplicar, sino que siendo abogado de algunas empresas como asesor, no me ha parecido correcto negarme a escuchar sus problemas, a pretexto de que no me guste esa rama actual del derecho." Revista de la Academia Colombina de Jurisprudencia. Director: Parmenio Cárdenas y Miguel Aguilera, 1954, Año XXIII–Número 168.

asuntos del trabajo se tenían que tramitar por vía del Procedimiento Verbal consagrado en el Código Judicial, que introdujo dos criterios para establecer el interés para recurrir en casación: uno cuantitativo, en los juicios cuya cuantía excediera de mil pesos y, otro cualitativo, según que la cuantía implicare cuestiones fundamentales de principios en el derecho del trabajo; para lo cual, la Corte Suprema del Trabajo tenía la facultad de calificar la naturaleza del asunto. El criterio cualitativo, era una influencia del recurso de amparo de la Constitución mejicana de Querétaro y las doctrinas en materia del derecho del trabajo de información europea.

Una sentencia del Tribunal Supremo del trabajo y de la Sala Laboral de la década del setenta así lo indican, la de 27 de noviembre de 1957 (G.J. XCI. 1147) y la del 24 de abril de 1975 (G.J. CLI 1ª. 2392), ilustra muy bien la recepción del concepto tutelar de contrato realidad como uno de los principios fundamentales del trabajo, el cual consiste en que *"en caso de discordancia entre lo que ocurre en la práctica y lo que surge de documentos o acuerdos, debe darse preferencia a lo primero, es decir, a lo que sucede en el terreno de los hechos".*

Para ese entonces, la sentencia fue elaborada con fundamento en las argumentaciones de Mario de la Cueva, quién a su vez, era un divulgador del pensamiento de Karl Constant Erich Molitor y Georges Scelle. El primero, de origen alemán, a quien se le conoce como el padre del derecho laboral moderno y, la segunda, jurista de nacionalidad francesa, quien se aplicó a los temas de la paz, el derecho internacional y los conflictos. Doctrina que por aquella época se divulgó en las escuelas de derecho al lado de las argumentaciones de Gustav Radbruch acerca del conflicto capital y trabajo.

Era la información recogida del derecho anglosajón de factura empírica, que hacía prevalecer la realidad sobre la apariencia de las formas de herencia romana.

Un control selectivo a través del recurso de casación laboral se proponía poner a salvo esa realidad, en todos los casos, pero dicha disposición tuvo una existencia efímera, ya que fue anulada prevaleciendo con el tiempo el criterio cuantitativo vigente. En todo caso, para la mayoría de doctrinantes, es a partir de la ley 73 de 1945[5] que

---

5 Ley 73 de 1945, **ARTÍCULO 3°** La Corte Suprema del Trabajo procederá, antes del 1° de febrero de 1946, a designar los Magistrados de los Tribunales Seccionales del Trabajo, y éstos designarán los correspondientes Jueces del Trabajo antes del 1° de abril del mismo año. Mientras se expide el Código Procesal del Trabajo, los asuntos atribuidos a la jurisdicción especial por el artículo 58 de la Ley 6ª de 1945 se continuarán iniciando y tramitando conforme al procedimiento verbal señalado en el Título XLVI del Libro II de la Ley 105 de 1931, y de acuerdo con las siguientes reglas:
(...)
6° Las sentencias proferidas por los Tribunales Seccionales de Trabajo, en juicio cuya cuantía exceda de mil pesos serán susceptibles de recurso de casación interpuesto por las partes. Igualmente lo serán las sentencias proferidas por los mismos Tribunales en todos

surge el Recurso de Casación Laboral en Colombia, junto con las grandes reformas laborales que daban paso a la modernidad en las relaciones capital y trabajo.

En la década del cuarenta, surgió la Corte Suprema del Trabajo que por mandato del artículo 1 de la Ley 26 de 1946, se denominó Tribunal Supremo del Trabajo. Dicho tribunal de Casación introdujo al país la doctrina moderna del derecho del trabajo, tal como emerge del contenido doctrinal de sus decisiones. Fue la mejor época para la recepción de las doctrinas vigentes en el mundo del trabajo, sus decisiones revelan un elevado conocimiento.

La ruptura del procedimiento del trabajo con el Código Judicial para la solución de los conflictos jurídicos de naturaleza laboral no fue pacífica. Era dejar al código judicial el procedimiento para las controversias patrimoniales entre particulares y crear un procedimiento para la solución de los conflictos jurídicos emanados del contrato de trabajo. No hubo acuerdo en el Congreso de la República para dictar esa legislación procesal del trabajo. Fue la razón por la cual el Gobierno de entonces, asumió la facultad de expedir ese procedimiento mediante el Decreto 696 de 1946[6] y legisló en materia del recurso extraordinario de casación laboral, para unificar la jurisprudencia del trabajo; que el Consejo de Estado no tardó en declararlo nulo por falta de competencia, y a partir de su expulsión del ordenamiento jurídico, se perdió el criterio cualitativo para establecer un interés para recurrir en casación.

Lo importante del decreto anulado es, que por primera vez se establecían unas causales de casación en materia laboral, cuya característica es que acoge textualmente el concepto universal de violación sustancial presente en el Código Judicial por infracción directa, aplicación indebida o interpretación errónea. Y, como se estaba promoviendo la doctrina alemana acerca de la libre apreciación de la prueba por parte del juzgador, tan solo incluyó la **falta de valoración** de determinada prueba, lo

---

los juicios, cuando quiera que la decisión implique cuestiones fundamentales de principios en el derecho del trabajo; para este efecto, la Corte Suprema del Trabajo calificará la naturaleza del asunto.

6 Decreto 969 de 1946
Causales de Casación:
1. Ser la sentencia violatoria de la Ley sustancial por infracción directa, aplicación indebida o interpretación errónea.
2. Falta de apreciación de determinada prueba.
3. Contener la sentencia en su parte resolutiva declaraciones o disposiciones contradictorias, que subsistan a pesar de haber pedido aclaración.
4. Haber acordado el fallo con menor número de votos del exigido por la Ley.
5. Haber concurrido a dictar sentencia un magistrado cuya recusación, fundada en causal legal, esté pendiente o se hubiere desestimado siendo procedente.
6. Haber incurrido en causal de nulidad siempre que no hubiere sido saneada.
7. Haberse abstenido el tribunal de conocer de un asunto de su competencia y declarándolo así en el fallo.

que indica que, si el juez tenía en cuenta un medio probatorio y lo valoraba, lo hacía con plena libertad sin el control fáctico por equivocada valoración, entregando así un poder superior al juzgador de instancia. Las demás causales, como se puede apreciar, eran de naturaleza formal que no estaban dirigidas a la unificación doctrinal.

Al cierre de la década del cincuenta, luego de un candoroso debate en el Congreso de la República y de varias legislaturas, sin que hubiera un acuerdo en torno a un estatuto procesal del trabajo, el presidente de la República declaró turbado el orden público mediante los Decretos 1239 y 1259 de 1950, con base en el régimen de excepción, previsto en el artículo 121 de la Constitución de la época. Aprovechó esa circunstancia al considerar que el procedimiento que se debía seguir en los juicios de trabajo era parte de la conmoción declarada. Por lo que resultaba pertinente expedir un estatuto completo sobre esta materia.

A propósito de la reglamentación de la prueba judicial en materia del trabajo; según la conceptualización acogida para la prueba de los hechos, se diseña en la Casación laboral dos modalidades para el control del error en la valoración de la prueba: el error de hecho y el error de derecho. Se intenta, un concepto novedoso en el recurso extraordinario, pero, inútil en la práctica; que es la Casación "*per saltum*". También introduce la *reformatio in pejus,* como una causal autónoma de casación, sobre los cual trataremos en detalle más adelante.

Para esa época, la doctrina procesal del trabajo venía de librar un duro combate con el procesalismo tradicional, de factura patrimonial y formulista, que se resistía a que las causas judiciales en materia laboral dejaran de tramitarse por la vía del Código Judicial; con aires de menosprecio se referían a las pretensiones de autonomía de la reglamentación del trabajo, similares a las que se manifestaron con la Constitución de 1991, para la acción de tutela.

El primigenio artículo 87 del C.de P.L. fue subrogado por el Decreto 528 de 1964[7], logrando estabilizar el sinóptico del recurso extraordinario de Casación en materia

---

7 **ARTÍCULO 87.-Modificado. D.R. 528/64, art. 60. Causales o motivos del recurso.** En materia laboral el recurso de casación procede por los siguientes motivos:
1. Ser la sentencia violatoria de ley sustancial, por infracción directa, aplicación indebida o interpretación errónea.
Si la violación de la ley proviene de apreciación errónea o de falta de apreciación de determinada prueba, es necesario que se alegue por el recurrente sobre este punto, demostrando haberse incurrido en error de derecho, o en error de hecho que aparezca de modo manifiesto en los autos. Sólo habrá lugar a error de derecho en la casación laboral, cuando se haya dado por establecido un hecho con un medio probatorio no autorizado por la ley, por exigir ésta al efecto una determinada solemnidad para la validez del acto, pues en este caso no se debe admitir su prueba por otro medio y también cuando deja de apreciarse una prueba de esta naturaleza, siendo el caso de hacerlo.

del trabajo, y ajustar la exigencia formal para el recurso extraordinario de Casación, como una argumentación diferente a las alegaciones de instancia.

En los comienzos de la década del sesenta el Recurso Extraordinario de Casación Laboral comienza a ser objeto de profundas restricciones, asegurando de esa manera, el poder del juzgador de instancia. Con el Decreto 528 de 1964[8], se mantiene el concepto de violación de la Ley sustancial consagrado en el Código Judicial de 1915, conservando las modalidades de violación por infracción directa, aplicación indebida *iuris* y *facti*, y la interpretación errónea. Pero, introduce el concepto de error de hecho como causal de casación laboral, tan solo, cuando proviene de la interpretación de un documento auténtico, con la carga para el recurrente de "alegar" sobre ese punto demostrando el error, bajo la condición de que aparezca como manifiesto. Así mismo, estableció como causal la reforma en perjuicio del apelante único, o de la parte de la cual en su favor se surtió la consulta.

Sin embargo, con el fin de atenuar el poder del órgano de control sobre las sentencias de los tribunales, la restricción al recurso extraordinario de casación laboral se hizo manifiesta con la expedición de la Ley 16 de 1968[9] que reorganizó la rama

---

2. Contener la sentencia decisiones que hagan más gravosa la situación de la parte que apeló de la primera instancia, o de aquélla en cuyo favor se surtió la consulta.
Artículo 89. Interposición del recurso "per saltun"-
(...)
La parte que desee saltar la instancia de apelación deberá obtener el consentimiento escrito de la contraparte o de su apoderado, que deberá presentarse personalmente por su signatario ante el mismo Juez. La impugnación en casación por salto solo podrá fundarse en la causal primera del artículo 87.
Artículo 91. Planteamiento de la casación.–El recurrente deberá plantear sucintamente su demanda, sin extenderse en consideraciones jurídicas como en los alegatos de instancia.

8 **Artículo sesenta.** En materia laboral el recurso de casación procede por los siguientes motivos:
1º Ser la sentencia violatoria de ley sustancial, por infracción directa, aplicación indebida o interpretación errónea.
El error de hecho será causal de casación laboral solamente cuando provenga **de falta de apreciación de un documento auténtico**; pero es necesario que se alegue por el recurrente sobre este punto, demostrando haberse incurrido en tal error y siempre que éste aparezca de manifiesto en los autos.
2º Contener la sentencia decisiones que hagan más gravosa la situación de la parte que apeló de la de primera instancia, o de aquella en cuyo favor se surtió la consulta.

9 "**Artículo 23 de la Ley 16 de 1968.** El error de hecho será motivo de la casación laboral solamente cuando provenga de falta de apreciación o apreciación errónea de un documento autentico, de una confesión judicial o de una inspección ocular; pero es necesario que se le alegue por el recurrente sobre este punto, demostrando haberse incurrido en tal error y siempre que éste aparezca de manifiesto en los autos."

judicial. Se hizo una reforma de fondo al recurso de Casación laboral (artículo 23 de la ley 16 de 1968), replanteada muy pronto en el artículo 7 de la Ley 16 de 1969. Pero, se sostuvo la fundamentación del error de hecho, al sustraer del control en casación, la libre apreciación de la prueba judicial en la valoración del testimonio, el indicio y la prueba pericial. Desde entonces a la actualidad, el error de hecho en la Casación laboral únicamente se puede fundar en la valoración que hace el tribunal de la prueba documental, la confesión de parte y la inspección judicial. Fue así como se extendió el error de hecho a la prueba de la confesión y la inspección judicial, toda vez que, el Decreto 528 de 1964, lo tenía limitado de manera estricta a la prueba documental.

Con esta restricción, que fue objeto de consideración por la propia doctrina de la Sala Laboral de la Corte Suprema de Justicia, el recurso extraordinario de casación ha conservado la violación sustancial directa; prevista desde el antiguo código judicial y sus orígenes doctrinarios, con la introducción de la modalidad de 'violación indirecta', por aplicación indebida de la ley sustancial, por errores de hecho y de derecho. Así como la causal de la reforma en perjuicio y la ilusoria casación *per saltum,* sobre la cual reto a mis colegas a que mencionen un solo caso en el que se hubiere hecho uso de ella.

Me he referido al precedente histórico de la lógica formal del recurso extraordinario de Casación Laboral, a sus causales y modalidades; pero después de los ajustes regresivos de la década del sesenta, cuando el error de hecho tan solo se podía sustentar en la prueba documental, restringiendo aún con mayor rigor el contexto del control de la sentencia de cierre del juicio, no se ha hecho nada por introducir reformas a esos conceptos. Con salvedad de la proposición jurídica a propósito de una ley de descongestión judicial (Artículo 51 del Decreto 2651 de 25 de noviembre de 1991).

Significativo en la línea histórica del recurso extraordinario de Casación , fue cuando la Sala Laboral de la Corte Suprema de Justicia, por mandato del Decreto 528 de 1964, complementado por el Decreto 1819 del mismo año, creó dos secciones o salas de decisión *"las cuales funcionarán separadamente en el conocimiento de los respectivos negocios, salvo cuando se trate de modificar una jurisprudencia, caso en el cual lo harán conjuntamente, previa convocatoria hecha por la Sala o Sección que esté conociendo del asunto."*

"Artículo 7º **de la Ley 16 de 1969.** El artículo 23 de la Ley 16 de 1968 quedará así:
El error de hecho será motivo de la casación laboral solamente cuando provenga de falta de apreciación o apreciación errónea de un documento autentico, de una confesión judicial o de una inspección ocular; pero es necesario que se alegue por el recurrente sobre este punto, demostrando haberse incurrido en tal error y siempre que éste aparezca de manifiesto en los autos.
http://www.cortesuprema.gov.co/corte/wp-content/uploads/subpage/GJ/Gaceta%20del%20Trabajo/GJ%20I%20n.%2002-04%20(1946).pdf

Esas dos Secciones, de manera conjunta durante toda su existencia, produjo treinta y nueve sentencias que tienen la característica de cumplir con el objeto que corresponde al recurso extraordinario de Casación, como órgano creador de jurisprudencia .[10] Y, algunos autos de Sala Plena que regulan el trámite de casación y la cuantía para fijar el interés jurídico en Casación Laboral en el caso del reintegro, ante la ausencia procesal de un criterio cualitativo para establecer el interés jurídico para recurrir.

3. El rescate constitucional del recurso de Casación frente al formulismo jurídico en la Casación laboral

La década del noventa registró para el derecho del trabajo grandes transformaciones, a partir de la Ley 50 de ese año y de la Ley 100 de 1993, reformas sustanciales al modelo contractual y de la Seguridad Social, así como al Código Procesal del Trabajo con la Ley 1149 de 2007, Ley 1395 de 2010, Ley 1564 de 2012 y Ley 712 de 2001.

En cuanto hace al Recurso Extraordinario de Casación Laboral, no se registran avances significativos, por lo menos dirigidos a armonizar su lógica con la reforma Constitucional de 1991. Por el contrario, celosamente se mantiene el formulismo ilógico de la primera causal de Casación, sobre la cual advirtió en su momento y, oportunamente, el destacado jurista y docente Blas Herrera Anzoátegui, sobre lo cual trataré más adelante.

A través de la expedición del Decreto 2651 de 25 de noviembre 1991, sobre descongestión de despachos judiciales, se reformó el recurso de Casación en todos los códigos de procedimiento, y se modificó la exigencia de la proposición jurídica completa por la de la proposición jurídica esencial. Los demás asuntos objeto de la reforma, en lo que hace a la Sala de Casación Laboral, eran parte de la metodología que venía aplicando al resolver las demandas de casación.

Lo que siguió a continuación fue la vigencia de la Ley 270 de marzo 7 de 1996, Estatutaria de la Administración de Justicia, que unificó la Sala de Casación Laboral con siete magistrados, lo que todo el país conoce, y la creación mediante la Ley 1781 de 2016, de una Sala de descongestión transitoria (por ocho años) que, de llegar a permanecer en el tiempo, revela una congestión irremediablemente crónica.

---

10 Cuando estuve como funcionario de la Corte Suprema de Justicia (Sección Segunda de la Sala de Casación Laboral), me propuse rescatar las sentencias de la Sala conjunta de las dos secciones. Algunas no fueron publicadas en la Gaceta Judicial. El Doctor Pedro Manuel Charria, me colaboró con esa tarea y me entregó copia al carbón de algunas de ellas. Recopilé 39 sentencias que entregué al presidente de la Sala, en ese entonces el Magistrado Hugo Suescun Pujols, quien dispuso su publicación en un texto de circulación interna que contiene las Sentencias de la Sala Plena Laboral de la Corte Suprema de Justicia desde el año de 1967 hasta 1994. Entiendo que no hubo más, toda vez que vino la unificación permanente de la Sala.

Sala Transitoria sin poder de unificación jurisprudencial, que está reservado a la Sala permanente, cuyo resultado ha contribuido a que la unidad jurisprudencial pierda su característica.

A mi juicio, se abre una oportunidad para que el Recurso Extraordinario de Casación Laboral recobre su naturaleza constitucional en el control de las sentencias proferidas por los tribunales de instancia al cierre del juicio ordinario. Toda vez que, los procedimientos especiales perderían su naturaleza con un control de esa naturaleza, convertidos en "pequeños" procesos ordinarios quedarían blindados frente al control constitucional de tutela.

Es la oportunidad para saldar cuentas con el relativismo judicial que se promovió en los inicios de la década del noventa y abandonar el espíritu burocrático que se manifiesta de manera notable en la implementación de las reformas. A cambio de retomar el papel protagónico del legislador y el de la academia en la elaboración de sus contenidos.

CAPÍTULO III

1. Los fines y el objeto del recurso extraordinario de Casación Laboral 2. La fundamentación lógica del recurso de Casación, las reglas universales del pensamiento 3. El silogismo normativo en la práctica del derecho, el uso de la lógica normativa en Hans Kelsen 4. El contexto del descubrimiento y del juicio respecto al hecho nuevo en casación.

1. Los fines y el objeto del recurso extraordinario de Casación Laboral

El Decreto 2158 de 1948, que dio origen al Código Procesal del Trabajo, es la legislación que de manera más precisa reglamentó el Recurso Extraordinario de Casación Laboral, al definir el objeto, los fines del recurso; las causales y modalidades para su argumentación.

La finalidad principal del recurso estaba dirigida a unificar la jurisprudencia nacional del Trabajo, sin perjuicio de otras, como el control de legalidad sobre la sentencia definitiva en el proceso ordinario, la igualdad ante el derecho, la prevalencia del derecho sustancial, la sujeción del juzgador a la Ley, la certeza y la seguridad jurídica. La independencia de las decisiones judiciales con relación a los demás órganos del poder público.

El acento que puso el artículo 86 de esa normatividad, muestra que el Tribunal Supremo del Trabajo había sido concebido como una Corte de Casación y de ninguna manera como una tercera instancia. Tal vez por eso, en el juicio de hecho, la legislación posterior contenida en el Decreto 528 de 1964, limitó el error de hecho como motivo de casación, a manera de concesión, a la prueba documental. Toda vez que el tribunal Supremo del Trabajo, como Corte de Casación, fue concebido para unificar la jurisprudencia del Trabajo; tarea que se cumplía fundamentalmente con la primera causal de casación en la modalidad de violación directa de la Ley sustancial, que a la postre, resultó ser de menor ocurrencia en el recorrido histórico del recurso.

El objeto del Recurso Extraordinario de Casación Laboral es la sentencia que pone fin al juicio, proferida en los procesos ordinarios en segunda y primera instancia[1]. En la primera instancia, en cuanto que se introdujo la figura de la Casación *Per Saltum,* previo acuerdo de las partes para saltar la segunda instancia y acudir directamente a

---

[1] "El tribunal no tiene sólo que responder a una *questi facti*, a una cuestión de hecho, sino también a la *questi juris*, a la pregunta por el derecho. Luego de haberse cumplido estas dos comprobaciones, tiene el tribunal que ordenar *inconcreto* la sanción estatuida in abstracto en la norma general." KELSEN, Hans. "Teoría Pura del Derecho", Editorial Porrúa, 2000, 11ª edición, traducción de Roberto J. Vernengo, pág.247.

la Corte de Casación, con el fin de dirimir una controversia en la que no se presentan desacuerdos sobre la valoración probatoria sino acerca de los temas puntuales en derecho. Figura procesal que no pasó de ser una quimera procesal.

Lo importante para los fines y el objeto del recurso extraordinario es la sentencia sobre la cual procede. Que es la actuación judicial con la cual se dirime una controversia jurídica por parte del Tribunal, que declara la existencia o no de un derecho. Así como los elementos jurídicos, fácticos y de procedimiento que concurren en su elaboración por parte del juez que cierra el juicio.

La sentencia objeto del recurso es una decisión que precede al contexto del descubrimiento y del juicio. Es la síntesis y conclusión del debido proceso, luego de la dinámica jurídica empleada para solucionar un conflicto de derechos. Su característica concluyente es que, dirime a la luz del ordenamiento jurídico, un conflicto jurídico entre partes y excepcionalmente con terceros interesados.

La sentencia es la Ley en el escenario de su creación, que son las relaciones jurídicas que establecen los sujetos de derecho, de las cuales emerge un interés en disputa. La sentencia tiene como sujeto de su creación al juez unipersonal y al tribunal colegiado, quienes tiene la obligación de decidir el asunto debatido sin que puedan abstenerse de hacerlo (*non liqued*); salvo en el caso excepcionalísimo de la sentencia inhibitoria.

Según el principio *iura novit curia,* se presume que los juzgadores de instancia conocen el elenco normativo que deben emplear como sujetos del proceso del conocimiento, del contexto del descubrimiento y del juicio; cuando valoran los hechos y realizan el proceso de subsunción de estos en la norma. Emplean los instrumentos previstos en la propia Ley, en aquellos casos de opacidad del derecho o cuando la norma no es suficiente para resolver el asunto o no hay un texto positivo que permita ser aplicado en derecho; es el evento en donde según el asunto, el juez con base en el ordenamiento jurídico debe crear un lenguaje para decidir, toda vez que la justicia no se agota en una sola norma. Con esos elementos se concluye el proceso de creación del derecho en litigio; en virtud del cual, la Ley se materializa en el derecho subjetivo, cuando lo reconoce o lo niega a un sujeto individualizado a través de la sentencia.

La elaboración del derecho es un acto racional que obliga a motivar la sentencia con esos elementos que son las herramientas utilizadas en el acto de decidir y que constituye la principal garantía que tienen las partes para acatar o controvertir la decisión final y, efectuar el control sobre la misma.

2. La fundamentación lógica del recurso de Casación, las reglas universales del pensamiento; el uso de la lógica normativa en Hans Kelsen

La única manera para que el Recurso Extraordinario de Casación no se convierta en un ejercicio simplemente formulista, es que su estudio y práctica, obedezca a las reglas universales del pensamiento, al silogismo normativo presente en el razonamiento jurídico y el arte de dar prevalencia al derecho sustancial. Actividad judicial que se cumple en el contexto de un Estado Democrático de Derecho, en la creación de la norma individual en correspondencia con la norma de jerarquía superior y los derechos fundamentales, que es el acto del juzgamiento.

La construcción del recurso extraordinario de casación obedece a una finalidad constitucional[2] y de control sobre las sentencias de cierre, proferidas en procesos ordinarios laborales. Allí, las reglas universales están presentes y son las que dotan al recurso de una técnica para lograr la primacía del derecho sustancial, en cuanto se sirve de la lógica para lograr que la sentencia de cierre no se torne indefinida respecto del juicio y se cambien unos errores por otros o prevalezcan intereses ajenos a los previstos en el ordenamiento jurídico.

Esas reglas del pensamiento universalmente aceptadas son:

El principio de identidad. Se resume en que todo objeto es idéntico a sí mismo y los que tengan su misma característica son iguales en su naturaleza. Es un principio sobre el cual se construye el Recurso extraordinario para la unificación doctrinal y el genuino concepto de jurisprudencia del trabajo.

La identidad de los hechos y de las normas aplicables, en casos particulares, constituyen la doctrina unificada. No es que el juzgador disponga por vía general, tal como

---

2 Calamadrei, PIERO, "La Casación Civil", Tomo I, Volumen II, Pág 207 citando al jurista alemán Lehrbuc, señala que el "objeto de la Corte de casación no es 'la producción de una decisión justa del concreto proceso singular, sino el mantenimiento de una uniforme y correcta actividad compleja en la aplicación del derecho en juicio; y, como consecuencia, también las condiciones de su ejercicio se regulan no según principios de derecho procesal civil, sino según principios de derecho constitucional" (subrayas fuera de texto). Cita que retoma en el Tomo II pero en cabeza de Schmidt, pág. 160 "El recurso de Casación es una demandada de decisión dirigida a la Corte de casación, la cual no es un órgano de tutela jurídica privada que obra en interés de las partes, sino un órgano del control jurídico del Estado, que obra en virtud del interés público en la observancia y en la uniforme aplicación del derecho objetivo. La finalidad de sus pronunciamientos no es la producción de una decisión justa de los procesos singulares concretos, sino el mantenimiento de una aplicación judicial del derecho, uniforme y exacta en su complejo, por lo que también las condiciones del recurso se regulan no según principios estrictamente procesales, sino según principios de derecho constitucional". Citado también por Manuel de la Plaza, "La Casación Civil", Editorial Revista de Derecho privado, Madrid", Pág. 37.

lo contempla el artículo 17 del Código Civil, suplantando la voluntad del legislador. Se trata de reiterar el pensamiento empleado en casos que guardan identidad entre sí; que es el camino que sigue la unidad doctrinal con relación a hechos idénticos que emergen de la premisa menor y la norma general vigente que los regula.

El Tribunal Supremo del Trabajo, pionero en la materia, en su momento sostuvo:

"si no se permitiera a los jueces y magistrados repetir su pensamiento cada vez que tuvieran que decidir cuestiones análogas a las ya resueltas por ellos mismos, ¿cómo llegaría a formarse la jurisprudencia? Y si estando ya constituida esta no se pudiera echar mano de ella para la solución de conflictos similares, ¿cuál sería su papel en el campo del derecho?[3]

El principio de contradicción. Según el cual, dos cosas de diferente naturaleza no pueden ser al mismo tiempo ya que se contradicen entre sí. *"Ningún objeto puede ser al mismo tiempo P y no P"*[4]. Principio con el cual se desarrollan los conceptos de vía directa e indirecta en la formulación de los cargos, cuya regla está en la técnica de su presentación y examen. Cuando se acusa la sentencia de infracción directa por falta de aplicación de una norma, no se puede sostener al mismo tiempo que hay interpretación errónea; ya que si afirma que la interpretó al mismo tiempo no puede sostener que dejó de aplicarla. O si le endilga falta de apreciación de una prueba, no puede demostrar al mismo tiempo, que la apreció equivocadamente. Si la aspiración es que se case la sentencia impugnada no se puede solicitar al mismo tiempo que se revoque, porque la función de casación no es la de juzgamiento propia de la instancia.

El principio del tercero excluyente. Según el cual, dos enunciados que se contradicen, uno verdadero y otro falso, no pueden convivir siendo ambos verdaderos o falsos al mismo tiempo. Si uno es falso basta para concluir que el otro es el verdadero. Con relación a la valoración que hace el juzgador de un medio probatorio calificado, el recurrente inconforme con la decisión no puede predicar aplicación indebida directa al mismo tiempo, porque el error de hecho no convive con la aplicación indebida directa o juris (La primera es verdadera y la segunda improcedente).

El principio de razón suficiente. Opera cuando la naturaleza de la cosa es evidente y no admite discusión. El metal se dilata por el calor. El agua moja.

Hay razones suficientes, causales y finalistas[5]. Las primeras hacen relación a los fenómenos de la naturaleza, como en los ejemplos antes mencionados. Pero, son fi-

---

3 Auto del Tribunal Supremo del Trabajo de 23 de marzo de 1956. "Jurisprudencia del Trabajo". Vol. III compilación de Miguel Antonio Cosntain, 1975.

4 Romero, Francisco / Pucciarelli, Eugenio "Lógica", edición escolar, Espasa Calpe mexicana, S.A. México, D.F. 1958.

5 A. Pfänder. "Lógica", traducción del alemán por J. Pérez Bances. Revista de Occidente I, Manuales de Filosofía, 1928.

nalistas, las que corresponden al concepto de retribución o imputación y aquellas de carácter positivo que son de creación del hombre para garantizar un fin. Es el caso de la norma que prescribe que la ignorancia de la ley no es excusa. En casación no se permiten las alegaciones de instancia. La reforma en perjuicio; demostrado que hay contrato de trabajo emergen las secuelas que de él se derivan de esa razón suficiente (prestaciones, Salarios, obligaciones de protección, etc).

El maestro A. Pfänder, concluye en que "todo *juicio, para ser realmente verdadero, ha menester necesariamente de una razón suficiente"... "Esta razón es <<suficiente>> cuando basta por sí sola para servir de apoyo completo al enunciado en el juicio, cuando, por consiguiente, no hace falta nada más para que el juicio sea plenamente verdadero"*[6].

El silogismo normativo es el ejercicio que cumple el juez en la creación del derecho. No se refiere al acto de voluntad que da origen a la norma general, sino a la tarea de confrontar los hechos demostrados en el proceso con aquella y sacar una conclusión que es la sentencia o adjudicación del derecho.

3. El silogismo normativo en la práctica del derecho, el uso de la lógica normativa en Hans Kelsen

Hans Kelsen se propuso elaborar una teoría de las normas con el propósito de lograr una ciencia autónoma para regular el objeto de la ciencia del derecho. El sincretismo teórico, no significa que el derecho en su ambiente axiológico no tenga ninguna relación con otras áreas del conocimiento, sino una disciplina que regula con autonomía el ser del derecho. El orden normativo escalonado guarda una relación lógica entre sí y, a partir de allí los principios de la lógica son imprescindibles en la construcción del lenguaje jurídico de los derechos.

Me parece de mucha utilidad en teoría del recurso extraordinario de casación, pero también en su práctica emplear el silogismo aplicado a la disciplina normativa. No es posible desecharlo como un objeto en desuso o completamente superado por el derecho continental actual, como fácilmente se pudiera pensar desde la academia.

En la teoría lógico normativa constitucional, es posible adecuar la práctica del silogismo jurídico a la Constitución como norma y los derechos fundamentales. Un intento de crear una teoría pura de los derechos fundamentales, tal como lo propone el jurista Italiano Luigi Ferrajoli, (el mejor crítico del jurista vienés), en el sentido que tiene muy en cuenta sus logros en materia del derecho, cuando se propone avanzar en una teoría de los derechos fundamentales y una ciencia Constitucional actual. El

---

6 A. Pfänder. "Lógica", Op, cit. Pág. 271.

jurista vienés no conoció el procesador de palabra, pero, el jurista italiano, tan vital en el conocimiento, lo sorprenden los avances de la actualidad.

El jurista vienés, en "La Teoría de las Normas"[7] ,se vale del silogismo teórico para llevarlo al orden normativo, a partir de la Constitución (política) hasta llegar a la sentencia con la cual se resuelve una controversia judicial.

De tal manera que la premisa mayor del silogismo viene a ser la ***vigencia de una norma general*** (Constitución y Ley). En H. Kelsen Constitución y Ley son lo mismo. La ley es la Constitución, según el principio de regularidad. Mientras que la Constitución es lo que será o debe ser la Ley. Nada que esté contra la Constitución puede ser Ley o, de ahí para abajo, cualquier acto particular. Son actos de naturaleza prescriptiva en cuanto que contienen una retribución o un castigo.

La premisa menor del silogismo es ***la verdad del enunciado***[8], que es el presupuesto fáctico o realidad que exige el texto prescriptivo, que adquiere verdad cuando representa la realidad y depende de que un tribunal la declare luego de estar demostrada. Procedimiento que lleva a la ***conclusión,*** que en el silogismo jurídico es la sentencia. De allí, su naturaleza declarativa o constitutiva. Recorrido ese camino, la conclusión debe guardar armonía con la norma general vigente. Si la sentencia, procesalmente no es congruente o se sitúa por fuera de la norma general que atribuye el derecho, no obstante su validez, resulta contraria a derecho y una Corte Suprema será la encargada de casarla.

La conclusión, es la síntesis del debido proceso, como resultado final de los hechos probados y la norma que adjudica o niega el derecho. De allí se deriva y construye la parte resolutiva de la sentencia que le otorga fuerza legal a la decisión, al declarar la existencia o no de un derecho y la hace expresa, clara y exigible, si lo concede.

Con esas premisas lógico-normativas, se construyen las herramientas para controlar una sentencia que se aparta del ordenamiento jurídico, y se elabora una técnica con base en una lógica del razonamiento a través de las modalidades de la causal primera del Recurso Extraordinario de Casación Laboral.

4. El contexto del descubrimiento y del juicio respecto al hecho nuevo en casación

El proceso de creación del derecho no termina en la labor del legislador. La sentencia es la continuación de ese proceso como norma individual que se dicta al concluir un litigio a través de un debido proceso, por medio del cual, las partes le llevan unos

---

7 KELSEN, Hans "Teoría General de las Normas". Editorial Trillas. México, 1994. Pág. 241.

8 KELSEN, Hans "Derecho y Lógica". Ediciones Coyoacán. México. 2012. Pág. 15. "Un enunciado no empieza a ser verdadero ni deja de serlo. El enunciado si es verdadero, ha de ser siempre verdadero. No puede perder su verdad".

hechos al juez con el propósito de descubrir la verdad. Los hechos que llevan al descubrimiento son los que interesan al derecho y que son el presupuesto de la norma que ordena una consecuencia.

Ese proceso se cumple con la actividad probatoria de los interesados con la inmediación del juez para su práctica en la primera instancia y excepcionalmente en la segunda.

La demanda, es el instrumento con el cual se formaliza la acción, con los hechos que sustentan las pretensiones y los medios probatorios con los que se busca demostrar aquellos. La contestación de la demanda formaliza la excepción con los hechos y los medios probatorios con los que persigue desvirtuar el pedido del demandante. Constituyen, el límite de la decisión judicial, la frontera entre un particular y el funcionario titular de la competencia que se formaliza en el concepto de congruencia y de consonancia.

La sentencia debe estar fundada en los hechos que llevaron al juez convicción y certeza, que son el presupuesto de hecho de la norma, no es cualquier hecho, es el que exige la norma para que se pueda convertir en la conclusión que es la sentencia.

Así las cosas, los dos pilares fundamentales de la decisión judicial son la norma jurídica válida, en cuanto que es acorde a la norma constitucional, o ésta, cuando por sí misma tiene carácter normativo. Y, el ordenamiento jurídico como instrumento de elaboración del derecho ante la ausencia o insuficiencia de regla de derecho. Así como, los hechos evidentes, en cuanto que emergen de una confrontación a través de un debate probatorio. El hecho evidente es el derecho y la certeza para la motivación de la decisión judicial.

Hecho y derecho concurren en la creación de la norma individual que es la sentencia. Es el ejercicio lógico que está presente al culminar el contexto del descubrimiento, en la primera instancia, en la cual prevalece un proceso de instrucción.

El concepto de congruencia obedece a una regla del juego, en que a partir de la oportunidad prevista para modificar la demanda y la contestación y, al fijar el litigio, las partes no se pueden sorprender recíprocamente con nuevos hechos y nuevas pretensiones, de tal manera que el juzgador debe pronunciar la sentencia en consonancia con los hechos, las pretensiones de la demanda y con las excepciones alegadas oportunamente que se encuentren probadas.

En los asuntos del trabajo, a diferencia de las controversias patrimoniales, está permitido en la instancia producir una decisión más allá de lo pedido o fuera de lo pedido, conocida como el fallo *ultra y extra petita*, que permite al juez ordenar el pago de salarios, prestaciones o indemnizaciones distintos de los pedidos; bajo la condición de que los hechos que los originen hubieren sido discutidos en el juicio y estén debidamente probados; o condenar a sumas mayores de las solicitadas cuando aparezca demostrado que son inferiores a las adeudadas, de conformidad con lo previsto en la ley y que no hubieren sido solucionadas. Aspecto tutelar del derecho del trabajo que lo distingue de las causas patrimoniales.

También resulta importante el concepto de consonancia cuando se impugna a través del recurso de apelación la sentencia de primera instancia, toda vez que el tribunal de conocimiento tan solo queda obligado a pronunciarse respecto de las materias que fueron objeto del recurso, sin perjuicio de los derechos mínimos e irrenunciables sobre los cuales el tribunal debe pronunciarse, así no hubieren sido objeto de la impugnación.

Esto quiere decir que desde la integración del litigio las partes y el juzgador de instancia, obedecen a límites que se extienden hasta el contexto del control que, en el recurso extraordinario de casación, de llegar a pasar la frontera delimitada por esos dos conceptos, se estaría frente a hechos nuevos en casación, toda vez que el contexto del control no es la oportunidad para que se reinicie el litigio, ya que sería consentir una transgresión al derecho de defensa y de contradicción.

CAPÍTULO IV

1. El contexto del control. La violación directa o sustancial. 2. Interpretación errónea. 3. El concepto de la aplicación indebida en la Casación laboral. 4. El complejo concepto de la aplicación indebida iuris (vía directa)

1. El contexto del control. La violación directa o sustancial

Al comenzar este capítulo, es importante señalar que los pronunciamientos del Tribunal de Casación Laboral por violación directa de la Ley son de muy poca ocurrencia en comparación con la violación de la Ley por aplicación indebida, como consecuencia de errores de hecho, cuyo porcentaje es muy significativo con relación de aquellos. Dice, Calamandrei, al referirse a la infracción directa que "... el oficio del Trib. De Casación venía necesariamente a ser reducidísimo, por no decir irrisorio; y se dará la razón a nuestro Pescatore[1], cuando justamente escribía: "¡Pobres casaciones! Podían esperar tranquilamente las contravenciones que fuesen manifiestas, y que fuesen dirigidas contra el texto expreso de la ley".

El recurso Extraordinario de Casación estuvo previsto inicialmente para la defensa de la Ley frente a la sentencia que concluye el juicio. El contexto del control está concebido como un instrumento de curación y de restauración de la Ley y del ordenamiento jurídico, cuando ha sido vulnerado por la decisión de cierre. Es la negación de la sentencia contraria a derecho que, sometida a las modalidades y conceptos de violación, desaparece del ordenamiento jurídico, y como norma individual del caso concreto pierde validez y eficacia.

La violación de la Ley sustancial es el concepto primigenio del recurso extraordinario de Casación. A tal punto que, la violación de normas relativas a principios, no eran admitidas para argumentar en ese sentido, ya que en sí misma no era una norma atributiva de derechos y se las consideraba como una declaración de valores.

Sin embargo, en los ordenamientos jurídicos modernos, las reglas de interpretación y los principios que cumplen tareas de completud en la creación del derecho, como norma individual, tienen asiento en el derecho positivo y están regulados para optimizar el derecho frente a los vacíos en su aplicación; por lo tanto, al emplearlas se integran como norma en cuanto sirven para optimizar el derecho.

---

1 Citado por Calamandrei "Filosofía y dottrine giuridiche, I, cap. XX. Pág. 442. En "La Casación Civil", Tomo I. Volumen II, pág. 68.

En las constituciones modernas la Ley tiene un contenido más amplio del que se podía esperar en los inicios de los Estados de Derecho[2] en que la tarea de integración por el Tribunal de Casación era mucho más expedita. Las constituciones eran declaraciones programáticas mientras que la ley era la representación de la norma superior.

El concepto de regularidad a que se refiere el jurista Hans Kelsen[3], es el enlace que emerge de los Estados Constitucionales en los que la Ley como derivado directo de la Constitución ocupa un primer plano. Y, en los Estados Democráticos de Derecho, cuando la Constitución adquiere carácter normativo para asegurar la realización material de los derechos y garantías fundamentales, como la realización de los derechos sociales. La ley debe guardar una relación de regularidad y subordinación a la constitución, se disuelve el dualismo entre ley en sentido formal y la ley en sentido material adquiere un sentido prevalente.

El contexto constitucional en que se ubica la ley, que para algunos significa hiper constitucionalización de los derechos, pone en aprietos el recurso de casación en su forma ancestral; ya que se produce una confrontación entre las formalidades de la Ley y la realización material de los derechos conforme a los principios y valores inmersos en la Constitución, y el ejercicio excepcional de ponderación, cuando en su aplicación, los textos superiores entran en conflicto.

---

2 "Declaración de Derechos del Hombre y del Ciudadano de 26 de agosto de 1789 (Preámbulo a la Constitución de Francia de 19791) Artículo 6o.- La ley es la expresión de la voluntad general. Todos los ciudadanos tienen el derecho de participar personalmente o por medio de sus representantes en su formación. Debe ser la misma para todos, tanto si protege como si castiga. Todos los ciudadanos, al ser iguales ante ella, son igualmente admisibles a todas las dignidades, puestos y empleos públicos, según su capacidad y sin otra distinción que la de sus virtudes y la de sus talentos.
Artículo 16o.- Toda la sociedad en la cual la garantía de los derechos no está asegurada ni la separación de poderes establecida, no tiene Constitución."
"Constitución francesa del 3 de septiembre de 1791
Artículo 3. En Francia, ninguna autoridad es superior a la de la Ley. El rey sólo reina por ella, y sólo en su nombre puede exigir obediencia
Capítulo 5. Del poder judicial
Artículo 1. El poder judicial no puede ser ejercido en ningún caso por el cuerpo legislativo ni por el rey".

3 Kelsen, HANS "La Garantía Jurisdiccional de la Constitución "(La justicia constitucional), Universidad Nacional Autónoma de México. México 2001, Instituto de investigaciones jurídicas. Num.5. El profesor Kelsen, ya había expuesto la tesis de la Constitución como norma cuando en el citado escrito, sostiene que "El contenido de la Constitución puede, en efecto, hacer inútil una ley, como sucede cuando una ley es formulada de tal manera que no hay necesidad de un reglamento para que pueda ser aplicada mediante actos administrativos o jurisdiccionales individuales..." (Pág.24).

El carácter normativo de la Constitución tiende a asegurar la unidad del sistema, como norma superior que informa las diversas fuentes de desarrollo de la Ley, al tiempo que vincula a todos los órganos del poder público a su cumplimiento.

La paradoja consiste en que la ley atiende a la constitución en su proceso de formación; pero la constitución prevalece sobre la misma y se reserva su carácter imperativo sobre la ley en sentido material; esto porque el legislador no alcanza a prever y regular todos los aspectos de la vida social que gobierna el derecho. El imperio de la Ley en el Estado liberal clásico, evoluciona en el Estado Social de Derecho, como imperio del derecho; entendido "derecho", "como un conjunto abierto de reglas, principios y valores".[4]

En el derecho del Trabajo, por ejemplo, la Constitución contempla una legislación de apoyo que autoriza a las partes vinculadas a una relación laboral, para que, en condiciones muy particulares, acuerden su propia legislación (contratación colectiva).

Sin embargo, los conceptos clásicos se emplean en el recurso extraordinario de Casación, en el contexto del control a la sentencia de cierre, cuando se produce la violación sustancial de la Ley; porque la ley en sentido material sustancial prevalece sobre lo formal y disuelve el dualismo; ya que, según el caso, es de imperativa observancia cuando resuelve el conflicto y cumple con el proceso de regularización con la Constitución.

En estos casos, se conserva el mecanismo de la violación de la Ley sustancial, por lo que no sería útil para el ejercicio del control modalidades tan rigurosas, como las empleadas para salvaguardar el sentido meramente formal de la Ley como son la infracción directa, la interpretación errónea o la complejísima figura de la aplicación indebida *iuris*, que se vienen empleando desde el antiguo código judicial.

En el tránsito de la violación sustancial de la Ley, del Código Judicial de 1915 al Código Procesal del Trabajo, se advirtió acerca de lo inconveniente que era mantener esa división en el ejercicio del control en el recurso de Casación. Cuya práctica, junto con el carácter dispositivo del recurso, terminaba poniendo a salvo sentencias irregulares.

En el derecho continental de estructura lógico–jerárquico normativa, la infracción directa de la ley en la modalidad en que pueda llegar a presentarse, requiere de un método para ser explicada razonablemente y poner al descubierto la violación. Tarea en la cual resulta útil el empleo del silogismo normativo en cuanto que, sin adocenarlo, permite demostrar la infracción de la Ley.

---

4 Laporta J. Francisco "El imperio de la Ley. Una visión actual". Editorial Trotta, Madrid, 2007. Pag. 191

Es un valor *iuris* de la humanidad, una conquista irreversible, que Descartes, el hombre del método, considera indispensable para explicar las cosas más no para aprenderlas. Y, recomendó como el más importante precepto de la lógica "*... no recibir como verdadero lo que con toda evidencia no reconociese como tal, evitando cuidadosamente la precipitación y los prejuicios,* ***y no aceptando como cierto sino lo presente a mi espíritu de manera tan clara y distinta que acerca de su certeza no pudiera caber la menor duda***"[5]. *(resaltado fuera del texto).*

Su pensamiento anunciaba el valor supremo de la verdad que, por fuerza de la ilustración, la humanidad buscó también a través de las ciencias normativas y se concreta en la obra de Hans Kelsen.

De gran valor esa primera confrontación respecto del silogismo al que le atribuye sus bondades, pero, advierte que con ellos se mezclan otros que "*si no son perjudiciales, por lo menos son superfluos*".[6]

Por ejemplo. La doctrina laboral colombiana al trasplantar el recurso de la legislación española[7], introdujo una modalidad compleja de violación directa de la ley, que es la ***aplicación indebida iuris,*** que tiende a colindar y confundirse con la ***interpretación errónea*** del texto legal. Motivo por el cual los casacionistas siempre emplean los dos conceptos de violación, con el fin de cerrar la posibilidad de que fracase el recurso al formular un solo cargo y que el tribunal de casación, sutilmente, se incline por la otra modalidad.

Autores contemporáneos reúnen los dos conceptos en lo que podría denominarse una aplicación equivocada de la ley o como sugirió el profesor Blas Herrera Anzoátegui, un ***"error por infracción sustantiva".***

---

5 DESCARTES, René," Discurso del Método", Editorial Porrúa, S.A. No.177, México 1976, Pág.16

6 Op.Cit Pág.15.

7 Pascual, Juan Mon. "La nueva legislación de Procedimiento Laboral (22-V-1958). Publicación de la Escuela Social de Barcelona. Editorial Bosch. Casa Editorial-Urgel,51 bis- Barcelona. 1959.
Decreto de 4 de julio de 1958, texto refundido del Procedimiento Laboral y el Procedimiento especial para los Seguros Sociales y el Mutualismo laboral.
"Título III Recurso de Casación.
Art.164. El recurso de casación por infracción de la Ley podrá formularse por cualquiera de los motivos siguientes:
1° Cuando el fallo contenga violación, interpretación errónea o aplicación indebida de las leyes o doctrinas legales aplicables al caso.
(...)
5° Cuando en la apreciación de las pruebas haya habido error de derecho o error de hecho, si este último resulta de los elementos de prueba documentales o periciales que, obrantes en autos, demuestren la equivocación evidente del juzgador".

Para mencionar, a título de información, según el tratadista *Sergi Guashcs Fernández* la errónea interpretación y la aplicación indebida llevan a la misma conclusión ya que, *"...una vez determinados los hechos que se tienen por probados, la errónea adecuación que se formula para adecuarlos a la norma jurídica nos conduce inevitablemente a la errónea aplicación de la ley o doctrina legal"* (citando a Augusto Morello)[8]. Otro tanto encontramos en el escrito del profesor *Gaspar Bayón Chacón*, en el que sostiene que *"En todo caso, aplicar la Ley para un fin distinto del por ella querido puede, a nuestro juicio, a efectos de la casación, incluirse en el submotivo de interpretación errónea..."*[9]

En el Congreso de la República de Colombia, en octubre de 1949, en pleno debate sobre las reformas al procedimiento laboral. El profesor *Blas Herrera Anzoátegui*[10], se refirió a las deliberaciones del Primer Congreso Jurídico de Especialistas en Derecho del Trabajo. Cuando en la sesión plenaria recomendó para el Recurso Extraordinario de Casación Laboral, que se debían modificar los artículos 87 y 90 del Decreto 2158 de 1948 (hoy vigentes con la reforma del Decreto especial 528 de 1964), en cuanto a suprimir el concepto de la violación; toda vez que los asambleístas habían concluido que, ***""bastaba la demostración de la violación de la ley sustantiva, sin que fuera imperioso bautizar o dar nombre a esa violación""*** *(resaltado fuera del texto).*

Sostuvo en ese entonces, el jurista cartagenero, "*que esa modificación no convierte la casación en una tercera instancia, sino únicamente la libra de formalismos superfluos, recordando como a través de la historia del recurso de casación en Colombia, las mayores discrepancias entre abogados versados y magistrados excelentes han radicado en el punto del concepto de la violación, porque en múltiples ocasiones lo que para unos es* ***errónea aplicación*** *de una norma sustantiva, para otros es* ***indebida aplicación,*** *pudiendo multiplicarse los ejemplos al respecto. Nada gana la justicia con que se conserve esa fuente de discusiones académicas, porque lo importante para los fines generales del Derecho y para los particulares es que se demuestre que existió la infracción sustantiva*". (Negrillas fuera de texto).

La violación de la Ley sustancial como primer motivo de violación, se ha formalizado en cada una de las siguientes modalidades:

La infracción directa o la falta de aplicación de la norma. En cuanto que se presume que el juzgador de instancia conoce la ley, está obligado a aplicarla y no lo

8 GUASCH FERNÁNDEZ, Sergio, "El Hecho y el Derecho en la Casación Civil" J.M. BOSCH Editor, 1998. Pág. 201.

9 BAYON CHACÓN, Gaspar "El Recurso de Casación en lo Laboral Problemas Generales. Tipicidad de este, en "Dieciséis Lecciones sobre Casación en lo Laboral", Universidad de Madrid-Facultad de Derecho, Artes Gráficas Benzal, Madrid 1974. Pág.43.

10 Revista de la Academia Colombiana de Jurisprudencia, 1954, año XXIII-número 168, pág. 35.

hace. Ya sea porque desconoce la ley vigente o en aras de imponer su punto de vista se rebela y no la emplea cuando es imperativo hacerlo.

Sin embargo, dicho conocimiento se presume respecto de normas de jerarquía superior a las de orden departamental o municipal, que son disposiciones legales que deben ser objeto de prueba, como los actos de particulares, cuando de ellas surge un interés para quien lo reclama.

Pero, en principio, la ignorancia de la Ley no excusa a los destinatarios en su obligación de observarla, y la obligación de carácter dispositivo, propia del recurso extraordinario de casación, de indicar el elenco de normas de carácter general que integran el derecho sustancial infringido.

De otra parte, existen reglas en la aplicación de la Ley, cuya inobservancia puede conducir a la violación directa, cuando existiendo una ley relativa a un asunto especial el juzgador opta por la de carácter general. O, cuando emplea una norma derogada y desconoce la que regula el asunto. Sin embargo, puede entrar a jugar el principio de la condición más beneficiosa en cuanto que dadas la circunstancia permite aplicar disposiciones que rigieron con anterioridad a la vigente, cuando el legislador no pudo prever un detrimento en el derecho en casos singulares.

Otro tanto, cuando el juzgador le da efecto retroactivo a una norma en materia laboral, que rige hacia el futuro, afectando situaciones jurídicas definidas o consolidadas.

2. La interpretación errónea

Se caracteriza porque el juzgador al desentrañar el sentido de un texto legal que, literalmente es claro al entendimiento, despliega una actividad de reflexión en torno a dicha norma, que termina en un error involuntario o de intención y, en últimas, cambia el sentido de la norma. Disputando así, con su interés (o capricho) personal, la competencia del legislador para expedir normas de alcance general.

Se trata de una especulación en torno al texto legal que debe estar consignada en la motivación de la sentencia, que es una de las características, que marca el límite con el concepto de aplicación indebida.

Interpretar, según el profesor Francisco J. Laporta, *"es siempre interpretar algo que preexiste a la interpretación, que está ahí, es captado y a lo que la interpretación ha de ser fiel. Sólo así puede darse una explicación razonable."*[11]

El código Civil, en las reglas de interpretación de la Ley, acoge el método exegético o gramatical y el método teleológico, según el cual, "*Cuando el sentido de la ley sea*

---

[11] Laporta J. Francisco "El imperio de la Ley una visión actual", Editorial Trotta. Madrid.2007. Pág.182.

claro, no se desatenderá su tenor literal a pretexto de consultar su espíritu. Pero bien se puede, para interpretar una expresión oscura de la ley, recurrir a su intención o espíritu, claramente manifestados en ella misma o en la historia fidedigna de su establecimiento." (Artículo 27).

De la primera parte, que prevé la defensa del sentido literal del texto, tiene fundamento la modalidad de infracción directa y la de interpretación errónea. Esta última, parte de considerar que la norma no admite una aplicación distinta a la que se desprende, sin hesitación alguna, de la sola lectura del texto[12].

Sin embargo, cuando hay pasajes oscuros en la Ley, ésta facilita al juzgador unas herramientas para completar el ordenamiento jurídico, con base en reglas de interpretación o principios institucionales o constitucionales; que tienen la misión de permitir al juzgador optimizar esas disposiciones prescriptivas oscuras.

Son textos que hacen parte del ordenamiento jurídico positivo, en los cuales están implícitos los valores jurídicos que deben regir al dar claridad a la norma, en la creación del lenguaje del derecho. Labor que materializa en la motivación y concreta en la sentencia el derecho subjetivo.

Cuando las reglas de interpretación y los principios son utilizados por el juez para imponer sus valores ideológicos, o su interés personal o el de terceros, o hacer prevalecer un poderío sobre el derecho en detrimento de los valores institucionales o constitucionales, activa el control por la vía del concepto de interpretación errónea. Toda vez que, la Sala Laboral de la Corte Suprema de Justicia, como tribunal de Casación, es el órgano que se reserva para sí la competencia para unificar jurisprudencia y fijar el recto sentido que le corresponde a la norma interpretada.

No resulta fácil para el juez de instancia apartarse razonadamente de hechos y normas que han sido objeto de unidad jurisprudencial por el tribunal de Casación y, según el caso de la Corte Constitucional.

El Código Sustantivo del Trabajo va más allá cuando no existe norma aplicable al caso controvertido, evento en el cual prescribe la aplicación supletoria del ordenamiento jurídico según el orden allí previsto:

- Normas que regulen casos o materias semejantes, los principios que se deriven del Código Sustantivo del Trabajo (Institucionales).

---

12 Para el jurista Hans Kelsen, "El 'espíritu de la ley' es, básicamente, una ficción que sirve para sostener la ilusión de que, incluso en los casos de la así llamada decisión analógica, el juez solamente está aplicando el derecho existente, cuando en realidad está creando nuevo derecho para el caso concreto. Él tiene que estar facultado para ello por el ordenamiento jurídico..." "Derecho y Lógica", Ediciones Coyoacán; primera edición 2012. México D.F. Pág.60,

- La jurisprudencia de la Sala Laboral de la Corte Suprema de Justicia y de la Corte Constitucional.
- La costumbre o el uso.
- La doctrina judicial probable de los Tribunales y las recomendaciones de la Organización Internacional del Trabajo que son considerados como una cuasi doctrina en materia del trabajo. Los textos académicos en cuanto que aporten razones muy actuales y fundadas.
- Los convenios[13] y recomendaciones adoptadas por la organización y las conferencias internacionales del trabajo, en cuanto no se opongan a las leyes sociales del país. Es decir que no admite una aplicación *in pejus* de las leyes sociales del país. Y. de otra parte. cuando la Constitución de 1991 acoge el criterio monista en los instrumentos internacionales relacionados con los derechos humanos; en este caso, los principios fundamentales del trabajo que, en virtud de ser convenios de promoción y compromiso de los Estados miembros, dejan de ser normas de aplicación supletoria. No ocurre lo mismo con las recomendaciones que, según algunos tratadistas en la materia, son consideradas como una cuasi doctrina desprovista de carácter normativo.
- Los principios del derecho común en cuanto no sean contrarios a los del derecho del trabajo, todo dentro de un espíritu de equidad.

3. El concepto de la aplicación indebida en la Casación laboral

Es un concepto de violación de la Ley que se presenta como una creatura de dos cabezas.

Se produce, coloquialmente:

1. por la vía directa por aplicación indebida de la Ley.

---

13 Corte Constitucional, sentencia C-401 de 2005 "De ninguna manera los convenios internacionales del trabajo pueden ser considerados simplemente como parámetros supletorios en el ordenamiento laboral. Independientemente de la definición acerca de cuáles son los convenios que forman parte del bloque de constitucionalidad, es claro que todos forman parte de la legislación interna, lo que significa que no pueden ser relegados, por regla general, a parámetros supletorios de interpretación ante vacíos normativos en el orden legal. Adicionalmente, aquellos convenios que integran el bloque de constitucionalidad han de ser aplicados por todas las autoridades y los particulares para asegurarse de que las leyes nacionales sean interpretadas de manera acorde con la Constitución y tales convenios. Por lo tanto, al resolver "el caso controvertido" – en los términos del artículo 19 del Código Sustantivo del Trabajo acusado en el presente proceso-, tales convenios son norma aplicable de manera principal y directa, y han de incidir en la determinación del alcance de las normas legales que también sean aplicables. Adicionalmente, los convenios que integran el bloque de constitucionalidad en sentido estricto han de prevaler en el orden interno (C.P., art. 93, inc. 1)".

2. por la vía indirecta como consecuencia de errores de hecho manifiestos, como resultado de la errónea apreciación o falta de apreciación de una prueba. O, por errores de derecho.

En el primer evento, la violación se produce por la vía directa, y su complejidad radica en las proximidades que guarda con el concepto de interpretación errónea y el de infracción directa.

También, se presenta por vía indirecta como resultado de la valoración de los hechos, con efectos sobre la ley, cuando no coincide la percepción del juzgador sobre los hechos y el juicio fundado en la norma. Es un concepto de violación de la Ley que se produce a **través de** la valoración de la prueba, por errada apreciación o falta de apreciación.

Pero, también, directamente sobre la norma, por no existir desacuerdo o inconformidad en la valoración de la prueba. Concepto del que nos ocuparemos enseguida.

Al examinar la modalidad de violación por aplicación indebida de la Ley, en su primera expresión *iuris,* (de compleja aplicación). Me tomo la licencia de identificarla como la aplicación indebida *iuris*, ya que se presenta en relación directa entre el juzgador y la Ley. El punto de partida es un acuerdo con el tribunal respecto de la valoración de los medios probatorios que sirvieron de fundamento a la sentencia recurrida. Asunto que no genera reparo alguno, por cuanto corresponde a la verdad de los hechos (del enunciado en la lógica normativa).

Es la modalidad más compleja dentro de las referidas a la violación sustancial de la ley, según lo examinado en el aparte 3 del presente capítulo; pero, examinada por aparte, nos permite diferenciarla de la modalidad que más se emplea en el recurso extraordinario de casación laboral que es la aplicación indebida, como consecuencia de errores de hecho.

4. El complejo concepto de la aplicación indebida iuris

"Común es el principio y el fin del círculo". Heráclito

Lo que hace complejo el concepto de aplicación indebida es la dificultad para establecer el lindero con la interpretación errónea. La infracción directa como su antípoda la hace innecesaria. Pero también, da muestras de complejidad por la variedad de hipótesis como se manifiesta.

Por esa razón, es susceptible de ser integrada junto con la interpretación errónea y la infracción directa en un solo concepto de violación sustantiva o sustancial, en cuanto que ninguna permite desacuerdo con la valoración probatoria. Con relación a la aplicación indebida y la interpretación errónea, la norma general empleada es la que gobierna el derecho. En la infracción directa, simplemente la norma se desconoce.

Primera hipótesis:

- Cuando el tribunal emplea la norma en el sentido que ella prescribe, a un hecho que está probado, pero, que no corresponde al presupuesto fáctico de dicha norma y, está regulado por una disposición legal diferente.

En el primer caso, la norma general no corresponde con la verdad del enunciado o premisa menor, que es el presupuesto de hecho que condiciona la existencia del derecho. Sin embargo, no hay error de valoración de la prueba en cuanto que el hecho existe, es verdadero, y así lo percibe el juzgador y no hay reproche alguno, pero, no es el que exige la norma.

Ejemplo 1.

“” Vacaciones anuales remuneradas.

Artículo 186.- Duración.–1. Los trabajadores que hubieren prestado sus servicios durante (1) un año tienen derecho a quince (15) días hábiles consecutivos de vacaciones remuneradas.

2. Los profesionales y ayudantes que trabajan en establecimientos privados dedicados a la lucha contra la tuberculosis y los ocupados en la aplicación de rayos X tienen derecho a gozar de quince (15) días de vacaciones remuneradas por cada seis (6) meses de servicios prestados.””

Vigencia de una norma general (premisa mayor)

Hay una controversia judicial de una trabajadora que presta sus servicios de recepción, en una dependencia de un establecimiento privado que ofrece los servicios de aplicación de rayos x. Y, solicita el pago de sus vacaciones.

Demuestra la naturaleza jurídica de la entidad, la labor desarrollada, y diez meses al servicio.

La verdad del enunciado

El tribunal emplea la norma que regula el asunto y, **concluye,** que en efecto está demostrado; con el certificado de la Cámara de Comercio que la demandada es una entidad que presta los servicios de rayos x; que la demandante está vinculada por un contrato de trabajo para el desempeño de recepcionista de la sucursal de Fontibón. Así mismo, que acreditó diez meses de vinculación con la certificación expedida por el empleador y los recibos de nómina.

Es indiscutible que la norma general es la que regula el asunto, y la verdad del enunciado, que es el presupuesto fáctico de la norma que lo regula, es una evidencia que no tiene discusión; por lo tanto, se descarta el error en la valoración de las pruebas.

La norma individual

En la parte resolutiva de la sentencia (la norma individual) condena a reconocer y pagar 30 días de vacaciones no disfrutadas.

La violación de la norma general trasciende en la norma individual que es la sentencia, cuando al incurrir en la aplicación indebida del inciso segundo (2), deja de aplicar el primero (1), que es el que gobierna los presupuestos fácticos que constituyen la verdad del enunciado, es decir, el presupuesto factico para la creación de la norma individual.

La aplicación indebida de la norma general afecta la conclusión (la sentencia), que es la norma individual que reconoce el derecho, ya que aplica indebidamente el inciso segundo. Toda vez que el inciso primero es el que regula el asunto controvertido, porque su desempeño es como recepcionista y no como profesional o ayudante en la aplicación de los rayos x, tal como emerge de la prueba examinada, que es la verdad del enunciado normativo del inciso primero.

La norma prescribe dos situaciones jurídicas que no pueden concurrir al mismo tiempo, pero son las dos caras de una moneda.

En este ejemplo; la otra cara de la violación de la ley corresponde a la infracción directa del inciso primero, que, por aplicar indebidamente el segundo, simplemente lo desconoce.

Es la norma que regula el asunto, la prueba está bien apreciada; pero hay una aplicación indebida directa, porque la norma va dirigida a regular el derecho a las vacaciones, a través de una regla general y otra especial, que contempla dos enunciados. Uno de carácter general para todos los trabajadores del sector privado y, otro especial, para los trabajadores expuestos a los rayos x.

La norma que utilizamos, para ejemplificar este concepto complejo de violación de la Ley, nos permite entender que conduce a dos condiciones: que la aplicación indebida *iuris* del segundo enunciado, conlleva la infracción directa del primero. Siempre y en todo caso; como el pescador de la emulsión de Scott carga su presa, la aplicación indebida *iuris* lleva a su espalda la infracción directa de la ley. Un argumento de más, en favor del primer Congreso de especialistas en Derecho del Trabajo.

Ejemplo 2.

Vigencia de una norma general (premisa mayor)

ARTICULO 314 C. S. del Trabajo. "CAMPO DE APLICACIÓN. *Las disposiciones del presente capítulo obligan a las empresas de petróleos solamente en los trabajos que se realicen en lugares alejados de centros urbanos."*

ARTICULO 316. "ALIMENTACIÓN. COSTO DE VIDA. *Las empresas de petróleo deben suministrar a sus trabajadores, en los lugares de exploración y explotación, alimentación sana y suficiente, o el salario que sea necesario para obtenerla, de acuerdo con su precio en cada región. La alimentación que se suministre en especie se computará como parte del salario y su valor se estimará en los contratos de trabajo, en las libretas o certificados que expida el empleador."*

ARTICULO 13. Del C. S. del T. MÍNIMO DE DERECHOS Y GARANTÍAS. Las disposiciones de este Código contienen el mínimo de derechos y garantías consagradas en favor de los trabajadores. No produce efecto alguno cualquiera estipulación que afecte o desconozca este mínimo.

ARTICULO 14 del C.S. del Trabajo. "CARÁCTER DE ORDEN PUBLICO. IRRENUNCIABILIDAD. *Las disposiciones legales que regulan el trabajo humano son de orden público y, por consiguiente, los derechos y prerrogativas que ellas conceden son irrenunciables, salvo los casos expresamente exceptuados por la ley."*

Artículo 5 de la Ley 57 de 1887.

(...)

"Si en los Códigos que se adoptan se hallaren algunas disposiciones incompatibles entre sí, se observarán en su aplicación las reglas siguientes:

1ª La disposición relativa a un asunto especial prefiere a la que tenga carácter general;"

(...)

En una empresa de explotación petrolera que adelanta trabajos de perforación:

En la selva del Darién,

Los trabajadores suscriben un pacto colectivo en el que acuerdan con el empleador que el suministro de alimentación no constituye factor salarial.

El empleador suministra la alimentación a sus trabajadores a través de un tercero.

Un trabajador reclama que el suministro de alimentación que recibe del empleador debe ser tenido en cuenta como parte del salario.

El trabajador demuestra con un certificado de la empresa contratista, que suministra la alimentación, el valor de la alimentación que recibe.

Vigencia de la norma individual.

El tribunal revoca la sentencia de primera instancia en cuanto dio por demostrado que:

La empresa que lo contrató tiene como objeto social la explotación de petróleo.

Que el trabajador prestó sus servicios en la perforación de pozos en la selva del Darién.

Que los trabajadores suscribieron un pacto colectivo en el que el suministro de alimentación no constituye salario.

En consecuencia, absuelve a la demandada al estimar que la alimentación suministrada no es factor salarial, toda vez que así lo pactaron las partes y, además, así lo permite el artículo 128 del C.S. del T.

En el presente ejemplo, la valoración probatoria que hace el tribunal concuerda con la realidad, por lo tanto, la discusión no gira en torno a la apreciación probatoria.

Nos encontramos frente a una aplicación indebida del artículo 128 del C.S. del T. como consecuencia de la infracción directa, por falta de aplicación, de los artículos 13,14, 314 y 316 del C.S. del T. En relación con el artículo 5 de la Ley 57 de 1887, inc. 2 numeral 1º.

Estos ejemplos muestran que la aplicación indebida de una norma atributiva de derechos lleva a su respaldo la infracción directa de una norma sustancial. Es como la cara y el sello de una moneda.

Ejemplo 3.

Vigencia de una norma general

Ley 6 de 1945

(Disposición que gobierna el régimen laboral de los trabajadores oficiales)

"ARTICULO 3o. C.S. del Trabajo. RELACIONES QUE REGULA. El presente Código regula las relaciones de derecho individual del Trabajo de carácter particular, y las de derecho colectivo del Trabajo, oficiales y particulares."

"ARTICULO 4o. C. S. del Trabajo. SERVIDORES PÚBLICOS. Las relaciones de derecho individual del Trabajo entre la Administración Pública y los trabajadores de ferrocarriles, empresas, obras públicas y demás servidores del Estado, no se rigen por este Código, sino por los estatutos especiales que posteriormente se dicten."

Un trabajador oficial al servicio de una empresa industrial y comercial del orden territorial, demanda, entre otras peticiones, el pago de la prima de servicio de los dos últimos años anteriores a la terminación de su contrato de trabajo.

La verdad del enunciado.

Con prueba documental demuestra los extremos de la relación laboral.

La norma individual.

El tribunal revoca la decisión de primera instancia que absolvió a la empresa de pagar las primas solicitadas y, en su lugar, condena a reconocer y pagar las primas reclamadas, para lo cual tuvo en cuenta la prueba de los extremos de la relación laboral.

Este caso, elemental, nos permite colegir que se trata de un trabajador oficial. Que los extremos de la relación laboral que tuvo en cuenta el tribunal son los que expresa el documento valorado.

Pero no existe norma que consagre la prima de servicios para los trabajadores oficiales. No está prevista, ni en la Ley 6 de 1945, o en otra disposición legal.

El tribunal emplea el artículo 306 de la Ley 1788 de 2016, del C.S. del Trabajo, en cuanto que trata de la "prima de servicios a favor de todo empleado."

En este caso, la valoración del tribunal sobre la prueba documental no da lugar a ninguna diferencia o inconformidad.

Pero, la aplicación indebida de la norma empleada surge de la circunstancia de que el tribunal, al extender la norma a una situación fáctica que no regula el trabajo oficial, le da unos efectos que no tiene, porque la legislación laboral que gobierna el contrato de trabajo oficial no contempla la prima de servicios para estos trabajadores. Y, cuando hace referencia a todo empleado, el contexto–no el contexto de las normas vigentes- permite concluir que hay un límite establecido por la ley que hace que el ámbito del derecho es para "las relaciones de derecho individual del trabajo de carácter particular".

Sin embargo, está presente el desconocimiento de los artículos 3 y 4 del C.S. del T. en cuanto que el enunciado prescribe que el contrato de trabajo oficial no se rige por el Código Sustantivo del Trabajo.

Podemos concluir que, en la hipótesis examinada, también es válido sostener que la aplicación indebida de una norma atributiva de un derecho lleva, a sus espaldas, la infracción directa de una norma sustancial diferente, que es la que regula el caso (Artículo 3 y 4 del C.S. del T.). El exceso de rigor formal llegó a exigir la expresión de esa doble circunstancia. Lo que permite concluir que la aplicación indebida iuris debe ser eliminada toda vez que sería suficiente con indicar la norma atributiva del derecho que fue objeto de falta de aplicación o infracción directa.

Lo que sirve para diferenciar el concepto de aplicación indebida *iuris* de la interpretación errónea -insisto-, es la motivación de la sentencia; porque en la casuística empleada para ilustrar la aplicación indebida hay una aplicación de los textos legales en que no aparece, en el curso de la motivación de la sentencia, una reflexión en torno a la norma que regula el asunto que se controvierte.

Pero, si en el acto de aplicar la Ley, el tribunal lo hace sobre un enunciado fáctico con el que no hay diferencia u objeción alguna, pero, con el despliegue de una entelequia retórica en torno a las normas, que les cambia el sentido literal, la violación de la norma general pasaría a convertirse en interpretación errónea.

Sería el caso, en que el tribunal se hubiera extendido en un ejercicio retórico dirigido a hacer creer que la referencia de "todo empleado", está por encima de cualquier limitación legal y que el carácter "particular", del límite establecido por la ley, hace referencia a la condición de subordinación con la entidad demandada. Lo cual coloca al tribunal en el campo de la interpretación errónea. Como ya lo expresamos, en este caso, lo indicado es organizar dos cargos. Uno, por aplicación indebida, y otro, por interpretación errónea, atendiendo al tecnicismo formalista, que de acudir a uno solo, puede llevar a un fracaso.

En este caso, el contenido de cada modalidad está dotada de razón suficiente, proclive a un exceso de rigor formal en la diferencia anotada, que fácilmente puede truncar un examen de fondo y que bien puede ser reemplazada por una modalidad de "violación sustancial de la ley", que obliga siempre al control de la sentencia, sin tecnicismos que solo conducen a poner a salvo sentencias contrarias al imperio del derecho.

Recomiendo ver el recorrido jurisprudencial de la sentencia SL 2148 de 2017, en torno al artículo 143 de la Ley 100 de 1993 y el artículo 42 del Decreto 692 de 1994.

Segunda hipótesis:

- Cuando el tribunal emplea la norma en el sentido que ella prescribe, a un hecho que está debidamente probado, pero, le hace producir efectos distintos a los contemplados por la norma. Le resta o le da un alcance mayor al que prescribe el enunciado.

En esta hipótesis, el tribunal emplea la norma que regula el asunto debatido. Aprecia la prueba tal y como se presenta en la realidad, de manera que no hay controversia en torno a su valoración. Pero al concluir, le resta o le da un alcance mayor al que prescribe el enunciado y de esa manera, le da un efecto distinto al que se propone la norma.

Ejemplo 1.

Vigencia de una norma especial.

TRABAJADORES DE LA CONSTRUCCIÓN

"" Artículo 309. Definiciones. Para los efectos del presente capítulo se entiende por obras o actividades de construcción las que tienen por objeto construir cualquier clase de casas o edificios y las inherentes a esta construcción, excepto su conservación o reparación; y por valor de la obra o actividad, el valor de su presupuesto o de su costo total estimado pericialmente.

Artículo 310. Cesantía y vacaciones.–A los trabajadores de obras o actividades de construcción, cuyo valor exceda de diez mil pesos ($ 10.000) se les reconocerá el auxilio de cesantía y las vacaciones así:

El auxilio de cesantía por todo el tiempo servido, a razón de tres (3) días de salario por cada mes completo de trabajo (~~siempre que haya servido siquiera un mes~~) *, y debe pagarse a la terminación del contrato por cualquier causa.

(...)""

* Expresión declarada inexequible C-78 de 2023 Corte Constitucional.

Se trata de un trabajador de una empresa constructora de edificios y quintas de recreo, cuyo objeto está determinado en el certificado de gerencia y representación de la Cámara de Comercio.

Las labores desempeñadas por el operario son las de albañilería y mampostería en la construcción de un conjunto de vivienda multi familiar.

El trabajador por vía ordinaria solicitó el pago de sus cesantías.

La verdad del enunciado

Demostró con prueba documental y testimonial que su labor consistía en hacer las mezclas de cemento, nivelar terrazas, pañetar paredes, pegar bloques de ladrillo estructural, cerchar varillas, en la obra arriba señalada.

El tribunal da por demostrados los hechos tal y como corresponde a la realidad de las pruebas examinadas; motivo por el cual no hay discusión en torno a esa inferencia.

La norma individual

Pero, concluye que el trabajador no le asiste el derecho reclamado, ya que su labor era de conservación y de reparación.

En este caso, la regla de derecho contenida en la norma general es la que regula la controversia. La realidad corresponde a los hechos que representan las pruebas practicadas. El tribunal infiere en la valoración de las pruebas lo que allí se demuestra y no hay discusión alguna respecto de la apreciación.

Pero, al concluir, restringe la norma y le resta efectos, toda vez que aplica indebidamente la excepción. De lo contrario, el derecho le hubiera sido reconocido al trabajador.

Este ejemplo se puede invertir, en el evento en que se tratare de un operario que asiste a la obra para reparar o retocar imperfectos y le concede la cesantía del régimen especial. Lo cual indica que le estarían danto un alcance superior al que prescribe la regla, ya que por estar bajo la excepción no le asistiría el derecho contemplado en el régimen especial de cesantía. Pero, según el caso, podría estar amparado por el régimen general de cesantía. Una situación fáctica regulada por una norma general.

Tercera hipótesis

- La norma es la que regula el caso, pero el hecho condicionante o de la verdad del enunciado, no se corresponde con el que fue tenido en cuenta por el tribunal. El hecho que soporta la decisión se refiere a cuestiones distintas al que prescribe la norma.

En este evento, el tribunal valora correctamente la prueba, su percepción concuerda con la realidad que ella representa, pero ese hecho no es el que contempla la verdad del enunciado. No hay un error en la valoración de la prueba, de tal manera que el tribunal deduzca lo que allí no dice. Lo que existe en un error en la verdad del enunciado porque lo desatiende con base en un hecho que no es el del presupuesto de hecho de la norma.

Ejemplo.

La norma general.

Artículo 23 y 24 del C.S. del T.

“”Artículo 23. Elementos esenciales

“1. Para que haya contrato de trabajo se requiere que concurran estos tres elementos esenciales: a. La actividad personal del trabajador, es decir, realizada por sí mismo; b. La continuada subordinación o dependencia del trabajador respecto del empleador, que faculta a éste para exigirle el cumplimiento de órdenes, en cualquier momento, en cuanto al modo, tiempo o cantidad de trabajo, e imponerle reglamentos, ***la cual debe mantenerse por todo el tiempo de duración del contrato***. Todo ello sin que afecte el honor, la dignidad y los derechos mínimos del trabajador en concordancia con los tratados o convenios internacionales que sobre derechos humanos relativos a la materia obliguen al país; y c) Un salario como retribución del mismo. 2. Una vez reunidos los tres elementos de que trata este artículo, se entiende que existe contrato de trabajo y no deja de serlo por razón del nombre que se le dé ni de otras condiciones o modalidades que se le agreguen.”

“” Artículo 24. Presunción

Se presume que toda relación de trabajo personal está regida por un contrato de trabajo.””

En la vía ordinaria, un demandante busca probar los extremos de la relación laboral con un certificado de afiliación a un Fondo de pensiones, en donde aparece la fecha de afiliación y la de desafiliación. Es la prueba que quiere hacer valer.

La verdad del enunciado

Como se puede ver, la prueba demuestra la afiliación a una administradora de pensiones, la fecha en la cual ingresó a prestar servicios y la fecha de la desafiliación, pero, de allí no se pueden colegir los extremos de una relación laboral. Es decir, no es el hecho condicionante que contempla la norma para establecer la fecha de ingreso como trabajador de la empresa y aquella en que se terminó el contrato de trabajo. La prueba que tuvo en cuenta el tribunal no arroja ese alcance, que permita concluir los extremos de una relación laboral.

El tribunal confirma la decisión del juez de primera instancia, que con base en esa prueba da por establecidos los extremos de la relación laboral, cuando la describe tal como aparecen los hechos que representa la documental. "Expedida por el Fondo pensiones Porvenir, en la que aparecen los extremos de la afiliación y la desafiliación, los cuales evidencian que, en el presente caso, estamos frente a un contrato de trabajo".

Entonces, se produce una aplicación indebida directa ya que no se está frente a un yerro de valoración, pues la inferencia que hace el tribunal es correcta, se corresponde con el hecho de la afiliación a un fondo de pensiones, pero no con el hecho que exige la ley para que se dé por demostrado los extremos de una relación laboral. No obstante que es la norma que regula el asunto controvertido.

Por lo tanto, con la documental que tuvo en cuenta el tribunal no se puede construir la verdad del enunciado, motivo por el cual se incurre en la aplicación indebida de la norma general.

La verdad del enunciado tan solo se realiza en la sentencia inderrotable, cuando la realidad concuerda con el condicionante fáctico que prescribe la norma. O la verdad de los hechos, cuando el tribunal los da por demostrados en la norma individual, que es la sentencia que se realiza en concordancia con la regla general.

CAPÍTULO V

1. El juicio fáctico, el error de hecho y los sistemas de valoración de la prueba en el Código de procedimiento Laboral. 2. Medios probatorios calificados para sustentar el error de hecho en la Casación Laboral o el poder de la instancia 3. Particularidades del error de derecho en la Casación Laboral. El dilema 4. La violación de medio procesal. 5. la ausencia de un recurso extraordinario para la unidad doctrinal.

1. El juicio fáctico, el error de hecho y los sistemas de valoración de la prueba en el Código de Procedimiento Laboral, el error de hecho y el error de derecho

Al examinar el contenido de la sentencia, observamos que uno de los pilares básicos en que se encuentra construida la decisión judicial, es la valoración que el juez hace de los hechos a través de los medios probatorios establecidos en la Ley. Estamos, entonces, ante la relación que se da entre la percepción de los hechos, representados en los medios probatorios, como vehículo de la realidad, en el juicio y la condición fáctica de la regla de derecho para la declaración de la verdad del enunciado por parte del juzgador.

Es el proceso mental a partir del cual el juez entra en relación con la realidad para describirla, con el fin de entrar en el proceso de subsunción del hecho que contiene la verdad del enunciado de la norma. Es, lo que es, o lo que se conoce como la verdad procesal, la representación de la realidad llevada al juicio en comunidad. Ya que el mundo del deber ser corresponde a otros métodos y a otras lógicas. Aquí no tratamos con el más allá.

Es, la razón eficiente, por la cual la formalidad y la lógica del control de percepción racional de la prueba se construye sobre conceptos que se originan directamente por la regulación de la prueba judicial que hace el Código Procesal del Trabajo, en armonía con el Código del Proceso en cuanto a la prueba judicial.

La violación no se manifiesta directamente sobre la Ley, en los tres conceptos que reúnen dicha transgresión sino en una relación de conexión a través del juicio de hecho y la valoración por parte del juzgador de los medios de prueba admitidos por la ley, ordenados en juicio.

El error de hecho es una discordancia entre la percepción de la realidad y el juicio, que arroja como resultado la equivocada valoración de la prueba, o su falta de apreciación (esta última, por vía de omisión, en la Casación laboral).

Ahora bien, la Casación laboral introduce el concepto de ***error de derecho*** limitado a la prueba que por ley está revestida de formalidades, que estudiaremos por aparte.

Cuando el Juzgador al apreciar el hecho lo desfigura, incurre en la errónea apreciación de la prueba; como también, cuando por omisión, deja de apreciar un medio probatorio. Así es, como de manera indirecta viola la norma sustancial que contiene el enunciado fáctico como condición para la existencia del derecho que atribuye. No hay un enunciado verdadero, según la lógica normativa, como lo exige la norma general.

La doctrina laboral considera que ese juicio de hecho errado u omisivo de la prueba, conduce a una aplicación indebida de la norma, por acción en el proceso de persuasión o por omisión respecto de un medio probatorio.

El error de hecho exige una condición y es que su manifestación ostensible represente la negación del derecho, si se tiene en cuenta que el enunciado normativo como hecho evidente y manifiesto de la Ley, debidamente probado, es el derecho.[1]

El error de hecho es la conclusión equivocada en la valoración de la prueba en el proceso de motivación, por eso, debe estar en el discurrir lógico de la sentencia y es un yerro que se manifiesta en la premisa menor del silogismo jurídico, que es el presupuesto de hecho particular de la norma prescriptiva general.

Para efectos de su demostración, en la demanda de casación se acude a una técnica dirigida a identificarlo: "Dar por demostrado sin estarlo" o "No dar por demostrado estándolo".

El juicio de hecho que se hace a través del concepto de aplicación indebida de la Ley, como consecuencia de errores de hecho manifiestos, a consecuencia de la errónea apreciación de las pruebas o de la falta de estimación, es el que más uso tiene en la práctica judicial. Es un juicio fáctico que no conduce, frente a la diversidad de las circunstancias en que se presentan los hechos en un proceso, a cumplir con la finalidad de unificar la jurisprudencia laboral; como se alcanza este cometido en aquellos eventos en que el juez establece una relación directa con la norma. (ver sentencias de la Sala Plena Laboral en su composición prevista en el Decreto 1819 de 1964, complementario del Decreto 528 de 1964[2]).

---

1 DWORKIN, Ronald "El Imperio de la Justicia", Gedisa editorial. 1.992.
"El derecho existe como un hecho evidente, en otras palabras, y lo que es el derecho de ninguna forma depende de lo que debería ser..." (Pág. 19).

2 Decreto 1819 de 1964 complementario del decreto 528 de 1964.
"Artículo 7.- Cuando la Sala de Casación de la Corte Suprema de Justicia quede integrada por lo magistrados cuyo número señala el artículo No.15 del Decreto 528 de 1964, se dividirá en secciones o salar de decisión, las cuales funcionarán separadamente en el conocimiento de los respectivos negocios, salvo cuando se trate de modificar una jurisprudencia, caso en el cual lo hará conjuntamente, previa convocatoria hecha por la Sala o Sección que esté conociendo del asunto."

En vigencia de la integración de la Sala de Casación Laboral de la Corte Suprema de Justicia, en dos secciones, se produjeron treinta y nueve sentencias, cuyo examen proviene de la violación sustancial de la Ley laboral, lo que a mi juicio constituye verdadera jurisprudencia[3].

No se entendió el rol de la Sala de unificación y, de manera superficial y ligera, se les criticó a las dos secciones de pronunciar sentencias contradictorias, sin tener en consideración que la mayor parte de aquellas giraban en torno a situaciones fácticas formales diversas[4]; cuyo control complementario resulta apropiado en un juicio de comparación con base en el precedente sobre los mismos hechos y el mismo derecho, propio del recurso extraordinario para la unidad doctrinal.

2. Medios probatorios calificados para sustentar el error de hecho en la Casación Laboral o el poder de la instancia

La reglamentación de la prueba de los hechos en el Estatuto Procesal Laboral es la razón lógica por la cual, en esta modalidad, se estableció el error de hecho y el error de derecho como una vía procedimental para controlar los excesos en la facultad de libre apreciación de la prueba. Con este último, se protege la competencia del legislador, cuando exige determinadas solemnidades para la validez de algunos actos jurídicos en materia laboral; como el depósito de las convenciones colectivas de trabajo, el laudo arbitral, el pacto colectivo, el documento escrito para algunas modalidades

---

3 Decreto 1819 de 1964 complementario del Decreto 528 de 1964
"Artículo 7.- Cuando la Sala de Casación Laboral de la Corte Suprema de Justicia quede integrada por los magistrados cuyo número señala el artículo 15 del Decreto 528 de 1964, se dividirá en dos secciones o salas de decisión, las cuales funcionarán separadamente en el conocimiento de los respectivos negocios, salvo cuando se trate de modificar una jurisprudencia, caso en el cual lo harán conjuntamente, previa convocatoria hecha por la Sala o Sección que esté conociendo del asunto."

4 En sentencia de marzo 24 de 1988. Rad. 10.030 la Sala Laboral de la C.S. de Justicia estimó "... la similitud de los procesos no tiene como forzosa y necesaria consecuencia que deban fallarse de manera idéntica, pues son varias las circunstancias que justifican una diferente decisión; ya que no en todos los casos la demanda se plantea empleando los mismos términos, lo que apareja como lógica consecuencia que varíen las razones aducidas por el demandado en su defensa. Estas diferencias iniciales sumadas al hecho de que pruebas que obran en un expediente puedan no hacer parte de otro, y que adicionalmente en un juicio pueda examinarse una prueba y en otro no, son variables que inciden en la decisión y dan lugar a fallos diferentes...
(...)
"... el criterio de una sola sección de la Sala aun cuando sea repetido indefinidamente por ella no constituye jurisprudencia de la Sala Laboral de la Corte debido a que las secciones actúan por separado, de manera que sólo en el caso de que ambas se pongan de acuerdo sobre un mismo punto, bien sea actuando por separado o en Sala Plena, puede hablarse de jurisprudencia."

contractuales. Que son hechos que no se pueden demostrar por medios probatorios no previstos por el legislador o cuando el juzgador, estando obligado, deja de apreciar pruebas de esta naturaleza.

Al examinar el desarrollo legislativo de la Casación laboral, encontramos que el Decreto 528 de 1964, limitó a la Corte de Casación el examen o juicio de hecho al disponer que, el error de hecho, tan solo se podía denunciar cuando la sentencia acusada se encontrara soportada en la prueba documental. Por esa vía las decisiones del tribunal quedaban blindadas del control de hecho y amparadas de veracidad, cuando estaban basadas en los demás medios ordinarios de prueba. Sin embargo, esta restricción estuvo vigente hasta la reforma introducida por el artículo 7 de la Ley 16 de 1969, cuando se modificó la legislación anterior y se agregó la prueba de confesión y la inspección judicial, como pruebas sobre las cuales se podían fundar errores de hecho en la Casación Laboral.

Esa restricción tiene varias explicaciones, una de ellas, que en vigencia del artículo 87 del Decreto 2158 de 1948, todos los medios probatorios eran aptos para fundar errores de hecho, lo que se traduce en que el poder de control de la Corte de Casación sobre el juicio de hecho era más vigoroso, lo cual se pudo entender como una limitación al poder de decisión de los tribunales en el uso de la libre apreciación probatoria.

Inicialmente se expidió el artículo 60-1 del Decreto 528 de 1964, que permitía únicamente fundar errores de hecho en la prueba documental y, luego, con el artículo 23 de la Ley 16 de 1968 se extendió dicha posibilidad a la confesión y la inspección ocular. Disposición que se reprodujo textualmente al expedir la Ley 16 de 1969, en el artículo 7, vigente en la actualidad, que reúne en esa disposición como pruebas calificadas para fundar errores de hecho en casación laboral, la documental, la confesión y la inspección judicial. Las dos últimas disposiciones introdujeron importantes políticas en materia de la administración de justicia.

Entre ellas, emerge con claridad, que el legislador le dio mayor valor probatorio a la prueba calificada que a la prueba testimonial, pericial e indiciaria, al estimar que tan solo el juzgador de instancia la podía valorar de manera objetiva, según las reglas de la sana crítica, debido a su presencialidad en la práctica.

La tesis utilitarista, expone que la finalidad era la de descongestionar la Sala de Casación estableciendo una restricción a la formulación del error de hecho.

Finalmente, lo expuesto por la Corte Constitucional[5] . cuya postura doctrinal es una alerta a la Casación Civil, que acoge el procedimiento verbal en sus actuaciones.

---

5 Corte Constitucional Sentencia C-140 de 1995, de veintinueve (29) de marzo de mil novecientos noventa y cinco (1995). Que reproduzco textualmente en su parte pertinente (...)

La decisión referida pierde vigencia ya que en el procedimiento verbal se han introducido instrumentos de tecnología que le permiten a la Sala de Casación seguir la grabación de las actuaciones en instancia.

No prosperó la acción de inconstitucionalidad, y el artículo 7 de la Ley 16 de 1969 continuó vigente. Pero, con anterioridad a esa circunstancia, entre los círculos que se venían ocupando del tema, había cierta inconformidad con el texto legal. Toda vez que, en el recurso de Casación Civil, no existía esa restricción. Y, el juez del trabajo, al valorar la prueba no apta para fundar errores de hecho, podía incurrir en un error de hecho cuando sin razones válidas se apartaba de contenido mismo de la versión o de la prueba, en aras de la libertad de apreciación, con efectos trascendentales sobre las normas sustantivas.

Lo anterior motivó a la Sala Plena Laboral de la Corte Suprema de Justicia[6], en sentencia de unificación, a concluir que, si la sentencia acusada estaba construida en pruebas calificadas y otras que estaban excluidas para fundar errores de hecho

---

Por ello, la decisión de restringir la posibilidad de demandar en casación laboral por error de hecho en la apreciación de las pruebas, se fundamenta -conviene reiterarlo- en la naturaleza misma del proceso laboral y en especial en la consagración de los principios de oralidad, inmediación y libre apreciación probatoria en los juicios de trabajo, situación ésta que difiere sustancialmente de los asuntos esenciales y propios de los procesos civil y penal. (...)

"En materia laboral, el legislador, al considerar que los argumentos respecto de asuntos de forma deberían ventilarse y definirse ante las respectivas instancias, quiso que los denominados errores *in procedendo* no fueran argumentables en casación. Por tanto, en esta materia sólo es posible demandar respecto de asuntos *in iudicando*, procedentes de errores de derecho o, de hecho. la decisión de restringir en casación el error de hecho para sólo tres medios probatorios (documento auténtico, confesión e inspección judiciales), responde a la imposibilidad del juez de casación de apreciar las consideraciones subjetivas y valorativas que tuvo el juez de instancia al ser, en virtud de lo ordenado por la ley, quien dirigió y practicó personalmente las pruebas a lo largo del litigio. Así las cosas, esa determinación garantiza también el derecho de defensa, pues hace que el juez de casación funde sus argumentaciones en hechos objetivos y no en meras especulaciones respecto de la forma de pensar, concluir, razonar o actuar de quienes administraron justicia en materia probatoria, tanto en primera como en segunda instancia."

6 "Más cuando la sentencia reposa, al definir un hecho en pruebas de una y otras categorías, procede el ataque correspondiente respecto de ambas, porque la decisión se fundamenta en ellas, pero habrá que demostrar, en primer término, por ser la exigencia legal, el error sobre la prueba calificada como apta para la casación laboral, demostración que entonces abrirá el campo para el estudio debido de las que no son motivo restringido de ella... De acuerdo con este criterio la Sala ha producido ya decisiones, que no admiten demostración de error de hecho en razón solamente de pruebas no contempladas por el legislador de 1969". 6 de octubre de 1972, C.S. de J. **Sala Plena** Laboral.

manifiestos, se debían atacar las dos (calificadas y no calificadas). Y demostrado el error, con la prueba apta para fundar un error de hecho manifiesto, procedía entrar a examinar aquella que no lo era, pero que servía también de soporte probatorio al fallo recurrido. Fue un esfuerzo para evitar, en épocas de exacerbado formalismo ibérico, que la sola circunstancia de estar fundada la sentencia en pruebas no calificadas se rechazara de entrada, la posibilidad de su control.

La restricción legal invita a examinar diferentes hipótesis. Si está dirigida a la naturaleza dispositiva del recurso, en principio los recurrentes destinatarios de la norma estarían limitados a fundar la acusación en el error de hecho que se origina en la prueba calificada. Si el error es manifiesto y trascendental, lo que sigue es la casación de la sentencia y, solo, cuando la Corte asume el rol del tribunal de instancia, queda en libertad de apreciar el conjunto de las pruebas, calificadas y no calificadas para dictar la sentencia de remplazo. Sin embargo, entra en juego el argumento según el cual la Sala Laboral no fue el juzgador que medió en la práctica de la prueba (no calificada). Y, tampoco, existe la opción del reenvío.

La decisión de Sala Plena, por vía de doctrina, le impuso al recurrente la obligación de denunciar en el recurso extraordinario, la prueba testimonial, pericial o de indicios, cuando hacen parte del fundamento de hecho de la sentencia impugnada; lo cual indica que la prueba no calificada debe corroborar al error manifiesto en la valoración de la prueba calificada; sin que pueda llegar a tener mayor valor probatorio que el de aquella que, según la Ley, es apta para fundar el error de hecho. Lo cual a mi modo de ver termina en un requisito formal agregado en sede de casación como una carga para el recurrente.

Lo cierto es que una sentencia que cierra el juicio, fundada únicamente en prueba no calificada, en que refulge un error de apreciación; queda por fuera del control de casación por aplicación indebida por la vía indirecta y, por lo tanto, a merced de la vía de hecho en la acción Constitucional de Tutela.

EJEMPLO

Seguimos con la misma empresa constructora que, esta vez, contrata con el "Restaurante Barbarita" el suministro del almuerzo para los trabajadores que emplea en la cimentación y placas estructurares del edificio "Catalina III".

Una empleada de doña Barbarita, a quien se le terminó el contrato de trabajo, inconforme con la liquidación de sus prestaciones, demanda a:

Restaurante Barbarita y a la empresa constructora "Nariño Constructores".

PRETENSIÓN.

solicita que se les condene solidariamente a reliquidar sus prestaciones, porque no está de acuerdo con la liquidación de la cesantía.

La demandada aporta el certificado de constitución y gerencia en el que aparece que la empresa "Nariño Constructores", tendrá como **objeto social** principal la elaboración y ejecución de toda clase de proyectos de construcción y edificación. Así mismo; diseño, ejecución y comercialización de proyectos inmobiliarios; además tomar parte en sociedades que tengan objetivos afines o semejantes.

Aporta igualmente un acta de la junta directiva de la empresa en donde se dice textualmente: "Se autoriza al departamento de compras y servicios, contratar con una empresa particular el suministro del almuerzo para los trabajadores que laboran en la cimentación y levantamiento de columnas, su entrega a cada trabajador y la recogida de los desperdicios." Pruebas que fueron oportunamente aportadas al proceso y ordenadas como pruebas en el auto que las decretó.

El Juzgado de conocimiento al examinar el asunto controvertido admitió que la demandante prestaba sus servicios al "Restaurante Barbarita".

Con base, únicamente, en la documental emitida por la Junta Directiva de la empresa, de la cual se dispone a contratar con un tercero el suministro de almuerzo a los trabajadores de la obra "Catalina III".

En el contrato de suministro suscrito por la empresa constructora y el restaurante "Barbarita", hay una cláusula según la cual el restaurante se obliga "de lunes a viernes a entregar en la obra del edificio "Catalina III", las cajas individualizadas, con los almuerzos, para los trabajadores de la obra en la cantidad que disponga el contratante y a retiraba los desechos,".

No se discute que la demandante era la encargada de entregar, a diario, las cajas de alimentos a cada trabajador y a recoger los desechos.

Con la prueba documental el juzgador de instancia concluyó que la actividad desplegada por la demandante estaba relacionada con las obras ejecutadas por 'Nariño Constructores'", razón por la cual la empresa constructora estaba solidariamente obligada a concurrir en el pago de la reliquidación de su cesantía.

El Juzgado de conocimiento, **condenó solidariamente** a los demandados a reliquidar la cesantía de la demandante.

El tribunal, al resolver la apelación presentada por la empresa, **confirmó** en todas sus partes el fallo recurrido.

El error de hecho emerge de dos circunstancias fácticas:

El primero, de la **falta de apreciación** del certificado de constitución y gerencia. Si el tribunal hubiera apreciado dicha prueba, su conclusión sería otra; toda vez que allí se observa de manera explícita y evidente cual era el giro normal de los negocios del contratante.

El segundo, de la **errónea apreciación del acta de la Junta directiva de la empresa y del contrato de suministro de alimentación por un tercero**, toda vez que su contenido expresa una autorización para contratar con un tercero el suministro de alimentación a unos trabajadores de la empresa y el contrato de suministro de alimentación. De allí no se evidencia que la actividad de la demandante como trabajadora de quien suministra alimentación a los trabajadores del contratante, estuviera relacionada con el objeto social o el giro de los negocios de "Nariño Constructores".

El error de hecho:

consiste en "Dar por demostrado sin estarlo que la actividad desplegada por la demandante, en el suministro de alimentación a los obreros al servicio de "Nariño Constructores", estaba relacionada con el objeto de la construcción" o, "No dar por demostrado estándolo, que el suministro de alimentación por cuenta de "Restaurante Barbarita", no está relacionado con el objeto social de "Nariño Constructores".

El tribunal incurre en los errores de hecho mencionados como consecuencia de, la falta de apreciación del certificado de constitución y gerencia de la Cámara de Comercio y, la errónea apreciación del contrato de suministro de alimentación.

La equivocada valoración de unas pruebas y la falta de apreciación de otras hace que los errores de hecho anotados, lleven a la aplicación indebida de la regla general que gobierna el asunto (Artículo 34 Subrogado por el D.L. 2351 de 1965, artículo 3º), Contratistas independientes:

"Son contratistas independientes y, por tanto, verdaderos patronos y no representantes ni intermediarios, las personas naturales o jurídicas que contraten la ejecución de una o varias obras o la prestación de servicios en beneficio de terceros, por un precio determinado, asumiendo todos los riegos, para realizarlos con sus propios medios y con libertad y autonomía técnica y directiva. Pero el beneficiario del trabajo o dueño de la obra, a menos que se trate de labores extrañas a las actividades normales de su empresa o negocio, será solidariamente responsable con el contratista por el valor de los salarios y de las prestaciones e indemnizaciones a que tengan derecho los trabajadores, solidaridad que no obsta para que el beneficiario estipule con el contratista las garantías del caso o para que repita él lo pagado a esos trabajadores.

2 El beneficiario del trabajo o dueño de la obra, también será solidariamente responsable, en las condiciones fijadas en el inciso anterior, de las obligaciones de los subcontratistas frente a sus trabajadores, aún en el caso de que los contratistas no estén autorizados para contratar los servicios de subcontratistas."

[artículos 249 del C.S. del T. y 90 de la Ley 50 de 1.990]

3. Particularidades del error de derecho en la Casación Laboral

En los inicios del recurso extraordinario de casación laboral el error de hecho tan solo se podía fundar en la prueba documental y, posteriormente, se extendió a otros medios probatorios como la confesión y la inspección ocular, al excluir los demás medios probatorios consagrados en la Ley y previstos en su integridad en el Estatuto procesal Civil, toda vez que de paso ha sido un reto inconcluso el de encontrar un sistema probatorio para el derecho del trabajo, independiente del que se emplea en otras especialidades. De allí que el Código Procesal del Trabajo, dentro de su estructura normativa, incluye una norma de integración con el Estatuto Procesal Civil; hoy en día, Código General del Proceso, cuya pretensión es justamente la de comprender toda la materia procesal en el ámbito del derecho sustantivo.

El Código de procedimiento Laboral, cuya estructura principal surge a partir de un régimen de excepción; desde un comienzo se inclinó por hacer prevalecer el sistema de la libre apreciación de la prueba, sobre los demás regímenes existentes, como el de la tarifa legal de la prueba y, mucho más, al de la íntima convicción en que el juzgador decide "verdad sabida y buena fe guardada". Los dos primeros, muy relacionados con la motivación de la sentencia, mientras que el tercero, no vincula al juzgador en la obligación de demostrar y fundamentar la decisión.

Sin embargo, en los comienzos de esta legislación procesal, se quiso dotar de un poder superior al juez de instancia, en la tarea de empoderar el sistema de la libre apreciación de la prueba. Razón por la cual, en el contexto del control (en el recurso de casación), en el juicio de hecho, se blindó la valoración que hace el juzgador de instancia sobre las pruebas testimonial, pericial y el indicio.

Es el origen de las dos legislaciones que examinamos atrás y que han cumplido el cometido de regular, de manera precisa, los medios probatorios aptos para fundar errores de hecho en la casación laboral.

La cimentación que soporta esa determinación es el artículo 61 del Código Procesal del Trabajo que, al reglamentar el sistema de la libre apreciación de la prueba, de entrada, advierte: "El juez no estará sujeto a la tarifa legal de la prueba y por lo tanto formará libremente su convencimiento..."

Pero, al mismo tiempo, pone a salvo el valor probatorio que el legislador le fija a la demostración de algunos hechos, que para tales efectos los reviste de determinada solemnidad *ad sustantiam actus,* cuya prueba tampoco puede ser admitida por otro medio distinto al que ordena el legislador.

La doctrina laboral alertó que dicha norma daba lugar a una antinomia procesal porque el juez era libre para valorar los hechos o no lo era, por lo que este sistema fundado en "principios científicos que informan la crítica de la prueba", "las circunstancias relevantes del pleito" y "la conducta procesal de las partes", no admitía nada que representara, en dicho ejercicio, una interferencia en el poder legislativo o de intereses particulares en la labor de percibir los hechos y de juzgar.

Es allí donde emerge los dos errores en el juicio de los hechos que conducen a la aplicación indebida de la ley: el error de hecho y el error de derecho. Porque son la expresión lógica del mecanismo que se emplea en el contexto del control a fin de poner a salvo el sistema de regulación y valoración de la prueba.

El error de derecho tiene una factura especial, en materia del recurso de casación laboral, luego de una doctrina de la Sala Laboral elaborada con el transcurrir del tiempo. Es un mecanismo de control restringido de muy escasa aplicación y que no tiene los alcances que tiene en el recurso de casación civil, sobre el que vale comparar, para entender su desuso.

El error de derecho estuvo previsto para controlar que el juez de instancia, no se apartara de las formalidades que el legislador exigía para la demostración de algunos hechos. Las que no podían ser modificadas con base en las facultades del juzgador en su libertad de apreciar la prueba, no obstante que, al mismo tiempo, el propio legislador le autorizaba no estar sujeto a la tarifa legal de la prueba.

La antinomia que se revela en la norma procesal dio lugar a que dentro del contexto del control, se produjera una desregularización del error de derecho, que por vía de doctrina fue concebido inicialmente para controlar también la observancia de los requisitos para la validez de la prueba.

El movimiento doctrinal que se registra en orden a su aplicación, según la evolución desde el origen de esta modalidad, pone en evidencia que el error de derecho estuvo previsto para dos circunstancias en su control. El primero, originado en el desacato de los requisitos que gobiernan la producción de la prueba. El segundo, la inobservancia de la prueba *ad sustantiam actus*, al dar por demostrado un hecho que en virtud de la ley requiere de la atención de esa formalidad o cuando la deja de apreciar.

La primera expresión está contenida en la sentencia del Tribunal Supremo del Trabajo de 8 de junio de 1954[7], cuando advirtió que no estaba contemplado como tal los errores en la producción de la prueba, pero que el error de derecho también consistía, en la violación de las reglas legales sobre su producción, obligatorias también en los juicios del trabajo.

El profesor Álvaro Pérez Vives planteó la discusión, cuando advirtió que no era cierto que el sistema probatorio escogido por el Decreto 2158 de 1948, que reguló el

---

7 "Constituye error de derecho, aun cuando el art. 87 del Cód. de Proc. Del Trab. no lo contempla como tal, el consistente en la violación de reglas legales sobre la producción de la prueba, obligatorias también en los juicios del trabajo" Sentencia de 8 de junio de 1954, D. del T., vol., núms. 139-141. Pág.67.

procedimiento del trabajo, estuviera fundado con preferencia en la libre apreciación de la prueba (sistema que venía consagrado en el artículo 34 del Decreto 969 de 1946[8]); toda vez, que allí se consagraron otros mecanismos de evaluación de los hechos y formación del convencimiento, como la tarifa legal de la prueba, cuando la ley rodea de formalidades al hecho para su validez probatoria.

El destacado académico llegó a plantear que, "... *a cualquiera se le ocurre que, si los Jueces del Trabajo son libres para formar su convencimiento, mal pueden cometer errores evidentes de hecho al fallar. El dilema es inexorable: o son libres y su fallo es intocable, o no lo son, y cabe entonces –puesto que deben dar cuenta de las razones que los indujeron a sentenciar en determinado sentido- que el superior revise su decisión y que la Corte de Casación infirme su fallo por notoria equivocación.*"[9] "... *para hacer claridad sobre el problema de las facultades del juez en materia laboral, preciso es decidir, de una vez por todas, si se mantiene el sistema que sujeta al juez a la* ***enumeración legal de los medios de prueba, a la forma de su producción en juicio y al mérito de las mismas señalado en la ley****, caso en el cual hay que establecer el recurso de casación por* ***error evidente de hecho y por error de derecho****, en toda su vigencia, o se da al Juez verdaderamente una autonomía en la valoración de las probanzas y hasta qué límite se debe llevar tal autonomía" (negrillas fuera de texto)*,[10]. Descartando así las consecuencias que arrojaría el sistema del intimo convencimiento, superado desde ese entonces por el advenimiento del garantismo procesal moderno.

La propuesta de Pérez Vives, que denominó un sistema mixto, dio lugar a la modalidad establecida en el inciso segundo del numeral 1 del artículo 60 del D.E. 528 de 1964, vigente en la actualidad. Conocida coloquialmente como violación indirecta de la ley, cuya aplicación indebida, que es la denominación correcta, se origina en un error de hecho resultado de la equivocada valoración de la prueba calificada, para fundar dichos errores o por la falta de apreciación de una prueba de esa característica.

---

8 "El juez no está sujeto a la tarifa legal de pruebas y por lo tanto formará libremente su convencimiento, inspirándose en los principios científicos que informan la crítica de la prueba y atendiendo a las circunstancias relevantes del pleito y a la conducta observada por las partes durante el proceso.
Sin embargo, cuando la ley establezca determinada solemnidad sustancial para la validez del acto, no se debe admitir su prueba por otro medio.
En todo caso, en la parte motiva de la sentencia, el juez indicará los hechos y circunstancias que causaron su convencimiento".

9 Revista de la Academia Colombiana de Jurisprudencia, 1954, año XXIII- Número 168, Exposición del académico doctor Alvaro Pérez Vives, pág.24.
En el inciso del artículo 70 del decreto 969 de 1946, se llegó a eliminar el error de hecho por el alcance que le daba a la libertad del juez en la apreciación de la prueba:" Tampoco procederá este recurso por errónea apreciación de la prueba por cuanto el Juez no está sometido a la tarifa legal de conformidad con el ordinal 4° del artículo 3° de la Ley 75 de 1945".

10 Op. Cit, Pág.26.

O, por error de derecho cuando se da por probado un hecho con un medio probatorio no autorizado por la Ley, por cuanto exige de una formalidad para su validez, *"pues en este caso no se debe admitir su prueba por otro medio"* o cuando deja de apreciar una prueba de esa naturaleza.

Sostuvo el profesor bolivarense, que el origen y propósito de la norma está en *"Mantener la sujeción del Juez a los medios de prueba establecidos en la Ley, a la forma de su producción en juicio y al mérito legal de las probanzas, pero dejarle absoluta libertad para el estudio de la cuestión de hecho. En esta forma, el Juez no puede valorar una prueba no admitida como tal por el legislador, o que no haya sido producida en juicio con las formalidades legales, no desconocer el mérito que a cada una le asignó el legislador, o darle el que no le atribuyó..."*[11]

De allí surge la propuesta de crear el concepto de *error de derecho "... en toda su amplitud, puesto que el quebrantamiento de tales principios legales sobre producción y mérito de las pruebas configura justamente lo que se llama por los técnicos en casación, error de derecho en la valoración de las probanzas".*[12]

Sin embargo, la doctrina de la Sala de Casación Laboral sostuvo que cuando se presenta un error en la producción de la prueba, lo que realmente infringe el juzgador es la norma que la regula. Por lo que la infracción recae directamente sobre la ley procesal[13]. De modo que la técnica a emplear, en este caso, es la violación de medio, por infracción directa del texto procesal que precisa los requisitos formales de la prueba.

Este desarrollo jurisprudencial registrado a partir de 1995 limitó el uso de la aplicación indebida por error de derecho a la inobservancia de las formalidades *ab*

---

11 Op. Cit, Pág.26

12 Op. Cit,Pág.26

13 Magistrado ponente. Jacobo Pérez Escobar. Exp.3316. Diciembre 5 de 1989.**Sala Plena.** "Si el juez llama documento auténtico a una fotocopia sin autenticar, si llama testimonio a una declaración rendida ante particular y no ratificada en juicio o si llama peritaje a un trabajo que no constituye para él un auxilio en materia de conocimientos científicos, técnicos o artísticos de los cuales carece en su condición de abogado, evidentemente ese juez viola en forma directa, por ignorarlos o por omitir su aplicación, privándolo de sus efectos propios o aplicándolos indebidamente por darle efectos y alcances distintos a los queridos por la ley, o inclusive eventualmente, asignándoles una inteligencia que no les corresponde, agrega en esta oportunidad la Sala-, los preceptos legales que fijan la naturaleza específica de la prueba documental, la testimonial o la pericial, según la hipótesis, y que determinan los requisitos que se ha de cumplir para su validez formal o intrínseca.
Así puede acusarlo eficazmente en casación quien halle un fracaso semejante en el primer proceso intelectual del fallador, e invocar ese desconocimiento de normas procesales como un medio que condujo a este quebranto por indebida aplicación de textos de la ley atributivos de derechos, es decir, sustanciales".

sustantiam actus, legales para la validez de la prueba y la demostración de un hecho, o la inobservancia.

En esa oportunidad, la Sala plena se apartó de la doctrina del Tribunal Supremo del Trabajo, sin tener en cuenta que en principio, la violación de medio no es un concepto de origen legal en la reglamentación del Recurso de Casación Laboral, sino de creación jurisprudencial de la Sala Laboral de la Corte Suprema de Justicia. Que la violación directa, en el recurso Extraordinario de Casación Laboral, está reservada para la defensa de la ley sustancial atributiva de derechos. Que los antecedentes doctrinales y las expresiones académicas hacen más cercano a la naturaleza del error de derecho los yerros ocasionados cuando se desatienden los requisitos de la prueba. Motivos por lo cual era más conveniente atender a la regulación procesal del recurso extraordinario de casación laboral que acudir a una vía reservada por el legislador para la unidad jurisprudencial de naturaleza sustancial.

La Casación Civil, prevista en el Código General del Proceso, también consagra el error de derecho. Pero, a diferencia del error de derecho en la casación laboral, lo define de manera sencilla, como "la violación indirecta de la ley sustancial, como consecuencia del **error de derecho derivado del *desconocimiento* de una norma probatoria".** Dentro del cual cabe el desacato de las reglas que regulan la validez de la prueba, como el de aquellas pruebas revestidas de solemnidad o dejar de apreciar una prueba de esta característica. Así mismo, tiene cabida bajo esa denominación, la falta de apreciación de un medio ordinario de prueba.

De otra parte, según la doctrina de la Sala Laboral de la Corte Suprema de Justicia, al referirse a la formalidad *ab sustantiam actus,* para la validez de la existencia de la convención colectiva, solo surge cuando se hace litigiosa su existencia[14].

No obstante, pareciera operar un cambio de doctrina al aceptar que lo que se infringe cuando se niega el valor probatorio de la convención colectiva de trabajo,

---

14 "En efecto, el censor proclama que el Tribunal incurrió en error evidente de derecho, al dar por demostrado, sin estarlo, que el origen de la pensión reconocida por la empresa era convencional, sin que figure en el proceso el texto de la convención colectiva de trabajo que sirvió de soporte para el reconocimiento de dicha prestación, prueba que por ser *ad substantiam actus*, no permite ser reemplazada por ningún otro medio probatorio, originándose por ello -dice- el aludido yerro.

"(...).

"De acuerdo con esto, ningún error cometió el Tribunal, pues en torno a la necesidad de aportar la convención colectiva de trabajo, la Sala ha dicho que si bien en principio la existencia del acuerdo colectivo debe acreditarse en el proceso mediante la aportación de su texto con la respectiva constancia de depósito oportuno, ello no es necesario cuando el tema está fuera de toda discusión litigiosa porque las partes coincidan en reconocer la vigencia de un determinado acuerdo convencional" (Rad. 10658. Junio 14 de 1998).

es la norma que regula su solemnidad. Por lo que el ataque se debe formular por la vía directa[15].

Según el desarrollo jurisprudencial relacionado con el concepto de aplicación indebida por error de derecho muestra un cambió en la reglamentación del recurso, por vía judicial, ya que se trataría de una modalidad de infracción que no hace falta, ya que lo que infringe el juzgador, cuando desatiende las formalidades para su validez, o sus requisitos, es la norma que regula la prueba.

El error de derecho queda reducido a menos, cuando se ha llegado a considerar, para los dos eventos examinados, que el juez que desatiende los requisitos para la validez de la prueba y la formalidad *ad sustantiam actus* de la cual está revestida, lo primero que hace, es infringir directamente como violación de medio la ley que los reglamenta. Lo que hace innecesario el error de derecho para los fines, tal y como como está reglamentado por el legislador.

EJEMPLO

I.

Se trata de un asunto del cual conoce la jurisdicción ordinaria laboral. Las partes discuten la incorporación al contrato de trabajo del demandante de una cláusula convencional que establece el pago de un auxilio por antigüedad.

El demandante afirma la existencia de la Convención Colectiva de Trabajo. Pero, cree probar ese hecho con las declaraciones de testigos y la confesión del demandado toda vez que no aportó, junto con la demanda, la convención colectiva de trabajo, ni solicitó que se ordenara de oficio.

El demandado, al contestar la demanda, niega la existencia de la Convención Colectiva de trabajo. Sin embargo, los testigos afirman en su declaración que ellos, como el demandante, eran beneficiarios de una Convención Colectiva de Trabajo, la cual se extendía a todos los trabajadores de la empresa.

---

15 "... en cuanto que el propósito de la acusación es recriminar el razonamiento del Tribunal de negar valor probatorio a las circulares 019 y 003 de 2003 que se aportaron en copia simple, así como a la convención colectiva de trabajo, pues ha sido criterio de la Corte que el punto relacionado con los requisitos de validez de un medio probatorio, como el que plantea el recurrente, involucra un análisis eminentemente jurídico, en tanto que no encuadra en una supuesta equivocación fáctica proveniente de la apreciación errónea o de la falta de estimación de los medios de prueba, cuya objeción solo es de recibo si se formula el ataque por la vía directa mas no por la indirecta elegida, tal como lo ha precisado en diversas oportunidades, esta Corporación en las sentencias CSJ SL 735 – 2013 y CSJ SL, 7 feb 2012, rad. 36197, entre otras tantas."

En el interrogatorio de parte, la demandada niega la existencia de dicha Convención y sostiene que el derecho reclamado por el actor carece de todo soporte legal.

El tribunal, al decidir el asunto, confirma la sentencia del juez de conocimiento y condena a la demandada con base en los testimonios recibidos, al dar por demostrado que el actor era beneficiario de la Convención Colectiva de Trabajo. Como consecuencia de ello, condena a la demandada a reconocer y pagar el auxilio por antigüedad.

En este caso. se presentan las siguientes circunstancias:

1. El asunto se hizo litigioso desde el momento en que el empleador negó la existencia de la convención colectiva de trabajo.

2. El Tribunal dio por demostrada la existencia de la Convención Colectiva de Trabajo por medio de la prueba testimonial que, para el caso, es un medio probatorio no autorizado por el legislador para la validez del acto.

3. El Tribunal desatiende una formalidad *ab sustancian actus*, prevista en el artículo 469 del C.S. del T. y da por demostrada la existencia de la Convención con un medio probatorio no autorizado por la Ley.

Este es un ejemplo elemental de la configuración de un error de derecho en la Casación laboral.

La norma general.

"ARTÍCULO 469. FORMA. La convención colectiva debe celebrarse por escrito y se extenderá en tantos ejemplares cuantas sean las partes y uno más, ***que se depositará necesariamente*** *en el Departamento Nacional del Trabajo, a más tardar dentro de los quince (15) días siguientes al de su firma."*

Otra hipótesis es la siguiente:

II.

Un trabajador demanda a una empresa para que le reconozca y pague una prima de naturaleza convencional.

El representante legal de la demandada, en el curso del debate probatorio, al ser interrogado, admite la existencia de la convención colectiva de trabajo. Señala la fecha de su vigencia y explica el contenido del derecho reclamado. Sin embargo, alega una compensación con una prima similar.

En primera instancia, el juzgado absuelve a la demandada de todas las pretensiones de la demanda y el trabajador demandante acude al tribunal en apelación.

El tribunal, al proferir la sentencia advierte que, si bien es cierto, no se aportó la convención colectiva de trabajo, revestida de las formalidades de ley, es un hecho evidente que el demandado admitió, pacíficamente, que la convención colectiva de trabajo existe y se incorporó al contrato de trabajo del demandante; además, señaló con detalles, el contenido del derecho reclamado.

En consecuencia, el tribunal revocó el fallo recurrido y condenó al demandante a pagar el auxilio reclamado.

Es la hipótesis en que la existencia de la convención colectiva de trabajo, en los términos que lo exige el artículo 469 del C.S. del Trabajo, no es materia de controversia o litigiosidad. Por el contrario, el demandado acepta y reconoce su existencia de manera espontánea y desprovista de cualquier presión indebida. Lo que hace que el tribunal, al valorar los hechos en ejercicio de la libre apreciación de la prueba; en este caso, la confesión del demandado y la conducta procesal de las partes no esté sometido a la tarifa legal de la prueba. Doctrina que se ajusta a las reglas que disciplinan la valoración de la prueba judicial en los asuntos del trabajo (artículo 61 del C. de P. Laboral).

El dilema.–El dilema en el yerro fáctico se presenta cuando el hecho permite una u otra valoración válida para colegir la verdad del enunciado. Entonces, el juzgador escoge, conforme a la facultad de libre apreciación de la prueba, la realidad que según las reglas de valoración le parece más acertada. Lo cual descarta un error de hecho manifiesto y trascendente. Un ejemplo, muy recurrente, es el que surge de cláusulas convencionales ambiguas, sujetas a interpretación que da lugar a aplicaciones diferentes, lo que permite al juez decidir por aquella que, según su convicción y convencimiento, resulta más acertada.

4. La violación de medio procesal

El concepto clásico del Recurso Extraordinario de Casación en todas las materias es, lograr la unificación de la jurisprudencia, la seguridad jurídica y el alcance general de la Ley, con el fin de eliminar la desigualdad de trato. De tal manera que la ley sustantiva laboral que atribuye derechos es la finalidad de su protección a través del recurso extraordinario de casación.

No ocurre lo mismo con la Ley procesal, que es un instrumento que prescribe los trámites a seguir para hacer efectivos los derechos. Como el cauce que conduce al juez y a las partes a la sentencia definitiva, siendo el juez su director.

Pero, el control en la observación de esas reglas se cumple a través de otros mecanismos previstos en los medios ordinarios de impugnación, las nulidades procesales [16]y, de manera excepcional, según el caso, a través de la acción de tutela, como conse-

---

16 BRAVO, Luis Alberto "El nuevo procedimiento en los juicios del Trabajo", Magistrado del tribunal Supremo del trabajo, análisis del Decreto 2158 de 1948 (origen del Código Procesal del Trabajo) "El decreto suprime las causales de casación por errores de procedimiento, con lo cual no hace sino restaurar la pureza de la institución, que aquí, como en otros países, ha su-

cuencia de la vía de hecho por error de procedimiento, cuando la Ley no contempla un medio para resistir el desacato del director del proceso o cuando altera el procedimiento y ocasiona un perjuicio irremediable.

La doctrina de la violación de medio, a través de normas de procedimiento, puede llegar a crear un casuismo o una práctica diferente a la que indica el procedimiento, pero no cumple con la función de unificar la jurisprudencia.

Es reiterado el criterio jurisprudencial que reclama el carácter sustancial de las normas que definen los derechos y las obligaciones, pero no le da ese alcance a las disposiciones que tan solo regulan el procedimiento judicial.

Se dirá que el instituto de la prescripción, en el caso de la Legislación laboral, participa como norma sustancial en el Código Sustantivo del Trabajo (Artículos 488 y 489) y como norma adjetiva, en el Código de Procedimiento Laboral (Artículo 151); pero también, que es el mismo evento, que conduce a la prescripción extintiva de los derechos.

Del examen de los textos mencionados, se puede afirmar que se está frente a una Ley de carácter sustancial cuando está vinculada o afecta directamente derechos y obligaciones, y esa característica no se pierde porque se encuentre legislada en el cuerpo de un estatuto procesal.

De estas normas, lo curioso es que, la que regula la prescripción en el Código Sustantivo del Trabajo, tienen más hechura procesal que aquella que contempla el Código Procesal del Trabajo. Porque, éste último, reúne las dos en una sola norma, mientras que el Código Sustantivo del Trabajo regula, como salvedad de la prescripción trienal, los casos de prescripciones especiales establecidas en el Código Procesal del trabajo y reglamenta el término de interrupción de la prescripción.

Cuál puede ser la razón para que dos legislaciones, que en el tiempo tuvieron una génesis muy cercana, contemplen en lo sustantivo y en lo procesal el instituto de la prescripción. Cuál La solución a una controversia teórica respecto a la ubicación formal de la institución de la prescripción en materia de los derechos de naturaleza laboral.

La norma que sigue, en el tiempo, a la de prescripción en materia procesal autoriza la creación de una comisión que codifique las disposiciones sustantivas del trabajo o formule un Código Sustantivo del Trabajo. A partir de la cual la prescripción participa de una doble naturaleza.

---

frido una desviación o un retroceso hacia la *"querella nullitatis"*. *Revista "Derecho del Trabajo" Año IV, enero y febrero de 1948 Ns.37 y 38 Volumen VII, pág.192.*

En la técnica del recurso, la violación del instituto de la prescripción tiene como consecuencia que su defensa se puede dirigir por las modalidades contempladas en la vía directa y la indirecta y hasta por violación de medio.

Pero, en general, las normas de procedimiento no atribuyen un derecho y esa es la razón por la cual en el tránsito del antiguo Código Judicial al Código de Procedimiento Laboral (Decreto 2158 de 1948), en la violación de las normas procesales[17] no se incluyó la causal de casación, conocida como error *in procedendo.* Tampoco existía en la Casación Francesa y Española, que son las fuente de recepción del recurso extraordinario.

No estaba previsto el error de procedimiento porque la misma legislación procesal contemplaba las medidas necesarias y suficientes, para sanear el procedimiento con las nulidades procesales[18]. Previstas para salvar el curso normal de la actuación que es el proceso de producción del derecho; de tal manera que, al llegar a la sentencia de cierre, todo vicio de procedimiento debía estar despejado.

El saneamiento del litigio, en el procedimiento ordinario laboral, se cumple en la primera audiencia de trámite. Es la primera actuación preventiva del director del proceso, dirigida a corregir todo desvío de procedimiento que pueda conducir a una nulidad, que se complementa con el control de legalidad contemplado en el artículo 132 del Código General del Proceso; anterior a la decisión definitiva. De aplicación en el procedimiento del trabajo por vía de la integración que ordena el artículo 145 del Código de Procedimiento Laboral.

El "control de legalidad" que consagra el capítulo de las nulidades procesales del Código General del proceso, es para corregir o sanear vicios que produzcan nulidades u otras irregularidades del proceso, antes de proferir sentencia. Es un fuerte argumento para entender que el error de procedimiento, en esas condiciones, no es procedente como una causal de casación, salvo que se trate de hechos nuevos, que no fueron materia de controversia en la instancia, que escapan a esos remedios procedimentales porque surgen en la sentencia que pone fin al juicio y no están sometidos al control del Recurso de Revisión.

El control de legalidad, contemplado en el capítulo de nulidades procesales del Código General del Proceso, no es una casación anticipada, como medida de control a los dislates del juzgador en su relación directa con la norma sustancial. Es, sin lugar a duda, un control previo de procedimiento. Si se quiere, antes de seguir adelante en cada etapa del proceso, con el objeto de alcanzar una sentencia de cierre desprovista de vicios formales, que ocasionen la nulidad total o parcial del proceso y asegurar la garantía al debido proceso.

---

17 Sentencia de 18 de enero de 1950. Tribunal Supremo del Trabajo.

18 Ver sentencia de 2 de agosto de 2011, Rad.37361.

Sin embargo, la ***violación de medio*** es un mecanismo ajeno a la reglamentación legal. Tuvo origen en la doctrina del Tribunal Supremo del Trabajo[19], ante la existencia en la Casación Laboral, únicamente, del error *in judicando.* A través del cual, se ha venido sosteniendo que, si la sentencia infringe normas procesales, es preciso que al mismo tiempo se integren como trasgredidas las disposiciones del Código Sustantivo del Trabajo que consagran un derecho o una obligación afectadas por la sentencia.

Por supuesto, que se trata de un mecanismo excepcional frente a un error de procedimiento, que aparece por primera vez, en la sentencia de cierre, como la causa eficiente de la violación de la norma sustancial.

Un buen ejemplo de violación medio es la sentencia de Sala Plena de Casación Laboral, diciembre 5 de 1989, Exp.3316. sobre errores en la producción de la prueba[20]. Entendido que violación directa no es aquella que está referida a la violación de la norma sustancial. Sino a la relación del juzgador con la norma procesal. En su oportunidad se hizo una observación doctrinal o académica al respecto.

5. La ausencia de un recurso extraordinario para la unidad doctrinal[21]

Complementario y, en algunos eventos, seguidamente, sustitutivo del juicio silogístico del recurso extraordinario de Casación.

---

19 Sentencias del Tribunal Supremo del Trabajo de marzo 3 de 1949, diciembre 7 de 1949 y enero 18 de 1950.

20 "Si el juez llama documento auténtico a una fotocopia sin autenticar, si llama testimonio a una declaración rendida ante particular y no ratifica en juicio o si llama peritaje a un trabajo que no constituye para él un auxilio en materia de conocimientos científicos, técnicos o artísticos de los cuales carece en su condición de abogado, evidentemente ese juez viola en forma directa, por ignorarlos o por omitir su aplicación, privándolo de sus efectos propios o aplicándolos indebidamente por darle efectos y alcances distintos a los queridos por la ley, o inclusive eventualmente, asignándoles una inteligencia que no les corresponde, agrega en esta oportunidad la Sala-, los preceptos legales que fijan la naturaleza específica de la prueba documental, la testimonial o la pericial, según la hipótesis, y que determinan los requisitos que se ha de cumplir para su validez formal o intrínseca.
Así puede acusarlo eficazmente en casación quien halle un fracaso semejante en el primer proceso intelectual del fallador, e invocar ese desconocimiento de normas procesales como un medio que condujo a este quebranto por indebida aplicación de textos de la ley atributivos de derechos, es decir, sustanciales" (resaltado fuera de texto)

21 T-1306 de 2001. y T-289 de 2005, Magistrado ponente Marco Gerardo Monroy Cabra.
"Emerge de la sentencia de tutela que, si hay un precedente jurisprudencial en materia de pensiones o de cualquier derecho sustancial, lo que debe existir es una modalidad de recurso extraordinario para la unificación de la doctrina, por tratarse de situaciones fácticas y jurídicas iguales frente a las cuales las exigencias formales de un recurso extraordinario y rogado resultan irrelevantes; la Sala Laboral advirtió, en este caso, que no obstante de adolecer de deficiencias de técnica la demanda de casación formulada, los presupuestos fácticos y jurídi-

Así lo encontramos en un desarrollo doctrinal relevante de la Corte Constitucional, cuando dejó sin vigencia una sentencia de Casación Laboral en que los Magistrados, al no poder apartarse de las formalidades del recurso extraordinario previstas en la Ley y declaradas constitucionales, advirtieron que no podían casar la sentencia; no obstante que los hechos y el derecho eran los mismos que soportaron otros casos en que se había pronunciado dicha Sala en sentencias de Casación.

En esa oportunidad prosperó la acción de tutela en la Corte Constitucional, al corregir la discriminación normativa que se presentaba en el caso amparado. De vital importancia, cuando advirtió que se echaba de menos un recurso de unidad doctrinal que permitiera acudir al precedente o juicio de comparación, sin tener en ese caso, que seguir los rigores de la técnica del recurso extraordinario, cuando se trataba de un asunto igual a los ya definidos por vía de dicho recurso.

Es un procedimiento de control basado en un juicio de identidad, por vía de comparación. Su lógica no es silogística, sino que se basa en el principio de identidad.

Parte de un precedente ya definido en casación y un litigio actual, en que no puede existir una discriminación normativa cuando las reglas y los hechos que regulan el asunto debatido son los mismos. Se abre el camino para seguir con el juicio de comparación. Si las normas de los juicios anteriores, que son el precedente, son las mismas que regulan el asunto que se está por resolver y la verdad del enunciado corresponde a los mismos hechos, no pueden existir sentencias posteriores contradictorias entre sí. Como consecuencia de la identidad entre la norma general, la verdad de los enunciados, de los procesos sometidos a comparación, la norma individual debe ser la misma y no pueden existir sentencias con resultados contradictorios. Es una manera de alcanzar la igualdad sustancial que prescribe la norma[22].

No se trata de un medio de impugnación, sino de un medio de unidad doctrinal que tiene como sustento el principio de identidad, en sus raíces más elementales, según la Tabla de Esmeralda atribuida a Hermes Trimegisto: "Como es arriba, es abajo; como es abajo, es arriba, para realizar los misterios del uno"[23].

---

cos correspondían a los de otras sentencias de casación que reconocían el derecho pensional reclamado, pero optó por atender el carácter dispositivo del recurso en los términos en que la misma Corte Constitucional intenta poner a salvo".

22 Sempere Navarro, Antonio V. "El Recurso de Casación para la Unificación de Doctrina". Editorial Aranzadi. Cuadernos de Aranzadi Social. Pamplona. 1999. Pág. 49

23 Racionero, Luis "Leonardo Da Vinci". Biblioteca ABC, Protagonistas de la Historia. 2004. Pág. 90

CAPÍTULO VI

1. Lo dispositivo del Recurso de Casación Laboral 2. El alcance de la impugnación principal y el alcance de la impugnación subsidiaria. 3. La proposición jurídica completa y la proposición jurídica esencial o la proposición jurídica. 4. Los criterios auxiliares como integración del derecho en la proposición jurídica.

1. Lo dispositivo del Recurso de Casación Laboral

La naturaleza dispositiva del recurso de casación Laboral se traduce, de una parte, en una carga o deber procesal para el recurrente, a quien no puede suplir el tribunal de Casación. De otra, porque a través de esa naturaleza rogada se busca caracterizar una instancia de control, que no se puede convertir, haciendo abstracción de los motivos de violación de la ley, en una tercera segunda instancia. Es el recurrente el que asume el deber, con su actuación, de cumplir con los requisitos formales del recurso.

En la demanda de casación, en cuanto hace a los requisitos para su admisión y en la formulación de cada uno de los cargos, pero, sobre todo, en cuanto hace a la petición que le formula a la sala de casación respecto de la sentencia impugnada y de aquella que debe proferir en su reemplazo, como tribunal de instancia.

El profesor Genaro Carrió, enseña que el recurso extraordinario de casación, a diferencia de los recursos ordinarios, "debe bastarse a sí mismo o ser autosuficiente", que con su sola lectura o estudio la Corte de Casación pueda estar en condiciones de apreciar si el recurso es procedente o no[1].

Es el titular de la acción quien debe cumplir con señalar lo que se denomina el *petitum* de la demanda. Lo debe hacer de manera precisa, invocando el quehacer de la Sala de Casación frente a la sentencia acusada por ilegal. Si lo que persigue es, casar total o parcialmente la sentencia recurrida, en cuanto que según sea el alcance, desaparezca de la vida jurídica. Como consecuencia de ello, el proceder de la Sala de Casación, cuando ocupa el lugar del tribunal de instancia es, tomar una decisión frente a la sentencia de primer grado.

El recurrente es quien debe precisar esa tarea, sin que la Sala pueda entrar a corregir, adicionar o elaborar el alcance de la impugnación según su criterio.

---

1 Carrió, GENARO "Cómo Fundar un Recurso", Nuevos consejos elementales para abogados jóvenes. Segunda edición, LexisNexis Abeledo-Perrot, 2005

Sin embargo, el Juez Constitucional ha empleado la doctrina argentina del "exceso de rigor manifiesto" cuando, en el curso de la sustentación de la demanda, aparece el sentido que corresponde a dicha petición.

No ocurre lo mismo, por ejemplo, con la relación sintética de los hechos, que a menudo se confunde con un resumen de lo actuado. Cuando de lo que se trata es de hacer una síntesis de los hechos relacionados con las pretensiones que le fueron adversas y el petitum de la demanda de Casación.

El alcance de la impugnación es la exigencia más rigurosa, porque en el Recurso Extraordinario la Sala de casación actúa como tribunal de reemplazo, mientras que, en la Casación Clásica, de origen francés, una vez que se casa la sentencia, se envía al tribunal de origen para que elabore la sentencia definitiva. Que es lo que hace el juez constitucional cuando encuentra procedente la Acción de Tutela contra una sentencia. La anula y la envía al competente para que dicte la sentencia en el sentido que considera se debe reemplazar.

Lo mismo ocurre con relación a la proposición jurídica esencial, a juicio del recurrente, ya que según la reforma que introdujo la Ley de descongestión judicial, a partir del artículo 51 del Decreto 2651 de noviembre 25 de 1991[2], no es necesario integrar una proposición jurídica completa.

Entonces, no se presume que la Sala laboral esté en la obligación de conocer el derecho, como acontece en la instancia, es el recurrente el que debe señalar el elenco normativo que consagra el derecho que ha sido desconocido por la sentencia recurrida. Tan solo el recurrente en casación como parte interesada tiene el conocimiento de las peticiones que le fueron desfavorables y de las normas que las gobiernan.

Formular los cargos de manera precisa y apropiada, sin incurrir en contradicción o en mezclar conceptos que no pueden concurrir al mismo tiempo, es también una exigencia de la naturaleza dispositiva del recurso extraordinario.

En los ejemplos, el petitum en sede de casación está separado para ilustrar como es que se le pide a la Sala de Casación que, casada la sentencia, se convierta en tribunal de instancia. En otras palabras, que asuma el lugar del respectivo tribunal superior de distrito judicial cuando desaparece la sentencia.

---

2 Decreto 2651 de 1991, artículo 25
"Proposición jurídica esencial.–Será suficiente señalar cualquiera de las normas de esa naturaleza que, constituyendo base esencial del fallo impugnado o habiendo debido serlo, a juicio del recurrente haya sido violada, sin que sea necesario integrar una proposición jurídica completa".

2. El alcance de la impugnación principal y el alcance de la impugnación subsidiario

El alcance de la impugnación tiene que ver con la actividad desplegada por la Sala Laboral de la Corte como Tribunal de Casación. Es la de expulsar del ordenamiento jurídico, total o parcialmente, la sentencia ilegal.

Como tribunal de reemplazo, ante la ausencia de sentencia que cierra el juicio, entra a ocupar el espacio del juzgador colegiado de segunda instancia, con el fin de proferir la sentencia que ha de sustituir la que fue casada. Entonces, constituida la Sala de Casación como tribunal de instancia, frente a la sentencia del juzgador en juicio ordinario, no le queda más que revocar, modificar o confirmar dicha sentencia. Excepcionalmente, dictar un auto para mejor proveer.

El alcance de la impugnación en cierta medida reúne, simbólicamente, a los funcionarios judiciales encargados del contexto del control, del contexto del juicio. Excepcionalmente, al del descubrimiento, cuando se dictan autos para mejor proveer.

El Tribunal Superior actúa como juez colegiado de segunda instancia. Se limita a decidir el recurso de apelación propuesto por las partes o por terceros, en su calidad respectiva, frente a la sentencia de primera instancia. Para lo cual debe tener presente, que la sentencia debe ser congruente y consonante. La parte resolutiva de la sentencia debe, según el caso, revocar o absolver, revocar o condenar o modificar la sentencia recurrida. De esa manera adjudica el derecho, cierra el juicio y le pone fin a la instancia.

En el alcance de la impugnación, se define el qué hacer de la Sala de Casación respecto de la sentencia acusada. Allí se reúne de manera consecuencial toda su actividad, desde la casación de la sentencia, hasta su labor de reemplazo como juzgador de instancia. Para lo cual, pasa a ocupar el lugar del tribunal con el fin de revocar la decisión de primer grado; absolver o condenar; modificar o confirmar la sentencia de primera instancia.

Es un ejercicio práctico a partir de la casación del fallo recurrido según la parte resolutiva y de la sentencia de primera instancia en la parte resolutiva. Así es, ya que el petitum en casación puede ser sobre la totalidad de la sentencia recurrida o sobre una parte de esta. Lo cual, a su vez, define la tarea de la Sala de Casación como tribunal de reemplazo respecto de la sentencia impugnada. Es una tarea de creación, que escapa a un esquema preconcebido. En general, es en la naturaleza dispositiva del recurso cuando hay que advertir que no existe la casación minerva o de formato.

Al elaborar el alcance de la impugnación, hay que tener presente, que no es la oportunidad para hacer peticiones relacionadas con hechos nuevos o con pretensiones que no fueron objeto del recurso de apelación, lo cual hace fracasar el recurso. Toda vez que, dicha petición, se torna improcedente y fuera de lugar, porque ha debido ser objeto de las pretensiones de la demanda o de la alzada, ya que se debe garantizar su contradicción por la parte contra la cual se aduce.

La elaboración del alcance de la impugnación conserva un rigor racional en cuanto no se torne confuso ni contradictorio; como ocurre cuando se solicita la casación total o parcial de la sentencia recurrida, pero, al mismo tiempo, se pide que se revoque. Error frecuente que conduce al fracaso del recurso, porque la Sala actúa como tribunal de casación y no como una tercera segunda instancia. No revoca la que se casa, porque la casación deja sin vida la sentencia impugnada. Son actuaciones judiciales que no pueden subsistir al mismo tiempo.

También, cuando se omite indicar lo que tiene que hacer la Sala de Casación, cuando actúa como tribunal de instancia, frente a la sentencia de primer grado. Son errores fatales que la sala de casación no puede suplir o enmendar.

La lógica del alcance de la impugnación es, sobre todo, asegurar que el tribunal de casación no se convierta en una segunda tercera instancia, o en un así sucesivamente motivo por el cual es la carga más cuidadosa que debe sortear el demandante en casación.

Puede existir un alcance de la impugnación subsidiario al principal, pero debe corresponder a peticiones igualmente subsidiarias que se hubieren propuesto y discutido en la instancia. De ninguna manera, a una habilidad subrepticia, encaminada a presentar hechos nuevos.

Hay que precisar que, en materia del derecho del trabajo, su legislación está basada en la naturaleza de los derechos que consagra. Protegidos por principios que hacen que las normas que los regulan tengan la característica de normas de orden público, por tanto, irrenunciables. Esto es, que el propio trabajador no tiene capacidad para disponer de esos derechos. No porque sea un incapaz, sino porque es una medida tutelar del mínimo de derechos como una condición de existencia de los valores y principios que protegen el trabajo subordinado.

Esa intervención normativa en la relación laboral se aparta del contenido patrimonial de los derechos particulares. Como consecuencia de ello, cuando el trabajador pide, en la demanda inicial, el reconocimiento de salarios, prestaciones e indemnizaciones de manera incompleta, el juez laboral está en la obligación de reconocer la totalidad del derecho que le corresponde. La parte que hace falta se identifica como el fallo *extra petita.*[3]

---

3 "Además, dichas facultades radican en los jueces laborales de única y de primera instancia, y el juez de segundo grado, en principio, no puede hacer uso de ellas, salvo cuando se trate de derechos mínimos e irrenunciables del trabajador, siempre y cuando (i) hayan sido discutidos en el juicio y (ii) estén debidamente probados, conforme lo dispuesto en la sentencia CC

Pero, los derechos del trabajador también se amparan cuando no se incluyen como petición en la demanda, cuando los hechos que los originan se han discutido en el juicio y se encuentran debidamente probados. Evento en que el juez de única y primera instancia están facultados para pronunciarse respecto de ese derecho no solicitado. Es lo que se conoce como el fallo *ultra petita*. Pero, en los dos eventos, corresponden a pronunciamientos exclusivos del juez de instancia.

Resultado de lo anterior, en Casación no sería oportuno incluir en el alcance de la impugnación un pronunciamiento *extra o ultra petita* que no fue objeto de pronunciamiento en la primera instancia, mucho menos si no fue objeto de la demanda. En cuanto se tratare de sumas periódicas más allá del derecho que corresponda, estaríamos en el terreno del recurso de revisión.

EJEMPLOS

- ALCANCE DE LA IMPUGNACIÓN.

Con esta demanda persigo que se CASE TOTALMENTE la sentencia impugnada en cuanto *confirmó* el fallo absolutorio del a quo, para que, en su lugar, **REVOQUE** la sentencia de primera instancia; a cambio de ella, **CONDENE** a la demandada a reintegrar al actor al cargo de supernumerario segundo que tenía el 18 de julio de 1997, y como consecuencia de ello, se le paguen los salarios y demás elementos que lo integran, dejados de percibir, con sus incrementos y aumentos indexados.

De manera, **SUBSIDIARIA**, se la condene al pago de la indemnización legal o convencional debidamente indexada; a los perjuicios morales por el despido con lesión al derecho fundamental a la honra y a la buena fama.

- ALCANCE DE LA IMPUGNACIÓN.

Con esta demanda de Casación persigo que se CASE PARCIALMENTE la sentencia impugnada únicamente en cuanto *condenó* al demandado a pagar al demandante la pensión sanción, para que, en sede de instancia, ***confirme*** el fallo del a quo respecto de las condenas relativas a despido sin justa causa, cesantía, intereses a la misma, prima de servicios, vacaciones, la excepción de pago parcial y las costas.

- ALCANCE DE LA IMPUGNACIÓN.

Con la demanda de Casación persigo: Que se CASE TOTALMENTE la sentencia impugnada, en cuanto CONFIRMÓ la sentencia de primer grado y MODIFICÓ el ordinal segundo que DECLARÓ la inconstitucionalidad de la cláusula transitoria de la convención colectiva de trabajo vigente, entre el 1 de enero de 2005 y el 31 de diciembre de 2007 y a cambio, la declaró ineficaz.

C-968-2003 tal y como lo ha señalado esta Sala en forma reiterada desde la providencia CSJ SL5863-2014." (Sentencia de Casación de 9 de agosto de 2021; Rad.82981)

Para que en sede de instancia REVOQUE en todas sus partes la sentencia proferida por el *a quo* y, en su lugar, ABSUELVA a la entidad demandada de todas las pretensiones de la demanda.

Después de analizar las exigencias formales del alcance de la impugnación, en armonía con la prevalencia de los derechos sustanciales y su protección constitucional, bastaría con introducir una reforma a esta formalidad, simplemente con indicar que, una vez casada la sentencia, la Sala de Casación Laboral procederá a resolver la apelación. En esas condiciones se haría más explícito precisar, la consonancia del recurso de apelación con relación a la tarea de la corte de casación como tribunal de instancia o de reemplazo.

3. La proposición jurídica completa y la proposición jurídica esencial o la proposición jurídica

Que la obligación del recurrente al formular un cargo contra la sentencia impugnada sea la de integrar a su juicio una proposición jurídica esencial, sin la obligación de integrar una proposición jurídica completa, no equivale a una descongestión académica.

De entrada, hay que decir que la proposición jurídica esencial no es la que se le antoje al recurrente. La norma indica que es aquella que es "base esencial de la sentencia recurrida", pero, sobre todo, porque vincula al juez en la facultad de decidir con base en ella. Sin embargo, no siempre una norma es la esencia de la decisión, porque al construir el derecho el tribunal emplea varias normas que son base esencial del derecho subjetivo y de la sentencia. Al fin y al cabo, la validez de una norma se prueba en el conjunto del sistema normativo al que pertenece.

La proposición jurídica esencial siempre será lo mismo que la completa, ya que no se trata de juntar una pluralidad de normas sin relación entre ellas. En algunos casos, una sola norma puede ser la base del derecho atribuido y de la decisión; pero en otros, esa norma adquiere un carácter complementario esencial, porque sin ella el tribunal no hubiera podido elaborar la norma individual, al construir el lenguaje del derecho. Como es el caso en que se discute la aplicación de una convención colectiva de trabajo por extensión a terceros; la esencial no es la contenida en el artículo 467 del C.S. del T. que define que es una convención, sino la prevista en el artículo 38 del Decreto Ley 2351 de 1965, que trata de la extensión a terceros. Pero, ambas constituyen el lenguaje del derecho contemplado en la Convención Colectiva de Trabajo. Sin embargo, se acepta que la última lleva en su condicionante la primera, por lo que adquiere la característica de esencial.

Si se tiene claridad acerca de la proposición jurídica lo mejor es, frente al carácter dispositivo del recurso, que no resulte incompleta.

El punto de partida es la norma sustancial de naturaleza laboral de alcance nacional y de carácter atributivo. Quien cumpla con una acción de naturaleza laboral x, tiene derecho a ... o está obligado a ...

La proposición jurídica también está presente en el control de constitucionalidad cuando la Corte Constitucional ejerce como legislador negativo o complementario del legislador, para lo cual exige la integración de una proposición jurídica, toda vez que no pueden quedar vigente, por fuera de contexto, normas que entre sí son necesarias para el juicio de inconstitucionalidad.

Lo mismo acontece cuando el juicio es contra la sentencia y la violación de la ley, toda vez que los textos legales en que se basa el juicio de adjudicación deben ser integrados en un plexo normativo.

La proposición jurídica es el elenco normativo sobre el que se basa la decisión impugnada, reconoce el derecho o lo niega. Un solo texto legal por esencial que sea no siempre es el fundamento único de la decisión controvertida. Es el lenguaje del derecho con el que el casacionista se dirige al juez con carácter vinculante al sustentar el cargo.

A su manera, la proposición jurídica en el derecho cumple la función de dar sentido al derecho, de integrar el ordenamiento jurídico en la solución del caso, que es el lenguaje de los derechos[4].

Se trata de un conjunto de normas declarativas que entre si tienen un significado propio[5]

---

4 Gregorio Robles Morchón "Ley y Derecho Vivo", Centro de Estudios Políticos y Constitucionales. Madrid. 2002. pag.56
"... La palabra "Rechtssatz" la solemos traducir por "proposición jurídica", teniendo en cuenta que Satz tiene el significado de "oración", "frase" o "proposición", sin embargo, tiene el matiz de que la "Rechtssatz" es una proposición jurídica que se presenta escrita en un texto legal o similar; por esa razón , también se le puede traducir por "precepto jurídico" o "disposición jurídica"; al menos ese parece ser el sentido que tiene en la obra de Ehrich y en general de los juristas de la época ..."
(...)
"Las proposiciones jurídicas tienen la finalidad de servir de base o fundamento a las decisiones de los tribunales y a las intervenciones directas de las autoridades jurídicas. Toda proposición jurídica es, por consiguiente, una norma de decisión expresada en palabras con carácter general. Más estrictamente, la proposición jurídica puede definirse como la norma jurídica dirigida al juez con carácter vinculante." (citando a Grundiegung Ehrich en Die juritische Logik"

5 Norberto, Bobbio "Teoría General del derecho", Editorial, Temis. Pag.42
"Por "proposición" entendemos un conjunto de palabras que tienen un significado entre sí, es decir, en su conjunto. La forma más común de una proposición es lo que en la lógica clásica

Sin entrar en detalles acerca de la figura de la indexación o corrección monetaria, es un concepto de elaboración jurisprudencial que empleó en su creación un lenguaje positivo para ingresar al mundo del derecho social.

Para el caso de la actualización monetaria de la primera mesada pensional, se empleó como proposición jurídica el carácter normativo del artículo 48 y 53 de la Constitución Política, en cuanto dispone que los recursos destinados a pensiones mantengan su poder adquisitivo constante y el reajuste periódico de las pensiones legales. La corte Constitucional abre el camino a la indexación de la primera mesada pensional por esa vía[6]. En ese sentido empleó la voluntad del Constituyente como un valor previsto en la norma superior sin esperar que el legislador definiera los medios para mantener actualizadas la primera mesada pensional. Es una proposición jurídica completa en cuanto a su contenido directo, como proposición jurídica normativa autónoma.

Pero, otra hipótesis resulta de indexar una prestación o una indemnización originada en la legislación laboral, evento en el cual es ejemplar la manera como se construyó la proposición jurídica, frente a una legislación del trabajo que por ningún lado definía en una regla, la figura de la indexación, como un mecanismo dirigido a proteger el monto de las obligaciones laborales frente a la devaluación monetaria debido al transcurrir del tiempo.

---

se llama el juicio, que es una proposición compuesta de un sujeto y un predicado, unidos por una cópula (S es P)".

6 Antes de transcribir la decisión, me parece oportuno la referencia que hace el profesor Robert Alexy en su obra "Teoría de los Derechos Fundamentales" respecto de la jurisprudencia del Tribunal Constitucional Federal para señalar que "en modo alguno un tribunal constitucional es impotente frente al legislador inoperante..." Pág.496
La Corte Constitucional en la sentencia T-697 de 2015, formuló judicial y directamente lo ordenado por la Constitución Política en el artículo 48. "16. La Corte Constitucional analizó la jurisprudencia de la Corte Suprema de Justicia que negó el derecho a la indexación de la primera mesada pensional y concluyó que ésta desconocía los artículos 48 y 53 de la Carta Política. En especial, es de gran relevancia el pronunciamiento de la Sala Plena en la **sentencia SU-120 de 2003**, que determinó que sí existía este derecho a la actualización de las obligaciones dinerarias, si se tiene en cuenta que el constituyente protegió el derecho al reajuste periódico de las pensiones derivado del deber estatal de mantener el poder adquisitivo y constante de aquellas. El fallo sostuvo que la indexación debe efectuarse, aunque el Legislador no lo hubiese previsto expresamente en la norma." 17. Posteriormente, la sentencia del 31 de julio de 2007 de la Sala Laboral de la Corte Suprema de Justicia[31] acogió las consideraciones de la Corte Constitucional y modificó la línea jurisprudencial para reconocer el derecho a la indexación de la mesada pensional. Además, estableció que este procedía para las pensiones de carácter legal y convencional."

Dworkin, acude al caso Elmer, para ilustrar el imperio de la justicia sobre la Ley en sentido formal, cuando un tribunal por mayoría, con base en principios generales del derecho, decide desheredar a un homicida, contra la voluntad del testador y la ausencia de una norma que así lo prescriba.

La Sala Laboral de la Corte, para el caso de la indexación de obligaciones laborales dinerarias, elaboró un lenguaje para ese derecho, no previsto de manera positiva en un texto legal contenido en el Código Sustantivo del Trabajo u otra legislación similar. Para lo cual, empleó el artículo 19 del C.S. del T.[7] Que está dentro del ordenamiento positivo, a diferencia del Caso Elmer, como concepto de analogía iuris[8]. Con base en dichos principios contemplados en el artículo 8 de la Ley 153 de 1887[9] , integró en un conjunto de normas, las leyes que regulan casos semejantes, que gobiernan el cumplimiento de las obligaciones patrimoniales, que no son contrarias a las obligaciones dinerarias emanadas de la relación laboral y que se encuentran en el Código Civil, acerca de la indemnización de perjuicios (1,613); daño emergente y lucro cesante (1,614); el pago efectivo (1626) y el pago total (1.649). Con estas normas legales se integró un lenguaje del derecho para la figura no definida en la Legislación Laboral sobre indexación o corrección monetaria de obligaciones laborales, todo dentro de un espíritu de equidad (Art.1 del C.S. del T.).

Es, el imperio de la justicia como equidad que no se agota ante la ausencia de un texto positivo, que encuentra vida en las herramientas que el mismo ordenamiento jurídico facilita a los juristas para dar vida al derecho a partir de los valores y principios allí contenidos. Es el lenguaje como se expresa el derecho.

La proposición jurídica es el lenguaje del derecho que ha sido desconocido o infringido por la sentencia impugnada, con el cual el recurrente al precisar el concepto de violación le habla al tribunal de casación, con el propósito de vincularlo al reinte-

---

7 Artículo 19 del Código Sustantivo del Trabajo
"Normas de aplicación supletoria. Cuando no haya norma exactamente aplicable al caso controvertido, se aplican las que regulen casos o materias semejantes, los principios que se deriven de este código, la jurisprudencia, la costumbre o el uso, la doctrina, los convenios y recomendaciones adoptadas por la organización y conferencias internacionales del trabajo, en cuanto no se opongan a las leyes sociales del país, **los principios del derecho común que no sean contrarios a los del derecho del trabajo, todo dentro de un espíritu de equidad"** (subrayas fuera de texto).

8 "(consistente en la aplicación, no ya de los principios de la ley, sino de los principios generales del derecho)" Jaime. MANS PUIGARNAU "Hacia una Ciencia General del Derecho", tercera edición, Casa Editorial Bosch, 1970.

9 Artículo 8 de la Ley 153 de 1887 "Cuando no hay **ley** exactamente aplicable al caso controvertido, se aplicarán las **leyes** que regulen casos o materias semejantes, y en su defecto, la doctrina constitucional y las reglas generales de derecho."

gro del ordenamiento jurídico; lograr la prevalencia sustancial de la Ley y el restablecimiento del derecho.

El lenguaje del derecho a través de las normas se asemeja a una proposición, como el conjunto de palabras que entre ellas adquieren un significado. La encontramos de manera explícita en una oración como la unidad del habla con sentido completo. Allí acontece como en las normas, las cuales se relacionan (palabras y normas) unas con las otras, para dar claridad a un mensaje, al completar lo que es.

La siguiente oración nos da una idea del conjunto de palabras empleadas para enviar un mensaje acerca de las cualidades de una persona determinada. Pero, al suprimir algunas palabras, podría cambiar el sentido del mensaje. Algo parecido podría estar sucediendo con el lenguaje del derecho, respecto de las normas que se emplean en el proceso de subsunción para la creación de la norma individual, que resuelve el asunto.

Ejemplo. "Gabriel García Márquez es un escritor colombiano reconocido en el mundo entero. Se destaca por haber sido experto en su oficio y habilidoso en el arte de escribir."

La oración tiene un sujeto, un verbo y un predicado que hace que el mensaje sea inequívoco. Pero, si comenzamos a suprimir algunas palabras, el mensaje nos pone a inferir de diversas maneras.

En el primer ejercicio, al suprimir los "apellidos de la persona", la palabra "reconocido en el mundo entero" y "por haber sido experto". Podemos pensar que se puede estar refiriendo a Gabriel García Márquez o Juan Gabriel Vásquez, porque son dos escritores colombianos muy reconocidos.

En el segundo ejercicio, si quitamos de la oración las palabras: "Gabriel", "Márquez", "escritor", "de escribir", "por haber sido experto" y "de escribir". Nos envía un interrogante de a cuál García se refiere como la persona que es reconocida en el mundo entero, que se destaca en su oficio y habilidoso en el arte.

Podemos seguir suprimiendo frases hasta cuando ya no encontraremos ningún sentido.

En la proposición jurídica opera algo parecido al proceso de construcción de la oración, que se expresa a través de un lenguaje propio, que es el lenguaje normativo que le da validez al derecho en sus relaciones entre sí.

En la proposición jurídica como lenguaje normativo presentamos los siguientes ejemplos:

CARGO ÚNICO.-Acuso la sentencia impugnada por haber incurrido en la aplicación indebida de los Artículos 467, 468, 469 del C.S. del T. artículo62 y 64 del C.S. del T. subrogado por los artículos 6y 7 de la Ley 50 de 1990; 127 del C.S. del T. subrogado por el artículo 14 de la Ley 50 de 1990; artículo 64 del C.S. del T. subrogado por el artículo 6 de la Ley 50 de 1990; artículo 19 del C.S. del T. en relación con los artículos 27, 1613, 1617, 1626, 1627 y 1649 del C. Civil, artículo 8 de la Ley 153 de 1887. En relación con el artículo 61 del C.P. Laboral.

PRIMER CARGO- La sentencia acusada aplicó indebidamente los artículos 8º, inciso 4, ordinal d) del Decreto Legislativo 2351 de 1965, 19, 135, 146, 147, 467, 468 y 476 del Código Sustantivo del Trabajo y 8º de la Ley 153 de 1887 como consecuencia de la infracción directa, por falta de aplicación, de los artículos 2º de la Ley 46 de 1933, 3º de la Ley 167 de 1938, 874 del Código de Comercio, 3º del Decreto 677 de 1972, 1º del Decreto 678 de 1972, y 2º del Decreto 1319 de 1988, lo que llevó también a la aplicación indebida de los artículos 1613 a 1617, 1627 y 1649 del Código Civil, y 1º del Decreto 1229 de 1972.

Tomada de la sentencia 4087 de 8 de abril de 1991, Casación de Hernán Hoyos Ochoa, contra sociedad Fábrica de Hilados y Tejidos del Hato S.A. "Fabricato"

CUARTO CARGO.–Acuso la sentencia de haber incurrido en la ***aplicación indebida*** de los artículos 13,25,53,55,58,93,94 y 103 de la Constitución Política; artículos 1,2,6 del Convenio 154/81 de la OIT; artículos 1,2,4 del Convenio 98/49, artículo 1 de la Ley 27/76; 373-3, 374-3, 432, 435 subrogado por el artículo 2 de la Ley 39/85 ;434 subrogado artículo 60 de la Ley 50/90, 467,468,469; artículo 37 del D.L. 2351/65; artículo 14 del D.L.616/54; 476, 480, 481 -sub. Art.69 de la Ley 50 de 1991-, del C.S. del T. en relación con los artículos 1618,1622 del Código Civil. 3,12,13,14,16,21,43,50,55,109 del C.S. del T.,61 subrogado por el art.5 de la Ley 50/90,64, artículos 28,29 de la Ley 789/65, 65 subrogado por el artículo 29 de la Ley 789/02, 127,186,249; artículo 99 de la Ley 50/90; artículo 1 de la Ley 521/75; 306; del C.S. del T. 19 del C. S. del T. en relación con el artículo 8 de la Ley 153 de 1887 y 1613,1614,1626,1649 del C. Civil. El tribunal incurrió en la transgresión de los textos legales antes relacionados como consecuencia de los siguientes errores de hecho:

4. Los criterios auxiliares como integración del derecho en la proposición jurídica

Los criterios auxiliares de la actividad judicial por sí solos no tienen carácter prescriptivo en cuanto que no tienen la virtualidad de consignar un derecho. Pero, son instrumentos de lógica jurídica de mucha utilidad en el trabajo del jurista para superar el formulismo normativo ante los vacíos de la Ley.

Para los efectos de la proposición jurídica, los principios en sí no atribuyen derechos, por lo tanto, no tienen la capacidad para constituir por sí solos una proposición jurídica. Es la controversia que se plantea entre principios y reglas. Los principios, según el jurista Robert Alexy[10], "*son normas que ordenan que algo sea realizado en la mayor medida posible, dentro de las posibilidades jurídicas y reales existentes*". Por lo que concluye el jurista, *son "mandatos de optimización"*. Pero, *sus posibilidades jurídicas* están determinadas por *principios y reglas opuestos*. Mientras que las reglas son normas que sólo pueden ser cumplidas o no.

En el ámbito de su aplicación la regla de derecho puede satisfacer el cumplimiento del derecho sin necesidad de acudir a los principios, porque es óptima en sí misma o en relación con otras disposiciones, ya que las reglas como norma llevan implícito un principio[11]. Los principios completan el ordenamiento jurídico y establecen un límite a la subjetividad del juzgador, razón por la cual los principios no tienen por objeto derogar las normas y reemplazarlas a cambio de la subjetividad del juez cuando hace uso de ellos.

Los principios tienen carácter normativo, para efectos de la integración de la proposición jurídica, cuando desempeñan la función de optimizar el derecho, ya sea porque existe un vacío normativo o un conflicto entre principios o reglas opuestas, circunstancia excepcional que activa la ponderación.

Los principios Constitucionales son valores que hacen referencia a lo que debe ser la Ley, mientras los principios institucionales, como en el caso del derecho del trabajo, aseguran la finalidad del derecho del trabajo. Unos y otros pueden tener el mismo sentido, tal como a título de ejemplo acontece con la primacía de la realidad y el contrato realidad, para crear reglas generales o para colegir la existencia del contrato de trabajo.

Para concluir que los principios son parte del lenguaje de los derechos, cuando, frente a las reglas de derecho oscuras, busca la mejor manera de realizarlas en presencia de la insuficiencia prescriptiva, al construir la norma individual que declara el derecho.

La jurisprudencia en cuanto precedente, no integra la proposición jurídica. En el sistema continental son las reglas de derecho, sobre las cuales se construye el precedente, las que cumplen esa condición. La jurisprudencia en sí misma es una tópica[12], que carece de un método propio el cual encuentra para cada caso dentro de un sistema deductivo regular de normas según el caso[13]. Previa la advertencia de que no

---

10 Robert Alexy, "Teoría de los Derechos Fundamentales" Centro de Estudios Políticos y Constitucionales. Madrid. 2001. Páginas 86 y 87

11 El profesor Juan Antonio García Amado cita en su libro "Ensayos de Filosofía Jurídica al jurista Karl Larenz, quien sostiene que "Los principios jurídicos son los pensamientos directores de una regulación jurídica existente o posible. En sí mismos no son todavía reglas susceptibles de aplicación, pero pueden transformarse en reglas... Los principios indican solo la dirección en que está situada la regla que hay que encontrar"., pág.77

12 Theodor Viehweg. "Tópica y Jurisprudencia", Taurus, 1964, Pág.105

13 Hans Von Kirman "La jurisprudencia no es ciencia".

todas las sentencias que profiere el Tribunal de Casación tienen la característica de jurisprudencia.

La doctrina como criterio auxiliar no integra la proposición jurídica, ya que hace parte de la formación y asimilación del conocimiento jurídico por parte del juez, para la comprensión racional de derecho aplicado.

CAPÍTULO VII

1. Causal segunda. La reforma en perjuicio 2. La casación *per saltum*. 3. El interés jurídico para recurrir, criterio cuantitativo y cualitativo. Las costas y agencias en derecho 4. Aspectos procedimentales del trámite del recurso. Citación de las partes a audiencia. El auto para mejor proveer. 5. La demanda de Casación y la oposición. 6. La acción de tutela contra sentencias como super casación. 7. La necesidad de un Recurso Extraordinario para la Unificación Doctrinal.

1. Causal segunda. La reforma en perjuicio

La segunda causal de Casación en materia laboral, prevista en el artículo 60, inciso 2, del decreto 528 de 1964, se refiere a la ***reforma en perjuicio***, que consiste en "Contener la sentencia decisiones que hagan más gravosa la situación de la parte que apeló de la primera instancia, o de aquélla en cuyo favor se surtió la consulta".

La norma contiene una declaración dirigida a dos destinatarios: el primero, quien hace uso del recurso de apelación, contra la decisión de primera instancia, para que se revoque; el segundo, cuando el afectado por la decisión dispone no interponer el recurso de apelación y en su ausencia, en los casos expresamente señalados en la Ley, se activa el grado de jurisdicción "necesariamente".

En el procedimiento Laboral, en el artículo 14 de la Ley 1149 de 2007, que modificó el artículo 69 del C.S. del Trabajo, está prevista la consulta de la sentencia de primera instancia que fuere totalmente adversa a las pretensiones del trabajador, afiliado o beneficiario. También, cuando fueren adversas a la Nación, al departamento o al municipio o aquellas entidades descentralizadas en que la Nación sea garante. En este último caso, se debe informar al ministerio del ramo respectivo y al Ministerio de Hacienda y crédito público, sobre el envío de la actuación al respectivo tribunal.

La consulta se surte ante el superior jerárquico que es el tribunal superior, como si se tratara de un recurso de apelación oficioso o grado de jurisdicción automático, consagrado para proteger los derechos irrenunciables del trabajador y el mínimo de derechos en materia de seguridad social, el patrimonio público y asegurar, en estos casos, el derecho a una segunda instancia.

Es la razón por la cual, en este último caso, la Corte constitucional en la Acción de inconstitucionalidad, contra la norma que regula la consulta, por vía de adición incluyó también las sentencias pronunciadas por el juez del trabajo en única instancia, cuando es totalmente desfavorable al trabajador (C-424 de 2015[1]).

De allí surge una casuística para la causal segunda, según que se esté frente a la actuación del apelante único o en la alzada oficiosa.

En el primer evento, no significa la ausencia de una de las partes, sino que concurra la no apelación sobre una pretensión o parte de ella favorable al demandante y, la conducta pasiva del demandado frente a ese derecho reconocido a su contraparte. Es así como resulta ser el único apelante respecto a lo desfavorable. De tal manera que el tribunal no podría afectar la parte que no fue materia de apelación en perjuicio de ésta (consonancia). En este caso se produce el fallo en perjuicio porque el tribunal actúa sin competencia.

En el grado de jurisdicción las circunstancias tienen otra presentación, porque si la sentencia de primera instancia es totalmente desfavorable al trabajador, la demandada se queda sin interés para apelar la decisión. Lo propio ocurre con las entidades que son depositarias de ese derecho. Si la sentencia es totalmente adversa a una de ellas, el trabajador se queda sin interés para interponer el recurso de apelación.

La hipótesis contraria surge cuando ambas partes apelan lo que les fue desfavorable, evento en que el tribunal queda habilitado para conocer sobre los recursos presentados.

También, cabe advertir que, al hacer uso de esta causal, es de vital importancia tener presente los límites establecidos por el principio de consonancia y de congruencia, ya que es del resorte exclusivo del juez de única y primera instancia el *fallo ultra y extra petita*, ya que en segunda instancia no tendría como ser impugnada o controvertida.

Otro aspecto a tener en cuenta es que, a partir de la Constitución Política de 1991, la consulta como grado de jurisdicción oficioso es, una garantía constitucional de primera generación sujeta a tutela constitucional, que tiende a desplazar la causal segunda en la casación laboral, a la que tan solo se llega si se tiene el interés jurídico para recurrir en Casación. Es lo que las diferencia en su devenir histórico, porque la consulta como tal no es propiamente un recurso sino un grado de jurisdicción que, en virtud de la ley, es de carácter imperativo (la norma utiliza el término "necesariamente").

---

1 "... la Corte determinó que la expresión demandada del artículo 69 del Código Procesal del Trabajo es constitucional siempre y cuando las sentencias totalmente adversas a los trabajadores que tramitan sus demandas laborales en un proceso de única instancia sean remitidas también al superior funcional del juez que profirió la sentencia, con el fin de que se surta el grado jurisdiccional de consulta."

Estimo que la *reformatio in peius*, en los recursos de casación, se incluyó como causal de casación porque el recurso extraordinario era la única instancia constitucional, antes de tomar asiento la acción de tutela contra sentencias judiciales.

En la sentencia de tutela T-057 de 2004[2], la Corte Constitucional tuvo la oportunidad de referirse a la causal segunda, prevista para el recurso de casación en aquellos eventos en que la sentencia impugnada hiciere más gravosa la situación de la parte que apeló de la primera instancia, o de aquella en cuyo favor se surtió la consulta. En esa oportunidad se dijo que, en aquellos casos en que resulte procedente, en virtud de la cuantía del interés para recurrir en casación, se debe acudir al recurso extraordinario, sin consideración a que la lentitud del trámite configure un perjuicio irremediable que permita saltar el recurso extraordinario de la vía ordinaria. Debería proceder, entonces, una acción constitucional *per saltum* cuando no se alcanza el interés jurídico para recurrir en casación, como se refleja en la sentencia de Tutela T.1029 de 2012.

Surge de allí, que en aquellos eventos en que no se tiene la cuantía para alcanzar el interés jurídico para acudir en casación, el camino indicado es el de la Acción de Tutela, se advierte que el planteamiento del Tribunal Constitucional data del año 2004.

Sin embargo, la Corte Constitucional en sentencia de tutela, T-1029 de 2012, sostuvo que *"los proveídos de consulta no tienen cuantía para estudiar la procedencia del citado recurso extraordinario"*[3], sin el juicio previo de inconstitucionalidad de la

---

2 "d. En el año 2001 se produjo un cambio en la jurisprudencia de la Corte Constitucional en el sentido de tomarse más en serio el carácter subsidiario de la acción de tutela y rechazar su utilización como mecanismo principal cuando existen otros mecanismos idóneos, así sean más lentos".

3 "Frente al recurso extraordinario de casación, la Sala precisa que el numeral segundo del artículo 87 del Código Procesal del Trabajo señala que esa herramienta de defensa procesal procede contra "*la sentencia de decisiones que hagan más gravosa la situación de la parte que apeló de la de primera instancia, o de aquella en cuyo favor se surtió la consulta*". De ahí que las providencias emitidas en ejercicio del grado jurisdiccional referido solo son posibles de casación cuando los fallos sean más gravosos para la entidad territorial o el trabajador derrotado que la sentencia objeto de revisión o de primera instancia. Bajo estos presupuestos los proveídos de consulta no tienen cuantía para estudiar la procedencia del citado recurso extraordinario. En el caso concreto, la sentencia del Juzgado 18 Laboral del Circuito de Bogotá fue desfavorable en todo sentido para el actor, escenario que se confirmó con el fallo de la Sala Laboral de Descongestión del Tribunal Superior de esta ciudad, de modo que la autoridad judicial accionada no agravó la situación del señor Fuentes Becerra. De esta manera, el estado de cosas siguió igual con la providencia del juez colegiado demandado. Por lo tanto, se concluye que el fallo de consulta no era pasible de ese medio extraordinario de defensa judicial, comoquiera que no concurren las causales de procedencia requeridas".

norma sobre cuantía. Con ello le devuelve a la Sala Laboral de la Corte el examen de la causal segunda de Casación Laboral, en todos los casos.

Pero, de los casos expuestos por la Corte Constitucional, emerge que el contenido de la institución procesal de la reforma en perjuicio corresponde más al campo de la acción constitucional que a la del recurso extraordinario de Casación. Ya que se trata de una verdadera acción que no tiene por finalidad la de lograr la uniformidad de la ley sustancial. Con la observación de que se trata de un derecho fundamental al debido proceso cuya premura en la rectificación conviene más a la acción de tutela que al trámite procesal del recurso extraordinario.

Es irracional frente a un derecho fundamental de primera generación, mantener la *reformatio in peius* como causal de casación y, sobre todo, sujeta a un interés económico para la protección del afectado por una decisión judicial que, en el fondo, es dictada por un tribunal sin competencia.

La causal segunda es de relativa formalidad en el planteamiento del cargo, porque tan solo se limita a una simple confrontación entre la parte resolutiva de la sentencia de primera instancia con la parte resolutiva de la sentencia de segunda instancia, respecto de la demostración que debe hacer el apelante único con la finalidad de poner en evidencia aquello que, esta última, revoca en su perjuicio, o sea, la afectación por parte del tribunal al derecho reconocido en la decisión de primer grado[4].

No requiere, como en la causal primera de casación, un alcance de la impugnación como el que se debe hacer cuando se acude a la primera casual de casación, sino que el *petitum,* en la causal segunda, es una petición dirigida a restablecer la vigencia de la decisión de primera instancia. Tampoco requiere de integrar una proposición jurídica porque no se está frente a la finalidad del recurso de casación que es la de unificar la jurisprudencia en torno a la ley sustancial.

2. La casación per saltum

La Casación *Per Saltum* surgió como una novedad procesal cuando se expidió el Código Procesal del Trabajo. La propuso el profesor *Castor Jaramillo Arrubla*[5], destacado académico, quien hizo parte de la comisión redactora de dicho código. Según el divulgador, la figura jurídica fue copiada del modelo previsto en los Códigos Procesal Civil de Alemania, artículo 566a y el Código procesal Civil de Italia, artículo 360 que para la década en que se produjo el proceso de recepción, eran legislaciones procesales de reciente expedición.

---

4 Ver sentencia Sala de Casación Laboral SL 6032 de 3 de abril de 2017.

5 "La Casación "per saltum" en los Litigios del Trabajo" Jaramillo Arrubla, Castor. Año IV – mayo-junio de 1948, Nos.41-42 Vol. VII pág.194 a 200.

Pero, según el pronunciamiento del ministro del Trabajo de la época, el doctor Evaristo Surdís, se trató de una figura acogida para responder a la morosidad de los tribunales, como también aconteció con el arbitramento facultativo[6].

Fue así como la Casación *per saltum* quedó consagrada en el artículo 89 del Código de Procedimiento Laboral. Se insistió en el inciso segundo de la modificación que introdujo el artículo 88 de dicho estatuto, con el inciso segundo del artículo 62 del decreto ley 528 de 1964, norma que simplemente se limitó a señalar como se debe proponer dicho recurso, al remitir al texto del artículo 89 que permaneció invariable.

Cabe resaltar que la casación *per saltum*, también fue acogida por el Código de procedimiento Civil y fue descartada en el Código General del proceso, por inoperante.

Al repasar los antecedentes de este recurso *sui generis*, que la doctrina mexicana actual califica como autoritario y de similar especie al certiorari americano, es que se trasplanta a la práctica del recurso extraordinario de casación laboral en Colombia. El transcurrir del tiempo se ha encargado de pasar una factura de difícil cobro, ya que en siete décadas no se ha empleado por una sola vez[7]. Sin embargo, por razones académicas nos ocuparemos de examinarlo.

En sus características generales el recurso de casación *per saltum* es una renuncia, calificada y consensuada, al recurso de apelación. Calificada, toda vez que depende de la sentencia proferida por un juez laboral del circuito, en cuanto que la sentencia debe suscitar una controversia en torno a un defecto de naturaleza sustancial, que pudiera dar lugar a una controversia por infracción directa, aplicación indebida iuris o interpretación errónea. Consensuada, porque depende de un acuerdo entre las partes para acudir directamente al tribunal de casación, lo que supone un interés común de nomofalaquia del texto comprometido.

---

6 "En vista de que eran muchos los comentarios provocados por la intervención de los tribunales seccionales en punto de retardo, se estableció la llamada casación "per-saltum", con arreglo a la cual las partes cuando la cuantía del recurso lo permitiera, pueden mediante acuerdo, saltarse el respectivo tribunal, e ir directamente al tribunal supremo para que ponga fin al asunto. Con un criterio semejante se ha establecido el arbitramento facultativo. De la mayor o menor fortuna que en la práctica ofrezca la aplicación de estos sistemas..." Declaración sobre el nuevo procedimiento en los judicios del Trabajo. Revista "Derecho del Trabajo", Año IV – mayo-junio de 1948, Nos.41-42 Vol. VII pág.180

7 "Al respecto no hay datos estadísticos, pero sospecho que nunca, desde 1942 hasta el día de hoy, ha ocurrido que dos abogados en contradictorio hayan estado de acuerdo en servirse [del recurso de casación proponible *per saltum*]." Calamandrei, Piero "El Proceso como Juego", en varios autores en "Estudios sobre el Proceso Civil", Buenos Aires, EJEA, 1962. Citado por los profesores Carlos Báez Silva y David Cienfuegos Salgado. Circuito Maestro Mario de la Cueva s/n, Ciudad de Investigación en Humanidades, Ciudad Universitaria. México, Distrito Federal (carola@servidor.unam.mx)".

Se trata de un recurso de casación contra la sentencia de primera instancia, que debe ser definitiva, para que se tramite de acuerdo con las mismas formalidades del recurso de apelación, siempre y cuando exista el consentimiento de la contraparte, el cual debe ser objeto de presentación personal ante el juez junto con el escrito mediante el cual se pide saltar la instancia.

Cabe advertir, que esta modalidad del recurso extraordinario, en las condiciones exigidas para ser concedido, tan solo se puede emplear en aquellos casos que la sentencia de primera instancia incurre en la causal primera. Sin embargo, excepcionalmente podría emplearse en el evento de errores en la producción de la prueba y todos aquellos casos, en que la doctrina de la Sala de Casación Laboral admite un ataque por infracción de la ley sustantiva de orden nacional, por vía directa, de normas de naturaleza procesal.

Lo que sí está claro, es que la casación *per saltum,* no es procedente cuando el motivo de discordia con la sentencia es con relación a la valoración de las pruebas o errores de hecho, toda vez que con sentido práctico no existiría el interés de la parte favorecida con la decisión. Además, porque el error de hecho no conduce a una sentencia de unificación respecto del recto entendimiento de la Ley, que es el interés público que persigue la casación *per saltum*.

La doctrina mejicana ha promovido la casación *per saltum* por vía jurisprudencial, en asuntos electorales, lo califica como un recurso autoritario porque en el fondo lo que busca es eludir una instancia procesal y sus requisitos de procedencia para acudir ante un funcionario de mayor jerarquía que decide más con el poder que con el derecho, más por conveniencia que por interés a la Ley[8].

3. El interés jurídico para recurrir, criterio cuantitativo y cualitativo

El tratadista Piero Calamandrei sostiene que el recurso de Casación era un instrumento amplio dirigido a favorecer la soberanía del rey, motivo por el cual tenía un interés en el recurso promovido por los particulares. Pero, su práctica terminó en abusos y mala fe de los recurrentes, que dio origen a la necesidad de limitar su utilización a quienes tenían "un interés real en obtener la anulación de la sentencia"

---

[8] "Este salto de instancias recibe diversos nombres: *certiorari before judgment* en el derecho estadounidense; *Sprungrevision* en el derecho alemán; *revisio per saltum* en el derecho italiano; apelación *omisso medio* en el antiguo derecho canónico. En todos los casos, con el nombre se hace referencia a aquella situación en la cual, no obstante existir ordinariamente un sujeto con competencia para conocer de una cuestión litigiosa, ésta se plantea a aquél sujeto que, presumiendo una mayor jerarquía, puede llegar a decir la última palabra en dicha cuestión litigiosa".

y "hubiese sido parte en el juicio"[9]. Es la razón práctica del porque el justiprecio del interés jurídico para recurrir está vinculado al alcance de la impugnación.

El recurso extraordinario de casación exige que la parte interesada demuestre tener interés jurídico para interponerlo. La finalidad de acreditar un interés no es para descongestionar el tribunal de casación, por eso tiene que ser jurídico.

En otra oportunidad, cuando la acción de tutela se encontraba en ciernes, se dijo que el principal objetivo del recurso de casación es la igualdad frente a la ley. En la práctica quedaba debilitado como resultado del criterio cuantitativo, que es el único que se tiene en cuenta para establecer el interés jurídico para recurrir en casación, ya que el límite de la cuantía era permisivo a que existieran algunos casos en que, por estar el derecho cuantificado en un monto inferior al límite establecido por la ley en salarios mínimos, esas personas estarían condenadas a soportar la desigualdad o discriminación normativa respecto a casos similares, controlados a través del recurso de casación. Cuando el juzgador en la vía ordinaria se apartaba de la doctrina legal establecida por el tribunal de casación, lo que debilitaba la fuerza y el alcance de su objeto.

En esas condiciones el interés jurídico para recurrir en casación, en la legislación procesal colombiana, tan solo procede en los procesos ordinarios cuya cuantía excede de 120 salarios mínimos legales (artículo 43 de la Ley 712 de 2001).

Es importante resaltar que la Corte Constitucional declaró inconstitucional el artículo 48 de la Ley 1395 de 2010, que se propuso elevar la cuantía del interés jurídico para recurrir en casación laboral a 220 salarios mínimos legales, con fundamento en una medida utilitarista destinada a descongestionar la Sala Laboral del tribunal de casación laboral. La Corte Constitucional, estimó que la medida era contraria a los fines del recurso, lo cual conducía a una afectación a la igualdad, al acceso a la administración de justicia, al trabajo, la seguridad social y demás garantías consagradas en el artículo 53 de la Constitución Política. En resumidas cuentas sus promotores lo convertían en un recurso elitista y discriminatorio (Sentencia C-372 de 2011).

La fuente doctrinal del interés jurídico para recurrir en Casación emerge del auto interlocutorio de Sala Plena, de 16 de octubre de 1986, cuando de manera restringida se acogió por mayoría que "... la cuantía del interés para recurrir en casación se determina por la cuantía de las resoluciones de la sentencia que económicamente perjudiquen al demandado recurrente, y para el demandante es el equivalente al monto de las pretensiones que hubieren sido denegadas por la sentencia que se intente impugnar".

En esa oportunidad el salvamento de voto dio lugar al concepto del interés jurídico para recurrir fundado en las consecuencias a futuro, tal como ocurre en los casos

---

9 Calamandrei, Piero "La Casación Civil", Tomo I. Volumen 1. Pág. 372.

en que se controvierte una obligación que extiende sus efectos a futuro, como en el caso de las pensiones. El salvamento de voto advierte que el interés jurídico para recurrir debía contemplar el efecto de la condena con relación a la vida probable del pensionado o la proyección de futuro.

En principio la autorregulación formal del recurso de casación por el mismo órgano de Casación Laboral resulta ser algo inconveniente para la seguridad del mismo, tarea que debe ser del resorte del legislador, a quien no parece interesar la reserva para sí de la facultad de regulación normativa del recurso de casación, con el fin de introducir ajustes al mismo en consideración a la compleja normatividad que surgió a finales de la década del setenta con el sistema general de pensiones a cargo del ISS y las reformas al derecho del trabajo que introdujo la Ley 50 de 1990 y, posteriormente, la gran reforma constitucional de 1991 y de la seguridad social con la Ley 100 de 1993, todas en curso de modificación.

El criterio cuantitativo ha evolucionado desde el antiguo Tribunal Supremo del Trabajo a la actualidad. En ese entonces el interés jurídico para recurrir en casación se tomaba con la cuantía de las pretensiones de la demanda inicial, exigida para fijar la competencia. A excepción de aquellos casos de las condenas *ultra o extra petita.*

El asunto evolucionó con base en un planteamiento doctrinal, según el cual" la cuantía no se debe tomar de acuerdo con lo pedido en la demanda, sino más bien con lo determinado en la sentencia". Variación que fue tomando fuerza, sobre la vigencia del mismo texto que regula la estimación de la cuantía (Artículo 92)[10].

La solución práctica a partir de esa argumentación tiene su razón de ser ya que el interés para demandar en vía ordinaria se va definiendo en el curso de la instancia, sobre todo con la figura procesal de la consonancia y la conducta procesal de la parte cuando pierde interés en las peticiones iniciales porque, o bien fueron reconocidas o porque acepta las motivaciones y consecuencias de las que le fueron negadas.

Esta doctrina se ha mantenido pacíficamente porque es razonable. Aunque, de paso alivió la carga de asuntos en casación que llegan a la Sala Laboral de la Corte, con relación al viejo criterio del Tribunal Supremo del Trabajo.

En todo caso, por vía de doctrina judicial y contemporánea a los tiempos, por vía de autos de Sala ha venido auto reglamentando el interés jurídico para recurrir en Casación.

Con mucha amplitud, se acepta la tesis del criterio cuantitativo para establecer el interés jurídico con base en las condenas de futuro, en el caso de las pensiones y de los reintegros, que es el único que se tiene en cuenta en la legislación procesal vigente.

---

10 Salazar, Miguel Gerardo. Curso de Derecho Procesal del Trabajo. Editorial Temis, 1963, segunda edición. Pág. 430.

Que se reduce a una operación aritmética de aquellas condenas o absoluciones, según el interesado, que en estricto rigor estén relacionadas con lo que será el petitum de la demanda de casación.

Ha sido en autos interlocutorios de la Sala en que se ha reconocido por la vía del monto de las condenas la importancia tal vez de retomar por parte del legislador, un criterio cualitativo para recurrir en Casación ya sea porque lleva implícito un contenido sustancial que le permite a la Sala asumir, sin consideración a la cuantía, el examen en casación.

En el auto interlocutorio de 16 de octubre de 1986, en Sala Plena se discutió el interés jurídico para recurrir en casación respecto a una condena por reajustes pensionales de los años 1980 a 1983.

Evento en el cual la mayoría de la Sala estimó que "la cuantía del interés para recurrir en casación se determina por la cuantía de las resoluciones de la sentencia que económicamente perjudiquen al demandado recurrente, y para el demandante es el equivalente al monto de las pretensiones que hubieren sido denegadas por la sentencia que se intente impugnar".

Los Magistrados que salvaron voto sostuvieron la tesis que, al establecer el interés para recurrir en Casación, en este caso, no se debía tener únicamente los reajuste comprendidos entre 1980 a 1983, sino que había que considerar también, que tales condenas debían proyectarse hacia el futuro, ya que se trataba de reajustes de origen legal los cuales no podían quedar por fuera del cálculo del interés para recurrir en casación.

Esta doctrina se acogió por un tiempo como un criterio cualitativo, cuando se estimó que, por tratarse, en los casos de pensiones, de condenas de futuro, por sí misma, había un interés para recurrir por los efectos patrimoniales en el tiempo.

Lo mismo ocurrió con el auto interlocutorio de Sala Plena de 29 de septiembre de 1993, cuando la Sala se ocupó de una sentencia que condenaba al reintegro de un trabajador y el pago de los salarios dejados de percibir, que fue la petición principal de la demanda inicial. Y, subsidiariamente solicitaba el pago de una indemnización convencional y la pensión sanción.

La Sala Laboral, aplicó el criterio que se venía empleando para establecer el interés jurídico con base en el monto de los salarios dejados de percibir y estimó que no alcanzaba el monto para recurrir en casación.

La Sala estimó imperativo considerar que "las peticiones que en forma principal contiene una demanda siempre tendrá un valor y una significación económica superiores a las que se reclaman subsidiariamente, motivo por el cual éstas se solicitan sólo de manera supletoria. Por ello, si las pretensiones subsidiarias alcanzan el interés suficiente para acudir en casación, necesariamente las principales también lo tendrán".

En auto de Sala Laboral de 31 de enero de 2000, en aquellos eventos de demandas acumuladas o de pluralidad de demandantes, aclaró que el interés jurídico para recurrir tenía su génesis en el pronunciamiento relacionado con cada uno de los demandantes. Se trata entonces de un interés singular, de ninguna manera, de la cuantificación o suma plural de los accionantes, que, para el caso, son personas naturales, con un interés propio en la decisión objeto del recurso extraordinario.

Posteriormente, en auto de 21 de mayo de 2003, Rad. 2010, se insistió en acoger los asuntos relativos al reintegro con mayor amplitud, al simplificar la manera de establecer el interés "...sumando el monto de las condenas económicas que de él derivan, otra cantidad igual, bien que el recurrente sea el trabajador ora la empresa la demandada."

Así mismo, en aquellos casos en que se trata de establecer un interés para recurrir en los casos de condenas declarativas, como la nulidad de afiliaciones a fondos privados de pensiones, en estos casos, debe examinarse ... la expectativa que tiene el afiliado de recuperar el régimen de transición, y así poder acceder al reconocimiento de la pensión de vejez en el régimen de prima media con prestación definida, con los requisitos que tales normativas disponen. (Auto de 21 de marzo de 2018. Rad.78353.

Pero el precedente más significativo fue el que se intentó con el Decreto 969 de 1946, que introduce el criterio cualitativo para establecer el interés para recurrir en Casación[11].

Las costas y las agencias en derecho.–No integran el interés jurídico para recurrir en casación, ya que por mandato de la ley se limita al interés de la parte en el proceso ordinario, en cuanto a los derechos concedidos o negados por la sentencia impugnada.

[11] Decreto 969 de 1946
"Artículo 68. Con el fin de unificar la jurisprudencia del trabajo, son susceptibles del recurso de casación:
a) Las sentencias proferidas por los tribunales del trabajo en los judicios cuya cuantía exceda de mil pesos.
b) Las dictadas por los mismos tribunales en todos los juicios cuando quiera que la decisión implique cuestiones fundamentales de principios en el derecho del trabajo. Cuando se trate de esta causal, La Corte Suprema del Trabajo calificará en cada caso la naturaleza del asunto." (Resaltado por fuera del texto).

El criterio cualitativo.

Esta legislación fue expulsada del ordenamiento jurídico a partir de la vigencia del Código Procesal del Trabajo, por lo tanto, la aspiración de establecer al recurso de casación un interés jurídico de carácter cualitativo, "cuando la decisión implique cuestiones fundamentales de principios en el derecho del trabajo", quedó excluida de ahí en adelante[12].

Se trató de una influencia del recurso de amparo prevista en la legislación mejicana como una acción de naturaleza constitucional trasplantada al recurso extraordinario de Casación. Que paradójicamente, por su trayectoria constitucional, recobró vida con la Constitución Colombiana de 1991, cuando se introdujo la Acción de Tutela y "el calificar en cada caso la naturaleza del asunto", viene a ser el procedimiento de selección que se cumple en la Corte Constitucional frente a la Acción de Tutela.

Fue un simple, pero significativo, ejercicio académico, ya que los decretos que la consagraron tuvieron una duración efímera; pero resucitó en su espíritu, cuarenta y seis años después, con la reforma constitucional de 1991, poseído por la Acción de Tutela contra sentencias y el mecanismo de selección que produjo en la Corte Constitucional trascendentales decisiones en materia principios. Recordemos a título de ejemplo, la sentencia de la Corte Constitucional SU 342 de 2 de agosto de 1995, cuando se ocupó de los alcances y aplicación por vía constitucional de amparo del principio "a trabajo igual salario igual". A propósito, basta con señalar los dos textos que resumen la materia con actualidad, de las profesoras de la Universidad de Nariño (Pasto): "Principios de Derecho Laboral: Líneas jurisprudenciales"[13] y "Principios de la Seguridad Social en Pensiones"[14],

4. Aspectos procedimentales del trámite del recurso

En el recurso extraordinario de casación laboral hay dos momentos procesales relevantes: el de la interposición del recurso y el de la admisibilidad del recurso.

---

12 Luis Eduardo Bravo, op.cit. al comentar la derogatoria del texto referido, sostuvo que "Se deroga también el recurso por las llamadas 'cuestiones fundamentales de principios en el derecho del trabajo', que, establecido con sentido aparentemente democrático, ha estado a punto de convertirse en un subterfugio dilatorio, aprovechado casi exclusivamente por la parte patronal, y que por lo tanto, lejos de contribuir al desarrollo de la jurisprudencia la ha entorpecido.

13 GOYES MORENO, Isabel; HIDALGO OVIEDO, Mónica. "Principios del derecho Laboral: Líneas Jurisprudenciales. Segunda edición revisada y actualizada". Universidad de Nariño, Centro de Investigaciones y Estudios Socio jurídicos. Facultad de derecho. San Juan de Pasto. 2007

14 GOYES MORENO, Isabel; HIDALGO OVIEDO, Mónica. "Principios de la Seguridad Social en Pensiones" Universidad de Nariño, Centro de Investigaciones y Estudios Socio jurídicos. Facultad de derecho. San Juan de Pasto. 2012.

En materia laboral el recurso de casación se debe interponer dentro de los quince (15) días siguientes a la notificación de la sentencia de segunda instancia.

El de casación *per saltum* se debe interponer con el recurso de apelación.

El término se refiere a la oportunidad para interponer el recurso extraordinario ante el Tribunal que profirió la sentencia de cierre. Para conceder el recurso, debe determinar si le asiste al recurrente interés jurídico para recurrir, tanto por activa, como en la cuantía. Si llegare a existir verdadero motivo de duda, deberá acudir a un perito para que determine la cuantía del interés para recurrir, con costas a cargo del interesado. Si el peritaje no se practica por culpa del recurrente se da por no interpuesto el recurso y se devuelve al juzgado de primera instancia para que lo archive.

Al proferir el auto que concede el recurso, el tribunal lo envía a la Corte Suprema de Justicia -Sala Laboral- par su reparto.

Es aquí donde cobra importancia el momento procesal de la admisibilidad del recurso en la Sala de Casación.

El término de veinte días, previsto en el artículo 49 de la Ley 1395 de 2010, lo dirige el legislador al tribunal de casación para que, una vez repartido el expediente, decida si es o no admisible el recurso.

Dentro de ese término la Sala debe examinar, según la doctrina de la Corte Constitucional,, si se presenta "un recurso de casación notoria o evidentemente improcedente o que implique una dilación manifiesta, el juez podrá rechazarlo de conformidad con lo previsto en el artículo 38, núm. 2º del C.P.C. En el mismo orden, en atención a lo ordenado por el artículo 48 del C.P.L., modificado por el artículo 7 de la Ley 1149 de 2007, el juez laboral, como director del proceso, podrá adoptar todas las "*medidas necesarias para garantizar el respeto de los derechos fundamentales y el equilibrio entre las partes, la agilidad y rapidez en su trámite*". (Sentencia C-203 de 2011, que declaró inexequible la expresión "no reúne los requisitos, o").

Es dentro de ese término que la Sala de Casación debe examinar si la demanda cumple con los requisitos simplemente formales del recurso, que ante su ausencia lo hace evidentemente improcedente. Tal como acontece cuando de manera explícita corresponde a un alegato de instancia, sin cargos, sin proposición jurídica. En gracia de discusión, sin tratarse de una sentencia proferida en juicio ordinario, sin legitimidad de las partes para interponerlo.

De allí no surge el término de traslado para el recurrente. Este surge, ante el silencio del artículo 49 de la Ley 1395 de 2010, respecto al termino de traslado al recurrente, de la meridiana claridad del artículo 64 del Decreto Ley 528, que de manera expresa lo contempla, así: Si fuere admitido ordenará el traslado al recurrente o recurrentes por treinta (30) días, a cada uno, para que dentro de este término presente la demanda de casación…".

La norma contempla de manera clara y precisa la institución del traslado de la demanda, como una garantía procesal para el recurrente, que no fue derogada expresamente por la Ley 1395 de 2010, ni es contraria a su texto. Sin embargo, la Sala ha entendido que el término que el legislador dispuso para que la Sala examine la admisibilidad del recurso es el mismo para presentar la demanda.

La línea del tiempo, en el orden procesal indica, que primero corre traslado al recurrente para que el término de 30 días presente la demanda. Una vez presentada la demanda, la Sala cuenta con 20 días para examinar si cumple o no con los requisitos de la demanda y dicta el auto correspondiente. Según el caso, entra al despacho para su estudio de fondo o la declara desierta y la devuelve al tribunal de origen.

Es mi punto de vista, toda vez que, en la actualidad, a *motu proprio*, la Sala limitó el traslado al recurrente a los 20 días, que son para el estudio de su admisión, alterando de esa manera normas procesales de orden público.

En cambio, debemos resaltar, que, para el traslado al opositor, el inciso segundo del artículo 49 de la Ley 1395, es explícito al señalar el término de 15 días para el traslado al opositor ("a quienes no sean recurrentes"), tal como estaba contemplado en el artículo 65 del Decreto Ley 528 de 1964.

No cabe duda de que el término de 20 días, el legislador lo dispuso para que los expedientes enviados por los tribunales a la Sala de Casación Laboral de la Corte Suprema de justicia no quedaran simplemente en depósito en los anaqueles de la secretaría. La media dirigida a la administración de justicia, habilidosamente la transfirieron a la presentación de la demanda de casación en detrimento del tiempo que la ley concede al recurrente para la presentación en tiempo, que es 30 días hábiles, a partir del traslado.

La Sala Laboral de la Corte al hacer esa transferencia resucitó el artículo 94 del Código Procesal del Trabajo, que disponía "… dar traslado al recurrente por veinte días, para que formule la demanda de casación, y al opositor por *diez días*, para que la conteste". Disposición que fue modificada por el Decreto 528 de 1964 y la Ley 1395 de 2010.

Citación de las partes en audiencia.–es una práctica prevista para aquellos eventos en que fuere necesaria la presencia de las partes, para aclarar puntos de hecho o de derecho. Pero, de uso excepcional y discrecional de la Sala de Casación Laboral.

El auto para mejor proveer.–se parte del presupuesto de que se produzca la Casación de la sentencia, de tal manera que, al proferir la sentencia de reemplazo, como tribunal de instancia, la Sala encuentra que requiere de mejores elementos para proferir la sentencia. Sin embargo, el auto para mejor proveer debe guardar apego al principio de congruencia y de consonancia. Lo que permite entender que no es para proveer sino para mejor proveer, u obtener mayor convicción y despejar toda incerteza en la decisión (Ver auto de Sala Laboral de descongestión AL281-2022 /Rad.83792. 24 de enero de 2022.

5. La demanda de Casación y la oposición

La demanda de casación debe reunir los requisitos formales para su admisión, que es el examen al que se contrae la Sala Laboral para admitirla. La demanda de casación debe contener los requisitos básicos a través de los cuales se pueda demostrar la ilegalidad de la sentencia impugnada, lo cual no se logra con un escrito desprovisto de esas formalidades, similar a un recurso ordinario o un alegato de instancia. Su planteamiento debe hacer uso de la lógica con una buena capacidad de síntesis, breve, preciso, sin el uso de un jerga lecto jurídico o de metafísica constitucional que, tampoco, resulta apropiado en los alegatos de instancia.

Resulta oportuno el consejo del maestro Genaro Carrió, el cual no sobra; cuando recomienda, "... la conveniencia de guardar las buenas maneras en la redacción de los escritos. No hacerlo, ser demasiado irónicos, descomedidos, "sobradores", agresivos, irrespetuosos, etcétera, no es el mejor camino para tener éxito en el campo de la argumentación"[15]

Me doy la licencia de usar una palabra que tomo en préstamo de la Carpintería, que es "ensamblar" la demanda de Casación. Es un arte que consiste en armar un objeto a partir de la unión de varias piezas, que en su conjunto me lleva a un resultado objetivo.

En ese taller, la materia prima fundamental son las reglas de la lógica del conocimiento jurídico, la información, el examen de la sentencia y del expediente. Allí se aplican todos los conceptos que obedecen a la técnica del recurso. El éxito del recurrente es "hacer" la sentencia.

En la Casación laboral los requisitos de la demanda de casación son:

1. La designación de las partes, las que son reconocidas como tal en la sentencia impugnada.
2. La indicación de la sentencia impugnada, lo cual resulta de identificar la decisión, el tribunal que la profirió, la fecha en que se produjo y la referencia al proceso ordinario adelantado.

[15] CARRIO, Genaro "Cómo fundar un Recurso" "Nuevos consejos elementales para abogados jóvenes", Segunda Edición. Editorial Lexis Nexis Abeledo-Perrot, Buenos Aires, Argentina.

3. La relación sintética de los hechos no es un resumen de los hechos como estuvo previsto en el Decreto 528 de 1964. La relación sintética de los hechos tiene que ver con aquellos que se relacionan e inciden directamente con el alcance de la impugnación. Aquellos que en virtud de consonancia ya no son materia de discusión no hay para qué hacer referencia alguna, ya que son una pieza que no hace parte del conjunto.
4. La declaración del alcance de la impugnación, que ya estudiamos, es un capítulo de la demanda y el más importante por la naturaleza dispositiva del recurso de casación.
5. La expresión de los motivos de casación. Es la sustentación del motivo de violación. Se hace a través de cargos dirigidos contra la sentencia y precedidos de los preceptos legales sustantivos de orden nacional que se estiman violados tal como lo estudiamos en la proposición jurídica.

Con el fin de atenuar el rigor en la formulación de los cargos el artículo 51 del decreto 2651 de 1991 dispuso que, si por alguna razón en un cargo hay acusaciones que han debido formularse en cargos separados, se debían estudiar como si el recurrente lo hubiera hecho en distintos cargos. Pero, en la práctica la Sala de casación, lo puede hacer, sin asumir el lugar del recurrente. Esto quiere decir que, la voluntad del legislador, por razones de lógica en la formulación de un cargo, es posible cuando las acusaciones se fundamentan en las modalidades de infracción directa, interpretación errónea o aplicación indebida iuris. Sobre todo, en las dos últimas.

No sería posible frente a la antinomia que se presenta cuando hay cargos por la vía iuris y la vía fáctica, porque dicha contradicción es insalvable y, terminaría la Sala de Casación ocupando el lugar del recurrente.

Algo similar acontece cuando hay distintos cargos, evento en el cual la Sala los puede reunir en uno solo para decidirlos. No es la voluntad del legislador la que impera, sino la lógica del recurso; toda vez que no es posible hacerlo respecto de un cargo formulado por la vía *iuris* y otro por la vía *facti in judicando,* toda vez que no se trata de proferir una sentencia de instancia.

Las previsiones de la norma comentada dirigidas a atenuar el exceso de rigor formal en el estudio de los cargos son medidas que la Sala Laboral venía tomando con base en la autoridad de la lógica, antes de la existencia de dicha norma.

En cuanto a la oposición a la demanda de Casación, la misma regla que la regula se refiere al derecho de quienes no actúan como recurrentes para formular sus alegatos o réplica a la demanda de casación. Es un escrito que tiene como propósito defender la sentencia impugnada, demostrar que no es ilegal y que la demanda no cumple con su propósito ya sea porque carece de técnica en la formulación del recurso o por motivos de orden sustancial, ya que no se cumplen las condiciones para la prosperidad de los cargos.

6. La acción de tutela contra sentencias una super casación

Las nuevas formas y los nuevos formulismos o el avenimiento de un recurso extraordinario de casación laboral actualizado.

En general el recurso de casación laboral sobrevive en sus formas, pero atenuado por la acción de tutela contra sentencias, bajo las condiciones de una doctrina constitucional que gestiona una súper casación o casación constitucional que conduce a preguntar cuál es entonces el alcance y la naturaleza de los recursos de casación laboral, civil o penal. Si carecen de un alcance constitucional y se hace necesario un control constitucional sobre el control de legalidad.

Requisitos o causales especiales de procedibilidad de la tutela contra providencias.

Una técnica que emplea modalidades de la Casación clásica en la Acción de Tutela contra sentencias que muestra, no el final de la Casación, sino el ambiente en que el recurso extraordinario recobra su verdadero cause constitucional, tal como lo plantearon los tratadistas Piero Calamandrei y Manuel de la Plaza.

El desarrollo de la acción de tutela contra las sentencias cuestionó el carácter rogado y dispositivo del recurso extraordinario, rescató las modalidades de la casación clásica de los formulismos que frenaron su finalidad constitucional, reconoce el carácter normativo sustancial de algunos textos constitucionales atributivos de derechos tangibles e inmediatos, lo que implica variar la doctrina acerca de las normas constitucionales, para efectos de la proposición jurídica.

Así como los jueces vinculados al cumplimiento de la Constitución deben estimar derogadas las normas que discriminan la aplicación de la ley por razones de sexo, origen, raza, o por razones políticas o de religión. Así mismo, anota García Enterría, deben estimar derogadas aquellas *"que restrinjan (por ejemplo, a mi juicio, el tan difícilmente justificable llamado' rigor formal de la casación' que da prevalencia a los formalismos sin sentido frente a la finalidad de la justicia y que es obvio que no puede justificarse en el carácter extraordinario de la casación, que alude a otro orden de cuestiones) el derecho a obtener la tutela efectiva de los derechos e intereses legítimos..."*[16]

En la casación clásica la primacía de la Ley quedaba reducida a la protección formal del principio de legalidad; pero, al surgir en el estado social de derecho el concepto de legalidad sustancial en cuanto a la constitución como norma sustantiva de derechos

---

[16] García de Enterría Eduardo, "La Constitución como norma y el Tribunal Constitucional", pág.75, Editorial Civitas S.A., Reimpresión 1988.1991.

fundamentales, es que deja atrás como un rezago dogmático el que exista al mismo tiempo una jurisprudencia acerca de la Ley en sentido formal, con origen en el Tribunal de Casación y de legalidad sustancial ,en cuanto a su legitimidad constitucional.

Ese dualismo fracciona la constitución, es antidemocrático en cuanto que no pueden coexistir, al mismo tiempo, dos poderes de unidad jurisprudencial frente a un texto constitucional.

Así las cosas, la acción de tutela contra sentencias, que repunta como una suerte de casación actualizada, elimina el rigor de la proposición jurídica completa, y el concepto de la proposición jurídica esencial para dar paso al bloque de constitucionalidad y un alcance de la impugnación de trascendencia Constitucional.

La violación manifiesta y ostensible de la Ley, es motivo de la acción constitucional en cuanto que el juzgador que incurre en ella y, al juzgar la desatiende, crea una regla de derecho, cuya medida no pude tener respaldo constitucional, en cuanto que invade las competencias del legislador o del ejecutivo y produce una discriminación normativa, que hace desigual al beneficiario de esta. Promueve la inseguridad jurídica de los asociados e implanta la arbitrariedad.

Así mismo, el alcance de la impugnación pierde su carácter rogado y adquiere un carácter inquisitivo, al demostrar la vía de hecho, el juez constitucional reenvía el asunto al juez ordinario o contencioso competente para fallar según el alcance de la decisión constitucional.

La recuperación constitucional del recurso de casación opera cuando la proposición jurídica y el alcance de la impugnación no se erijan en formulismos sacramentales que impidan el examen de fondo de una eventual arbitrariedad judicial. A priori, quedan definidas las instancias del proceso y la sede constitucional de control sobre las sentencias.

Debe desaparecer la falsa separación entre la Constitución y la Ley, como si las dos expresiones del derecho no tuvieran que ver con la integración del ordenamiento jurídico.

La técnica empleada por la Corte Constitucional para la Acción de Tutela contra sentencias judiciales impone una actualización necesaria del Recurso Extraordinario de Casación Laboral o la unificación en una sola Corte de control; toda vez que tampoco es conveniente un extenso camino, como en el presente, surcado de viejos y nuevos formalismos, para llegar a la reintegración del ordenamiento jurídico y la salvaguarda de la igualdad frente a la ley y de los derechos fundamentales o patrimoniales.

Lo que anuncia la vigencia de las formalidades del recurso de casación laboral y el surgimiento de un recurso de casación constitucional, por vía de tutela contra sentencias, para la salvaguarda de los derechos fundamentales es una transición a un recurso desprovisto de formulismos (nuevos y viejos) que conducen a un concepto paradójico de justicia, en cuanto se desvía de su objetivo sustancial cuando protege decisiones arbitrarias, con base en ritualidades innecesarias.

En los asuntos del trabajo y de la seguridad social se está frente a un escenario más amplio de derechos fundamentales que por su naturaleza misma son indisponibles, irrenunciables, inalienables, intransigibles en cuanto que surgen como ciertos e indiscutibles, de orden público y creadores de derechos subjetivos. El ámbito de los derechos patrimoniales es más reducido.

La existencia al mismo tiempo de un recurso extraordinario de casación, al lado de una acción de tutela, que copta causales de casación para el control constitucional de las sentencias, de origen jurisdiccional, es por lo menos una redundancia y una paradoja cuando el organismo guardián de la Constitución reconoce el fundamento constitucional de un recurso en el que abundan las formalidades que llevan a la Sala de Casación a incurrir, en consecuencia, en la violación de derechos fundamentales.

La Corte Constitucional fue elaborando una verdadera técnica, con las causales de los recursos extraordinarios de casación y de revisión, para la salvaguarda de derechos fundamentales, más allá de la competencia que le permite la Constitución Política en la tarea de revisar, "en la forma que lo determine la ley" las decisiones judiciales relacionadas con la acción de tutela de los derechos constitucionales. Pero, crear causales genéricas y específicas de procedibilidad, en orden a una impugnación de carácter constitucional, es tarea reservada al Congreso de la República, sin perjuicio de la iniciativa funcional que la Constitución Política le permite para presentar proyectos de ley en materias relacionadas con sus funciones.

Es un omnipotente recurso de orden constitucional, porque según las causales genéricas y específicas de procedibilidad, se convierte en un segundo recurso de casación y de revisión.

Así es la línea de tiempo en que se desarrolla por vía judicial el control tutelar de sentencias.

Sentencia T-756/98

"Si se tiene en cuenta que hay derechos mínimos de los trabajadores, que no pueden disminuirse, ni son susceptibles de renuncia, ni es factible transigir sobre ellos, y que los jueces y funcionarios administrativos no pueden soslayarlos, entonces, la violación de estos derechos y la no aplicación de la norma favorable en lo laboral es también vía de hecho".

Sentencia T-567 de 1999

"La Corte ha considerado que una providencia judicial constituye una vía de hecho cuando:

1. Presente un grave defecto sustantivo, es decir, cuando se encuentre basada en una norma claramente inaplicable al caso concreto.
2. Presente un flagrante defecto fáctico, esto es, cuando resulta evidente que el apoyo probatorio en que se basó el juez para aplicar una determinada norma es absolutamente inadecuado.
3. Presente un defecto orgánico protuberante, el cual se produce cuando el fallador carece por completo de competencia para resolver el asunto de que se trate; y
4. Presente un evidente defecto procedimental, es decir, cuando el juez se desvía por completo del procedimiento fijado por la ley para dar trámite a determinadas cuestiones. En suma, una vía de hecho se produce cuando el juzgador, en forma arbitraria y con fundamento en su sola voluntad, actúa en franca y absoluta desconexión con la voluntad del ordenamiento jurídico.

Sentencia T-470/04

"Se incurre en una vía de hecho al hacer una exigencia no contemplada por el legislador, lo que resulta vulneratorio del debido proceso y del derecho a la seguridad social del actor".

Sentencia C-590 de 2005,

En este sentido, como lo ha señalado la Corte, para que proceda una tutela contra una sentencia se requiere que se presente, al menos, uno de los vicios o defectos que adelante se explican.

a. Defecto orgánico, que se presenta cuando el funcionario judicial que profirió la providencia impugnada carece, absolutamente, de competencia para ello.

b. Defecto procedimental absoluto, que se origina cuando el juez actuó completamente al margen del procedimiento establecido.

c. Defecto fáctico, que surge cuando el juez carece del apoyo probatorio que permita la aplicación del supuesto legal en el que se sustenta la decisión.

d. Defecto material o sustantivo, como son los casos en que se decide con base en normas inexistentes o inconstitucionales o que presentan una evidente y grosera contradicción entre los fundamentos y la decisión.

f. Error inducido, que se presenta cuando el juez o tribunal fue víctima de un engaño por parte de terceros y ese engaño lo condujo a la toma de una decisión que afecta derechos fundamentales.

g. Decisión sin motivación, que implica el incumplimiento de los servidores judiciales de dar cuenta de los fundamentos fácticos y jurídicos de sus decisiones en el entendido que precisamente en esa motivación reposa la legitimidad de su órbita funcional.

h. Desconocimiento del precedente, hipótesis que se presenta, por ejemplo, cuando la Corte Constitucional establece el alcance de un derecho fundamental y el juez ordinario aplica una ley limitando sustancialmente dicho alcance. En estos casos la tutela procede como mecanismo para garantizar la eficacia jurídica del contenido constitucionalmente vinculante del derecho fundamental vulnerado.

i. Violación directa de la Constitución.

Estos eventos en que procede la acción de tutela contra decisiones judiciales involucran la superación del concepto de vía de hecho y la admisión de específicos supuestos de procedibilidad en eventos en los que, si bien no se está ante una burda trasgresión de la Carta, si se trata de decisiones ilegítimas que afectan derechos fundamentales (..)".

Así es como la Corte Constitucional ha creado unos requisitos formales para la Acción de Tutela contra sentencias que en la sentencia T- 1029 de 2012, se refirió como la "demanda" de tutela que debe agotar el Juez Constitucional:

"Las causales generales de procedibilidad son:

a. Que la cuestión que se discuta resulte de evidente relevancia constitucional.

b. Que se hayan agotado todos los medios –ordinarios y extraordinarios- de defensa judicial al alcance de la persona afectada, salvo que se trate de evitar la consumación de un perjuicio iusfundamental irremediable.

c. Que se cumpla el requisito de inmediatez, es decir, que la tutela se hubiere interpuesto en un término razonable y proporcionado a partir del hecho que originó la vulneración.

d. Cuando se trate de una irregularidad procesal, debe quedar claro que la misma tiene un defecto decisivo o determinante en la sentencia que se impugna y que afecta los derechos fundamentales de la parte actora.

e. Que la parte actora identifique de manera razonable tanto los derechos que generaron la vulneración en el proceso judicial siempre que esto hubiere sido posible.

f. Que no se trate de sentencias de tutela.

En cuanto a las causales específicas de procedencia de la tutela contra providencias judiciales, una vez sorteados los requisitos formales de "la demanda" se han señalado las siguientes (cito en comillas):

"a. Defecto orgánico, que se presenta cuando el funcionario judicial que profirió la providencia impugnada carece absolutamente, de competencia para ello.

b. Defecto procedimental absoluto, que se origina cuando el juez actuó completamente al margen del procedimiento establecido.

c. Defecto fáctico, que surge cuando el juez carece de apoyo probatorio que permita la aprobación del supuesto legal en que se sustenta la decisión.

d. Defecto material sustantivo, como son los casos en que se decide con base en normas inexistentes o inconstitucionales o que presentan una evidente y grosera transgresión entre los fundamentos y la decisión.

e. Error inducido, que se presenta cuando el juez o tribunal fue víctima de un engaño por parte de terceros y ese engaño lo condujo a la toma de una decisión que afecta derechos fundamentales.

f. Decisión sin motivación, que implica el incumplimiento de los servidores judiciales de dar cuenta de los fundamentos fácticos y jurídicos de sus decisiones en el entendido que precisamente en esa motivación reposa la legitimidad de su órbita funcional.

h. Desconocimiento del precedente, hipótesis que se presenta, por ejemplo, cuando la Corte Constitucional establece el alcance de un derecho fundamental y el juez ordinario aplica una ley limitando sustancialmente dicho alcance. En esos casos la tutela procede como mecanismo para garantizar la eficacia jurídica del contenido constitucionalmente vinculante de derecho fundamental vulnerado

i. Violación directa de la Constitución".

Una lectura desprevenida muestra la elaboración de una verdadera súper casación de oficio, excepcional para sentencias que vulneran derechos fundamentales, que causan un perjuicio irremediable con algún elemento propio del recurso de revisión, que le resta fuerza al tribunal de casación y lo obliga a mutar en una tercera segunda instancia. Las cartas de la reforma están sobre la mesa y la palabra la tiene el legislador.

Una pregunta emerge en el Recurso Extraordinario de Casación Laboral a partir de la vigencia de la Constitución Política de 1991, la contemporaneidad que registran con ella los recursos extraordinarios de casación en materia penal y civil.

Se echa de menos en el Recurso de Casación Laboral, algún asomo de acercamiento a los avances que se consignaron en materia laboral y de seguridad social a raíz de la vigencia de la Carta Constitucional.

No ocurre lo mismo con el recurso de casación civil y penal. En este último, la Sala de Casación penal por vía de doctrina a partir del 14 de febrero de 2004, con ponencia del magistrado Yezid Ramirez Bastidas, que reiteró en sentencia de 24 de noviembre de 2005, Rad.24323, sostuvo que "Una de las finalidades de la casación consiste en garantizar los derechos constitucionales de los intervinientes, entre ellos las víctimas, nada obsta para que la Sala pueda admitir una demanda cuando en un caso concreto sea necesario restablecer un derecho fundamental aunque no alcance la cuantía exigida en las normas civiles".

7. La necesidad de un Recurso Extraordinario para la Unificación Doctrinal

En asuntos relativos a conflictos sobre prestaciones económicas y asistenciales debemos pensar en un recurso extraordinario para la unificación doctrinal, a continuación del recurso de Casación.

A diferencia del recurso de casación fundado en la lógica silogística, el de unificación doctrinal se fundamenta en el principio de identidad: Allí donde existan sentencias proferidas en casación por vía de la aplicación indebida por errores de hecho, o control de legalidad del juicio de hecho, en asuntos seriados, en que los hechos y el derecho son iguales al precedente, su carácter isonómico debe dar lugar a una misma consecuencia, como resultado práctico de la no discriminación normativa.

En este recurso no se controvierte la cuestión de hecho como es del caso hacerlo en la vía de casación por error de hecho, por lo que exige una sentencia de casación anterior o de contraste que marque el precedente para que, frente a conflictos jurídicos diferentes, pero en idéntica situación de hecho y de derecho, en casos similares, reciban el mismo tratamiento normativo, cuando quiera que se esté frente a un pronunciamiento distinto en instancia.

Por razones prácticas y, con el fin de evitar confusiones, es que la naturaleza de los derechos prestacionales permite, de manera expedita, el juicio de comparación debido a la igualdad sustancial, que es la finalidad de esta modalidad de recurso extraordinario. Muy útil en el derecho del trabajo cuando se discuten asuntos seriados, que se originan en diversas fuentes del derecho, como el contrato de trabajo, las convenciones colectivas de trabajo o las reglamentaciones particulares.

CAPÍTULO VIII

1. La casación de oficio en el Código General del Proceso, su alcance e integración en el procedimiento Laboral. 2 ¿Recurso de Casación en procesos especiales?

1. La casación de oficio en el Código General del Proceso, su alcance e integración en el procedimiento Laboral

En sentencia de septiembre 8 de 1971 (Acta No. 10) la Sala laboral de la Corte Suprema de Justicia, se ocupó de los alcances de la norma de integración procesal, prevista en el artículo 145 del Código de Procedimiento Laboral. Que consagra la aplicación analógica cuando, a falta de disposiciones especiales en el procedimiento del trabajo, se empleen las normas análogas del Código de procedimiento Laboral y, en su defecto, las del entonces Código Judicial que evolucionó hasta llegar al Código General del Proceso (Ley 1564 de 2012).

En esa oportunidad, la Sala dijo: "El recurso de casación continuará tramitándose conforme a las actuales normas del Código de Procedimiento del Trabajo y a los preceptos que lo adicionan o modifican y sólo se aplicará el Código de Procedimiento Civil en lo reglamentado por él". Asuntos como el litis consorcio necesario o la intervención de terceros, que no reglamenta el Código Procesal del Trabajo, se han venido aplicando en aquellos procesos en que se está en presencia de terceras partes o de intervinientes, en virtud del principio de integración consagrado en el artículo 145.

Las reglas de procedimiento que regulan el recurso extraordinario de Casación Laboral fueron expedidas por el legislador, en las condiciones que estimó se debe controlar la legalidad de las sentencias proferidas en juicio ordinario, así como las condiciones para el objeto del recurso en materia laboral. Esas disposiciones han sido objeto de control constitucional y han permanecido invariables; no obstante, los ajustes doctrinales de la Sala de Casación Laboral.

Como consecuencia de lo anterior, no se discute que, en materia laboral, las causales y motivos de casación no admiten integración analógica con las reglas que regulan el procedimiento civil.

Se ventila en la academia, si es posible, ante la ausencia de la casación de oficio en el procedimiento laboral, aplicar las reglas que contempla el Código General del proceso para la Casación Civil. En particular, las que rige la Casación Oficiosa. En cuanto dispone que, se "puede casar de oficio la sentencia cuando aparezca de "manera ostensible" que compromete "gravemente el *orden público, el patrimonio público o atenta contra derechos o garantías constitucionales"*.

La jurisdicción civil avanzó en el reconocimiento de las normas constitucionales a partir de las cuales se integran derechos fundamentales, principios y reglas que cierran el círculo del recurso de casación, como un recurso extraordinario, con fines constitucionales de restablecimiento de derechos fundamentales y patrimoniales. A tono con el concepto de legalidad sustancial o principio de estricta legalidad[17], que no aparece de manera explícita en la rezagada casación laboral.

Se trata de un paso histórico en el desarrollo mismo del recurso de casación, toda vez que en el Estado de Derecho el recurso extraordinario se limitaba a la finalidad de garantizar la primacía de la Ley como desarrollo de la constitución. De allí, también su naturaleza constitucional y el establecimiento de un control para asegurar la legalidad de la sentencia y rechazar los poderes personales que desconocen la fuente directa de la Ley que era la Constitución.

Pero, en el Estado Social de derecho, se tornan en disposiciones *adscriptas*[18] a normas de derechos fundamentales consagradas en la carta o provenientes de instrumentos internacionales. De tal manera que tanto el legislador como el órgano de control, actúan circunscritos al contenido y los fines de los derechos fundamentales, dirigidos a la realización de la dignidad humana. Asegurando el vínculo lógico normativo a los valores superiores decantados a lo largo de la historia de la humanidad, que tienen asiento en la Constitución. El acento se pone en la justicia como razón de ser de la legalidad y validez del ordenamiento jurídico.

El carácter analítico de las normas legales queda vinculado a la norma constitucional sin fracturas entre la Ley y la Constitución, en cuanto que la norma constitucional de derechos fundamentales, es suficiente para vincular al tribunal constitucional en una labor de integración superior [19].

---

17 Luigi Ferrajoli, presenta la evolución en la naturaleza del derecho, que a mi modo de ver es la que marca la diferencia entre la antigua casación laboral y la reciente casación civil, según el Código General del proceso. El profesor italiano, señala: "Si la primera revolución se expresó mediante la afirmación de la omnipotencia del legislador, es decir, del principio de mera legalidad (o de legalidad formal) como norma de reconocimiento de la existencia de normas, esta segunda revolución de realizado con la afirmación del que podemos llamar *principio de estricta legalidad* (o de legalidad sustancial). O sea, con el sometimiento también de la ley a vínculos ya no sólo formales sino sustanciales impuestos por los principios y los derechos fundamentales contenidos en las constituciones." "Los fundamentos de los derechos fundamentales", "Derechos Fundamentales" pág.53, editorial Trotta.

18 Al respecto Robert Alexy, emplea el término "*normas adscriptas*", para indicar que "Las normas de derecho fundamental pueden, por ello, dividirse en dos grupos: en las normas de derecho fundamental directamente estatuidas por la Constitución y las normas de derecho fundamental a ellas adscriptas" "Teoría de los Derechos Fundamentales", pág.70, Centro de Estudios Políticos Constitucionales.

19 Luigi Ferrajoli, en su tesis expuesta sobre "Derechos Fundamentales", indica que "La jurisdicción ya no es la simple sujeción del juez a la ley, sino también análisis crítico de su significado

Responder a la pregunta, inicialmente formulada, es un asunto complejo; toda vez, que las normas del derecho laboral están adscriptas a valores normativos que protegen al trabajador subordinado en su honor, dignidad y en el mínimo de derechos consagrados en las fuentes formales del derecho del trabajo como principios institucionales.

Se trata de derechos indisponibles, irrenunciables cuando son ciertos e indiscutibles. Por tanto, subjetivos, que todo empleador se presume conoce y que no puede abstenerse de observar en toda relación de naturaleza laboral. Ese carácter *prima facie*, en toda la instancia, hace obligatoria la tutela judicial a través del fallo *ultra y extra petita*, lo que despeja el camino a una eventual casación laboral oficiosa. Sobre todo, en cuanto hace a los derechos y garantía fundamentales, tal como lo prevé el Código general del proceso para las causas civiles, más allá de lo patrimonial.

En cuanto hace a las normas de orden público y al patrimonio público; en principio, no pueden ser desconocidas por los sujetos de una relación laboral, en el ámbito de las relaciones jurídicas. La Doctrina de la Sala Laboral y el principio de orden público consagrado en el Código General del proceso, cuenta con pronunciamientos relacionados con la imposibilidad de que las partes dispongan en sus convenios colectivos o particulares, sobre normas de procedimiento (el derecho de defensa ,el debido proceso, los términos de prescripción y de las actuaciones procesales). Como también, cuando los acuerdos conciliatorios trascienden al contenido del derecho y afectan el patrimonio público, o están dirigidos a encubrir realidades en detrimento de terceros, según doctrina del enriquecimiento injustificado.

Es una excepción superior, allí donde no puede existir frente al valor del derecho, la reforma en perjuicio; ya que no le es dado a las partes disponer de ninguna garantía individual de orden constitucional; de normas de orden público o en favor de particulares, de manera injustificada, en detrimento del patrimonio público; sobre lo cual no puede haber un interés de parte sino general, que vincula al recurso extraordinario de manera oficiosa en su defensa.

Asegurar el cumplimiento de la Constitución es una obligación de todos los jueces que actúan en representación del Estado democrático de derecho. Es un compromiso

---

como medio de controlar su legitimidad constitucional. Y la ciencia jurídica ha dejado de ser, supuesto que lo hubiera sido alguna vez, simple descripción, para ser crítica y proyección de su propio objeto: crítica del derecho inválido aunque vigente cuando se separa de la Constitución; reinterpretación del sistema normativo en su totalidad a la luz de los principios establecidos en aquélla; análisis de las antinomias y lagunas; elaboración y proyección de las garantías todavía inexistentes o inadecuadas no obstante venir exigidas por las normas constitucionales." "Los Fundamentos de los Derechos Fundamentales", Luigi Ferrajoli y otros, Editorial Trotta,2001.

propio de la función pública en la administración de justicia; ante todo, la defensa de la Constitución.

Sin duda que la casación de oficio se erige como un poder policivo del tribunal de casación (Calamandrei), pero en defensa de derechos de esa categoría, única y exclusivamente.

Resta establecer cuáles derechos, en materia laboral, no son de orden público, carecen de la categoría de derechos fundamentales o no están vinculados a ella, para responder que por ese motivo no cabe la casación de oficio en materia laboral con el propósito de mantener restringido el recurso extraordinario, en esos casos, a los formulismos que actualmente lo regulan.

Sería indicado, en gracia de discusión, acoger por vía de integración, la casación oficiosa del Código General del proceso, en las condiciones específicas de procedibilidad que se emplean en el procedimiento civil.

El legislador, a su vez, debe asumir la tarea de hacer contemporáneo el recurso de Casación Laboral a los avances de la cultura jurídica del constitucionalismo actual. Que el juez Constitucional, se ocupe de unificar la jurisprudencia constitucional del trabajo en torno al alcance constitucional de la Legalidad sustancial.

Es una manera de lograr una tutela judicial efectiva, acortando el camino del control.

Pienso que el recurso de casación laboral se hace más expedito con un eficiente control que acoja las causales específicas que se emplean en la acción constitucional de tutela contra sentencias, a cambio de los formulismos que exige el actual recurso, reglado bajo un contexto constitucional ya superado[20]. Tal como, visionarios juristas lo advirtieron con el error sustancial, desde los orígenes del recurso de Casación Laboral.

La Corte Constitucional debe reservar para sí, como lo ha venido haciendo, la unificación jurisprudencial sobre principios y derechos fundamentales del trabajo; sin los cuales no es posible una dogmática de los derechos fundamentales. Como también, lo relativo al alcance constitucional de la legalidad sustancial, por vía jurisprudencial o general.

---

20 Eduardo García Enterría, se refiere a los formalismos desprovistos de las finalidades constitucionales, cuando," (por ejemplo, a mi juicio, el tan difícilmente justificable llamado <rigor formal de la casación> administrado por la Sala 1ª. Del tribunal Supremo, que da prevalencia a formalismos sin sentido frente a la finalidad de la justicia y que es obvio que no pueden justificarse en el carácter extraordinario de la casación, que alude a otro orden de cuestiones) el derecho a obtener la tutela efectiva de los derechos e intereses legítimos…", "La Constitución Como Norma y el tribunal Constitucional", pág.75, Civitas.

El legislador debe entregar a un órgano constitucional unificado el control constitucional de legalidad sustancial, de aquello que coloquialmente se conoce como la vía directa, en cuanto a la aplicación de la Ley o control estrictamente legal. Y, reservar el error de hecho al tribunal de casación, que corresponde a un porcentaje considerable de las sentencias que se pronuncian en sede de casación.

Es la naturaleza sustancial de las normas de derecho laboral la que hace la diferencia con las de otra naturaleza, como las del derecho privado. Además, porque en el trayecto recorrido la respuesta a los valores del trabajo, a partir de la vigencia de la Constitución de 1991, se han desarrollado con más actualidad y vigor por la Corte Constitucional, por vía de la acción constitucional de tutela.

El esquema organizativo de la jurisdicción ordinaria laboral debe seguir esa dirección, fortaleciendo y calificando instancias, caracterizando procedimientos especiales; reacomodando sus dependencias, según los objetivos de protección a los derechos fundamentales. Eliminando prácticas que menguan el ejercicio efectivo de los derechos a la defensa y contradicción, que a menudo conducen a confundir la eficiencia con el atropello, la práctica procesal desbocada con la celeridad de los procedimientos. Sobre todo, cuando las reformas a la administración de justicia se confunden con la promoción de frondas burocráticas. Tribunales de descongestión transitorios que afirman una congestión judicial crónica, cuando se prorrogan en el tiempo.

Crítica a la Casación de oficio[21].

La doctrina anclada en la defensa de intereses patrimoniales privados no acepta la casación de oficio cuando hace abstracción del interés general, los derechos y principios constitucionales. Corresponde a una cultura jurídica que no concibe la existencia de derechos fundamentales, principios y garantías constitucionales, como tampoco los límites a la propiedad privada con relación a los bienes públicos, la observancia de reglas que rigen los procedimientos.

La doctrina civil venezolana contempló en el aparte cuarto del artículo 320 del Código de Procedimiento Civil, la Casación de Oficio.

"Podrá también la Corte Suprema de Justicia en su sentencia hacer pronunciamiento expreso, para casar el fallo recurrido con base en las infracciones al orden público y constitucionales que ella encontrase, aunque no se haya denunciado"

La controversia con esta disposición procesal giró en torno a la naturaleza dispositiva del recurso y el desconocimiento de la reforma en perjuicio, según el modelo procesal dirigido a la protección de derechos patrimoniales sujetos a libre disponibilidad.

---

21 SARMIENTO NÚÑEZ, José Gabriel "Análisis crítico a la Casación de oficio", editorial Livrosca. Caracas, Venezuela. 1996.

El jurista venezolano Sarmiento Núñez, menciona un asunto en que un empleador impugna una decisión según la cual, se condena a indexar una obligación laboral. El tribunal de casación encuentra que no se había indexado, conforme a la realidad económica relacionada con la fecha en que fue presentada la demanda y el tiempo que duró el proceso, sin tener en cuenta la *reformatio impejus*, en favor del apelante único. La Sala de Casación, en virtud de la desmejora sufrida por el trabajador, a causa del retardo del proceso, declaró de oficio la infracción de la Ley del trabajo vigente y ordenó la actualización por errada interpretación, en cuanto a su alcance y contenido.[22]

Las siguientes son las principales razones que exponen los críticos de la Casación de Oficio:

1. La Casación de oficio elimina la reforma en perjuicio, toda vez que hace más gravosa la situación al recurrente.

Pero, los partidarios alegan que nadie goza de privilegios en contra de las reglas de orden público, del patrimonio público, derechos y garantías Constitucionales. Toda relación jurídica entre particulares debe partir de la observancia del interés general representado en esas instituciones. Quien desconoce esos bienes constitucionalmente protegidos, sabe desde un comienzo a qué atenerse.

2. No tiene en cuenta el interés de parte.

En cuanto a esos bienes de categoría superior, no puede existir el privilegio de protección. Nadie se puede apropiar de lo público, desconocer un derecho irrenunciable y de orden público o de categoría fundamental.

3. En materia dispositiva, el proceso solo se puede iniciar por medio de una demanda de parte.

Los bienes jurídicos que se protegen en la Casación de oficio no hacen parte del universo de bienes de libre disposición, no están sujetos a la oferta y la demanda. Como tampoco al escrutinio de las mayorías.

4. Viola el derecho de defensa, en cuanto alegan que la instancia no comienza en el recurso de Casación.

El argumento lleva una contradicción cuando, en determinado caso, resulte transgredido el derecho de defensa o el debido proceso.

5. Transgrede las reglas de congruencia y se convierte en un fallo *ultra y extra petita*, sin contradicción en las instancias.

Sin embargo, los derechos protegidos no hacen relación a peticiones originadas en derechos patrimoniales de libre disposición. El recurso de revisión en materia de

---

22 Op. Cit. Pág. 32

prestaciones periódicas contiene correctivos cuando se paga más de lo debido o se violan reglas de procedimiento. Pero, los derechos en materia laboral son de naturaleza tuitiva y obedecen a principios de orden público irrenunciables.

Anula el fallo de instancia cuando se funda en infracciones de fondo que no fueron denunciadas por el recurrente y menos por el opositor.

Por supuesto, que la Casación de Oficio, no abarca todo el universo de los derechos. Se limita a unos bienes de categoría superior que no afectan el patrimonio particular. Que son indisponibles, irrenunciables, no sujetos a las reglas del derecho privado. Pero, que hacen parte de los fines de todo procedimiento. (Artículo 11, 12,13,14 del Código General del Proceso).

Quien sale afectado por la decisión de oficio, no ha sido oído ni vencido en juicio.

Es, en el recurso de casación, cuando emerge el desconocimiento de alguno de los derechos superiores protegidos, el asunto tiene connotaciones relevantes relacionadas con la vinculación de la parte al proceso que es el objeto de la notificación.

Según Piero Calamandrei, la Casación de Oficio equivale a un poder policivo del Tribunal de Casación, de soberana observancia.

Por la naturaleza de los derechos que protege la Casación de oficio, es de *naturaleza inquisitiva,* no requiere de petición de parte ni de interés jurídico patrimonial privado. Pero, es una casación excepcional, no prevista para salvaguardar pretensiones particulares, ajenas a los bienes jurídicos de categoría superior que protege un estado Constitucional democrático de derecho.

La casación laboral emplea la corrección por vía de doctrina, sin efectos trascendentales sobre la parte resolutiva de la sentencia. Se trata de un pronunciamiento simplemente teórico, sin efectos en el asunto examinado, con el propósito de aportar mayor claridad en asuntos similares. Es un deber ser sin trascendencia en el asunto *sub examine.*

2. ¿Recurso de Casación en procesos especiales?

En la actualidad, en algunos casos, la vía ordinaria se ha convertido, en la primera instancia, la segunda instancia, la sede de casación, y el control constitucional de tutela con sus instancias y el procedimiento, excepcional, de selección en la Corte Constitucional, con los formalismos que la caracterizan. Y, los procesos especiales, algunos, han dejado de ser especiales, para convertirse en una práctica judicial dilatada, en procedimientos ordinarios. Hay quienes parten de esa circunstancia para proponer el recurso de casación en sentencias proferidas en procedimientos especiales, sobre las cuales, según su naturaleza, no es posible la tarea del recurso extraordinario de unidad jurisprudencial sobre normas sustanciales.

El eclipse a la protección del derecho fundamental al debido proceso es un retorno a la antigua Ley de Enjuiciamiento Civil Española (1856)[23], que en el artículo 1014, tenía prevista una modalidad de casación *in procedendo.* Redactada de la siguiente manera: "En los pleitos posesorios, en los ejecutivos y en todos los demás después de los cuales puede seguirse otro juicio sobre lo mismo que haya sido objeto de ellos, no se da recurso de casación, fundado en ser las sentencias contrarias a ley o doctrina legal. Pero si proceden los que se funden en cualquiera de las causales expresadas en el art.1013".

El artículo 1013, hace referencia a nueve causales *in procedendo.*

La violación al debido proceso, por tratarse de un derecho fundamental de primera generación, cuenta con un control expedito a través de la Acción de Tutela que hace contrario a los derechos tutelados, un control jerárquico de Casación que no cumple, para el caso, con el objetivo de unidad del derecho positivo. En el caso del fuero sindical, no obstante que la regla general de protección a los representantes de los trabajadores conlleva un ejercicio de valoración fáctica, esto requiere de un procedimiento que garantice la prontitud de la decisión, de manera que la segunda instancia es la indicada para resolver por vía de la impugnación ordinaria la idoneidad y legalidad de la decisión.

---

23 ESCRICHE, Joaquín. Diccionario Razonado de Legislación y Jurisprudencia. Suplemento. Librería de la Vda de Ch. Bouret, 1931.

CAPÍTULO IX

1. El recurso de queja un aliado del recurso extraordinario de Casación

El recurso de queja tiene origen en el antiguo Código Judicial bajo la denominación de recurso de hecho. Pero, finalmente el artículo 52 de la Ley 712, sustituyó la última expresión por la primera. En este apartado, me limitaré a lo que tiene que ver con el recurso extraordinario.

El recurso de queja por estar previsto en la legislación positiva no puede ser recurso de hecho y debe ser de obligatoria compulsa al superior jerárquico cuando se abstiene de revocar el auto que lo niega.

Sin embargo, su procedencia está prevista en la legislación laboral como uno de los medios de impugnación contra las providencias judiciales, en este caso, el de queja cuando el juez niega el recurso de apelación o cuando el tribunal no lo concede.

Aunque ya vimos la anomia de la casación *per saltum*, también procede si un juez llegare a negar dicho recurso extraordinario.

Pero, en cuanto hace a la interposición y el trámite, se debe seguir por vía de integración procesal la regla prevista en el Código General del proceso (Artículos 145 del C. de P. L. y 353 del C.G.del P.)

Los requisitos para la interposición eficaz del recurso de queja, según lo ordena el Código General del Proceso, cuando se deniega el recurso de casación, son los siguientes:

Que el interesado proponga la reposición contra el auto que denegó el recurso casación y, de manera subsidiaria (en el mismo escrito) formule el de queja.

1. Si el tribunal niega el recurso de reposición propuesto contra el auto que niega el recurso de casación, debe disponer la reproducción de las piezas procesales necesarias. Y, proceder conforme al trámite de la apelación, que por encontrase regulado en el Código de procedimiento laboral, debe tramitarlo en el efecto suspensivo, toda vez que la providencia recurrida implica la terminación del proceso.

Surge, entonces, la obligación para el recurrente de proveer lo necesario para obtener las copias de las piezas del proceso que fueren necesarias[1], dentro de los cinco (5) días siguientes al auto que concedió el recurso. En caso contrario de declarará desierto.

Las copias deben estar autenticadas sin costo alguno por el secretario y deberán enviarse a la Corte Suprema de Justicia dentro de los tres (3) días siguientes.

Una vez llega a la Sala laboral de la Corte Suprema de Justicia, el escrito del recurso de queja con sus anexos tiene que permanecer en la secretaría por tres (3) días a disposición de la contra parte para que manifieste lo que estime oportuno.

Surtido el traslado, se procede a resolver el recurso.

Cualquiera sea la decisión que tome la Sala, ya sea admitiendo el recurso extraordinario o inadmitiéndolo, ordena remitir el expediente al tribunal de origen para lo de ley.

2. La otra hipótesis es, cuando el tribunal dicta un auto mediante el cual revoca el que denegó el recurso de casación y, lo admite. La contraparte puede interponer, contra este último, el recurso de reposición, lo cual debe hacer dentro del término de la ejecutoria.

La norma del Código General del Proceso es confusa y, en cuanto al proceso de integración con el Código de procedimiento Laboral, lo que pone en evidencia es que conserva las viejas formas del recurso de hecho, ya que mantiene la apretada carga para el quejoso de solicitar las copias dentro del término de cinco (5) días a riesgo de que el recurso sea declarado desierto. Y, la del envió a la Corte Suprema dentro de los tres (3) días siguientes a la expedición de las copias autenticadas por el secretario del tribunal.

Hacer depender de la cancelación de unas copias del proceso dentro de los cinco (5) días del auto que concede la queja ante el superior, a riesgo de que se declare desierto el recurso de queja, no es una carga equitativa con relación a los recursos de apelación en el efecto diferido o devolutivo. En ese sentido el recurso de queja continua con las características del viejo recurso de hecho.

La controversia gira a mi modo de ver entre la prevalencia de la garantía que implica el control de la sentencia a través del recurso extraordinario, sobre la discrecionalidad de los juzgadores, cuando se niega este recurso. Es a partir de la constitucionalización del debido proceso cuando las reglas de procedimiento deben estar

---

[1] Las piezas necesarias son la sentencia recurrida, la sentencia de primera instancia, el recurso de apelación, el auto que niega el recurso extraordinario y las que, según el interés jurídico, fueren necesarias para confrontar la decisión del tribunal.

informadas por la garantía al control sobre la decisión del juzgador, para hacer real su independencia[2].

Una verdadera garantía procesal para el quejoso es que se envíe el expediente a la Sala Laboral de la Corte dentro de los cinco (5) días del auto que concede la queja y, si la decisión es la de confirmar el auto del tribunal que niega el recurso, se disponga la devolución del expediente al tribunal. Y, si el recurso prospera y se admite la casación, que se continúe en esa sede con el trámite del recurso extraordinario. Es el caso de, quien si puede lo más puede lo menos. Y, en materia del trabajo ofrece más garantía a quien tiene que resistir frente a un auto que niega, en principio, a permitir el control de su propia sentencia.

---

2 FERRAJOLI, Luigi "Derechos y Garantías" "La Ley del más débil", Editorial Trotta, tercera edición 2002.

RECURSO DE ANULACIÓN EN CONFLICTO DE INTERESES.

El estatuto de procedimiento laboral mantiene la competencia de la Sala Laboral de la Corte Suprema para conocer del recurso de anulación contra el laudo arbitral proferido por tribunales de arbitramento en conflictos colectivos de trabajo.

Muy oportuna la fijación de un término de diez (10) días para que, una vez notificado el laudo, se proceda a interponer el recurso de anulación ante el mismo tribunal que lo profirió.

El tribunal al conceder el recurso debe enviar a la Sala Laboral de la CSJ el expediente del conflicto en su integridad y, organizado de manera cronológica. Lo debe hacer empleando los medios electrónicos dentro de los dos (2) días siguientes a la notificación del auto que concede el recurso.

Una vez que el expediente llega la Sala Laboral de CSJ, se procede a verificar:

- Que el laudo cumple con los presupuestos para su trámite. Esto es, que los árbitros tengan competencia para conocer del asunto, que no se encontraban impedidos, que el laudo fue proferido dentro de los términos de ley o el de su prorroga, si es que fue aceptada por las partes. Que se trataba de resolver un conflicto económico al que no se llegó a ningún acuerdo, total o parcial. Que la asamblea de los trabajadores afiliados a la organización sindical o la asamblea de delegados por mayoría escogieron como vía de solución del conflicto el arbitraje.
- Que está suscrito por la totalidad de los árbitros.
- Que fue interpuesto en tiempo y debidamente sustentado dentro de los diez (10) días del traslado, por medio de abogado.

Del auto que admite el recurso se corre traslado a las partes para sus alegaciones dentro de un término de cinco (5) días. Providencia que admite recurso de reposición.

Agotado el término de alegaciones el magistrado ponente deberá presentar el proyecto de sentencia, sin que se fije un término para hacerlo. No procede recurso alguno contra la sentencia.

RECURSO EXTRAORDINARIO DE REVISIÓN

1. Causales del Recurso de Revisión.

La ley de procedimiento no introdujo causales diferentes a las que contemplaba la Legislación derogada, lo que hizo fue ordenar todas las causales en una sola. (Artículo 31 de la Ley 712 de 2001 y artículos 19 y 20 de la Ley 797 de 2003).

2. En procesos ordinarios.

Es el Estatuto Procesal Laboral ordenó en el capítulo respectivo el Recurso extraordinario de revisión, el cual procede contra sentencias de la Sala Laboral de la Corte Suprema de Justicia, las salas laborales de los tribunales superiores, los jueces laborales del circuito y los jueces laborales municipales que se crean a partir de la reforma, proferidas en procesos ordinarios.

3. En obligaciones de cubrir sumas de dinero o pensiones de cualquier naturaleza.

Procede el recurso extraordinario de Revisión respecto de las ***providencias judiciales*** (autos o sentencias). No solamente sentencias ya que se refiere a providencias judiciales, que decreten el reconocimiento de sumas que impongan al tesoro público o fondos de naturaleza pública, la obligación de cubrir sumas periódicas de dinero o pensiones de cualquier naturaleza.

Lo mismo procede cuando dicho reconocimiento sea el resultado de una transacción o conciliación judicial o extrajudicial, que sea de conocimiento de la jurisdicción laboral y de la seguridad social.

4. En procesos especiales y ejecutivos.

La reforma establece el recurso de revisión en procesos especiales y ejecutivos, únicamente en las causales relacionadas con conductas dolosas y en el caso de infidelidad de los deberes profesionales (1 a 4).

5. Competencia. -

El Estatuto procesal laboral emplea el criterio de jerarquía funcional para efectos del recurso ante el superior del funcionario que pronunció la sentencia a revisar o, del que intervino en el acto de conciliación o transacción.

En cuanto hace a las sentencias y autos proferidos por la Sala Laboral de la Corte Suprema de Justicia se reserva para sí la competencia para conocer de aquellos. El legislador recogió un auto de Sala al que hicimos referencia, que se produjo ante el vació de la ley procesal vigente en ese momento. Sin dejar de expresar que en esa instancia la circunstancia de que no exista superior jerárquico no hace conveniente que quien expide una providencia, mediante la cual se incurre en una de las causales de revisión, sea el mismo que asume su control.

El legislador se privó de un control sin conjeturas, fijando la competencia en un órgano de igual jerarquía, pero en cabeza de una jurisdicción par. Se me ocurre algo así como la Sección Segunda del Consejo de Estado.

6. Competencia funcional exclusiva.

La ley de procedimiento laboral fija una competencia exclusiva en la Sala de Casación Laboral de la CSJ en aquellos asuntos en que procede el recurso de revisión respecto de las providencias judiciales que impongan al tesoro público y a los fondos de naturaleza pública la obligación de cubrir sumas periódicas de dinero o pensiones de cualquier naturaleza o cuando proviene dicho reconocimiento de una transacción judicial o extrajudicial o una conciliación que son del conocimiento de la jurisdicción del trabajo y la seguridad social.

7. Competencia a solicitud del gobierno.

para aquellas causales que no tienen una causa dolosa, sino en la violación del debido proceso o cuando la cuantía del derecho reconocido se excede de lo que la ley, pacto o convención obliga, el legislador procesal dejó al arbitrio del Gobierno por conducto del Ministerio del Trabajo y Seguridad Social, del Ministerio de Hacienda y Crédito Público. O, en solicitud que también pueden elevar el Contralor General de la República, el Procurador General de la Nación o, la Unidad Administrativa Especial de Gestión Pensional y Contribuciones Parafiscales, la legitimidad por activa para promover demanda de revisión en esos casos. Legitimidad por activa que no existe cuando, a ***motu proprio***, una de las entidades señaladas opta por iniciar la acción sin la anuencia del Gobierno.

En las mismas condiciones cuando se presentan los casos de conciliaciones o transacciones afectadas de falsedad o por hechos delictivos del juez que la autorizó y, cuando la cuantía del derecho excede lo que la ley, pacto, o convención colectiva obliga.

8. Requisitos de la demanda

El legislador adicionó a los requisitos exigidos por el reglamento procesal derogado, el de "Expresar las causales que pretenda hacer valer, incluida la copia del proceso laboral", tarea que se facilita con los medios electrónicos a través de los cuales se adelantan los trámites judiciales.

9. Tramite.

La demanda se radica ante el funcionario competente, quien examina si reúne los requisitos de ley y, si encuentra que se cumplen, resuelve sobre su admisión.

En el evento en que no reúne los requisitos formales para la demanda, le concede al recurrente cinco (5) días para que la subsane. Si no lo hace se rechaza la demanda.

Admitida la demanda se corre traslado por diez (10) días a los interesados, quienes deben acompañar a la contestación las pruebas que pretendan hacer valer y no son permitidas las excepciones previas. Tampoco se permite reformar la demanda.

La sentencia se pronuncia de plano, en un término de veinte (20) días. Si encuentra fundada la causal alegada procede a anular la sentencia recurrida y procede a dictar la que corresponda. Contra la sentencia que resuelve el recurso de revisión no procede recurso alguno.

El RECURSO DE QUEJA UN ALIADO DEL RECURSO DE CASACIÓN.

El legislador le dio un orden al recurso ordinario de queja y lo puso en consonancia a su cometido, a diferencia de la definición derogada, el recurso procede contra la sentencia de primera instancia que deniegue el recurso de apelación o lo conceda en el efecto que no corresponde. El interesado lo debe interponer para que el superior lo conceda si fuere procedente. En las mismas condiciones cuando se deniegue el de ***casación o anulación.***

El quejoso debe interponer el recurso en la audiencia en que se niegue o dentro de los tres (3) días siguientes, si fuere emitido por fuera de audiencia.

Una vez presentado el recurso de queja el despacho lo debe tramitar de la misma manera como se impulsa el recurso de apelación, con el envío del expediente al superior.

Llegado el expediente al superior, el escrito o solicitud del recurso se mantiene en la secretaría del despacho por tres (3) días, con el fin de correr traslado a la contraparte para que manifieste lo que considere oportuno y, una vez surtido el traslado, se procede a decidir el recurso.

Solamente cuando el despacho estima que la denegación del recurso de apelación fue indebida debe indicar el efecto en que se debe conceder. En cuanto hace al recurso de casación o el de anulación, si lo llegare a admitir debe comunicar la decisión al funcionario que negó el recurso que era procedente.

La reforma que introduce el legislador hace más expedito el recurso de queja al despojarlo de la actuación de hecho, confusa y con toda la carga del trámite para el recurrente. Lo extiende al recurso de anulación de laudos arbitrales y puede ser empleado contra el auto de un tribunal de arbitramento de intereses o de categoría que llegare a negar el recurso de anulación contra el laudo arbitral.

CAPÍTULO X
EL RECURSO DE REVISIÓN

1. Naturaleza del Recurso de revisión 2. Excepción a la Cosa Juzgada y seguridad jurídica 3. Diferencia con el recurso extraordinario de casación 4. Procedencia del Recurso de Revisión y sus causales 5. Competencia, prejudicialidad y término para interponerlo. 6. Legitimación por activa 7. Demanda 8. Trámite 9. Comparativo entre el Recurso de Revisión del Código de Procedimiento Laboral, el Código General del Proceso y el Código de Procedimiento Administrativo y de lo Contencioso Administrativo 10. Acción de Revisión 11. Observaciones finales.

1. Naturaleza del Recurso de revisión

El Recurso Extraordinario de Revisión se caracteriza porque la cuestión fáctica que lo fundamenta es diferente a la del proceso que dio origen a la sentencia impugnada. En cuanto que, transgrede el orden positivo al desviar la decisión judicial con base en hechos que son el resultado de una conducta dolosa de la parte, de un tercero, del juez o de los apoderados de las partes; que altera, u oculta la verdad de la condición que prescribe la norma, con la finalidad de asegurar aparentemente, la consecuencia que consagra. El hecho doloso, es el hecho relevante de la impugnación extraordinaria, que aparece con posterioridad a la sentencia. Es la razón por la cual tan solo procede contra sentencias ejecutoriadas.

En el Recurso de Revisión se demanda la sentencia, porque los hechos condicionantes de la norma son intencionalmente alterados a través de la falsedad de la prueba documental, la falsedad testimonial o las conductas relacionadas con faltas a la administración de justicia y el incumplimiento a los deberes de fidelidad de los apoderados.

El recurso Extraordinario de Revisión en materia laboral se limita a esos eventos, mientras que deja por fuera otros, que sí fueron tenidos en cuenta en el recurso extraordinario de revisión en lo contencioso administrativo (artículo 250) y en el Código General del Proceso (artículo 355). Tal como ocurre con el dictamen emitido por un perito condenado penalmente por ilícitos cometidos en su expedición. Que bien puede ser empleado en materia laboral por vía de integración. Sin embargo, la Sala Laboral de la Corte Suprema de Justicia en Auto de 20 de marzo de 2019 (AL 1428 de 2019), estimó que el recurso de revisión en material laboral tiene su propia regulación, por lo que no es posible acudir al texto procesal de integración (artículo 145 del C. de P.L.) para emplear causales previstas en la revisión civil o administrativa.

Es mi punto de vista, que dicho auto debe ser replanteado, toda vez que la norma de integración del C. de P.L. en armonía con el artículo primero del Código General del Proceso sí permite que, según el caso, las causales del recurso de revisión civil, no reguladas expresamente en el recurso de revisión en materia laboral, se apliquen cuando es procedente hacerlo, como puede ocurrir con el dictamen emitido por un perito condenado penalmente por ilícitos cometidos en su expedición.

No es acorde a los principios de interpretación de las normas procesales para hacer efectivo el derecho sustancial, el cotejo entre el estatuto civil y el laboral, en materia de revisión, para llegar a la simple conclusión que así está concebido en la legislación laboral y ser indiferente ante un posible fraude, en aras únicamente de una interpretación procesal restrictiva, declarar improcedente un recurso e imponer una multa de cinco millones de pesos al recurrente[1].

Las causales taxativas del Recurso de Revisión no permiten que se utilice esta vía procesal para replantear el litigio, toda vez que están basadas en hechos nuevos que dependen, además, de un pronunciamiento judicial previo, por parte de la jurisdicción penal. Es la sentencia que demuestra los hechos fraudulentos o dolosos la que sustenta la causal. En términos normativos, la que restablece la verdad del enunciado y su relación con la norma individual (la sentencia).

Se trata de un Recurso Extraordinario de naturaleza dispositiva, que se rige por unas formas que lo distinguen del recurso de Casación y de los medios de impugnación ordinarios.

Las formalidades en los recursos son de suma importancia, como condición necesaria para su lógica, eficacia y garantía del debido proceso. Un recurso que se excede en formalismos entorpece su finalidad, lo hace inútil; en el peor de los casos asegurando actuaciones contrarias a derecho en cuanto que se devuelve contra el texto positivo o la propia Constitución[2].

Debe consultar la realidad sustancial toda vez que está previsto para reconstruir la verdad de la decisión, hacer prevalecer el ordenamiento jurídico, en cuanto que garantía del derecho subjetivo y salvaguarda de un interés jurídico. Su objetivo es impedir que la sentencia surta sus efectos nocivos, toda vez que su fundamento es el interés público[3].

---

1 La Corte Constitucional estudia una acción de inconstitucionalidad contra la norma que impone una multa de cinco millones de pesos al recurrente cuando no prospera el recurso (C-353-22). Sanción que no tiene ninguna razón válida y se convierte en un estímulo asimétrico entre el presunto defraudador y el recurrente.

2 Ver sentencia de inexequibilidad C-969 de 1998.Corte Constitucional

3 Según lo expone el maestro Humberto Murcia Ballen "... la revisión apunta a dos designios claramente diferenciables: un fin principal, cual es la satisfacción del interés público afectado por la injusticia lograda, generalmente por un acto doloso; y un fin secundario, que mira al que concretamente persigue el recurrente, o sea la justicia de su caso particular". Recurso de Revisión Civil. Grupo Editorial Ibáñez, Tercera Edición, pág. 192

Dicho interés obliga a seguir el principio según el cual, el juez al interpretar las normas procesales debe tener en cuenta que el objeto de los procedimientos es la efectividad de los derechos reconocidos por la ley sustancial, los principios constitucionales y generales del proceso, por lo que debe abstenerse de exigir y cumplir formalidades innecesarias, tal como lo dispone el Código General del Proceso en su artículo once (11).

2. Excepción a la Cosa Juzgada, la seguridad jurídica

En términos generales, toda sentencia cobra ejecutoria cuando no admite recurso alguno y se puede, a continuación, exigir su cumplimiento como un incidente de cumplimiento o por vía ejecutiva. En este caso, se produce la terminación de todos los trámites correspondientes a la vía ordinaria, en la medida que la sentencia adquiere, en cuanto a su contenido, fuerza de verdad legal y hace tránsito a cosa juzgada, ya que no se puede volver sobre lo mismo o repetir el procedimiento.

El recurso de revisión parte de la existencia de una sentencia ejecutoriada, para convertirse así en una excepción a los efectos de cosa juzgada[4], ya que el ataque se dirige a la verdad del enunciado, que para el caso es la falseada condición fáctica que condujo a la decisión materia de revisión.

La seguridad jurídica es un valor fundamental en una sociedad democrática. Pero, la seguridad jurídica, no es la inamovilidad o el culto por las formas, como un fin en sí mismo. El concepto de seguridad jurídica[5] que se alcanza con reglas claras, breves y de fácil entendimiento, también compromete la confianza y la legitimidad de la decisión judicial, como parte de la cultura de una sociedad, que aporta cohesión y convivencia en paz. Que hace que la verdad legal impere y concurra con la realidad, que es el valor superior de la justicia.

---

4 "...el recurso de revisión. Se trata de un recurso extraordinario merced al cual puede <<reabrirse>> la cosa juzgada. Dicha posibilidad se halla restringida a la aparición de datos relevantes para la decisión contenida en la sentencia en firme, desconocidos en el momento en que aquella fue adoptada.
El recurso de revisión opera como un instituto procesal del Estado de Derecho que tiende a conjugar y realizar simultáneamente los valores de la seguridad jurídica y la justicia. Cuando existe en el ethos social, en el ethos del juez o del funcionario la convicción de que una sentencia, o resolución administrativa, firme lo han sido en función de circunstancias manifiestamente erróneas, incompletas, o de actitudes dolosas, se impone su revisión". Antonio-Enrique Pérez Luño, "La Seguridad Jurídica", Ariel Derecho, primera edición, 1991, pág. 87.

5 "El principio de seguridad jurídica es suma de certeza y legalidad, jerarquía y publicidad normativa, irretroactividad de lo no favorable e interdicción de la arbitrariedad". Tribunal Constitucional de España, cita de José Luis Palma Fernández, en "La Seguridad Jurídica Ante la Abundancia de Normas", 68 Cuadernos y Debates. Centro de Estudios Políticos y Constitucionales, Madrid, 1997, pág. 43.

Son los valores superiores de equidad y justicia que la humanidad acoge y que pone a salvo de todos los poderes, al consignarlos en normas de superior jerarquía que exigen el imperio de su propia realidad.

El recurso de revisión es un instrumento procesal que va más allá de la verdad convencional, al rescatar la verdad de la apariencia engañosa, ficticiada con el dolo, como conducta reprochable que la sociedad repudia por dañina y desintegradora.

El concepto de cosa juzgada se desvanece con la conducta dolosa comprobada, como también frente al desconocimiento de los valores implícitos en los derechos fundamentales. La verdad legal se ampara con sujeción a esos derechos y deja de existir frente a su inobservancia.

La cosa juzgada es un concepto absoluto cuando se trata de hacer prevalecer el poder sobre el derecho, la arbitrariedad sobre la justicia o los antojos personales de quien hace un mal uso del poder público. Por el contrario, es una institución que dota de seguridad las decisiones fundadas en la verdad, la certeza[6] y la realidad, en la legitimidad del ordenamiento jurídico.

3. Diferencia con el recurso extraordinario de casación

La principal diferencia entre el recurso de casación y el de revisión es, que en el primero, la sentencia recurrida carece de ejecutoria mientras se decide el recurso. En el segundo, la sentencia impugnada está ejecutoriada y solo pierde ejecutoria cuando prospera el recurso de revisión.

En el recurso de casación, los hechos y el derecho son los que se controvierten en la instancia y el motivo de impugnación es el ejercicio que hace el juzgador en el desarrollo de la decisión. En el recurso de revisión se discute una circunstancia que no estaba presente en el curso del proceso ni en la sentencia laboral.

Desde el punto de vista normativo, en el recurso de casación, en la verdad del enunciado, que corresponde a la premisa menor del silogismo, ocurre una aplicación indebida de la ley por una deficiencia de valoración de la prueba, que salta a la vista en la confrontación de la sentencia con la realidad evidente. En el recurso de revisión, es la demostrada falsedad de la prueba, cuya apariencia de legalidad tiene la intención de desviar la inferencia del juzgador al aplicar la ley mediante el fraude y el engaño.

---

6 "... la necesidad de la certeza de la norma y, por medio de ella, de la certeza del derecho, ha sido siempre considerada como condición fundamental para una convivencia ordenada." Op. Cit. "La Seguridad Jurídica Ante la Abundancia de Normas", referencia a Salas Sánchez, en "La Libertad y condicionamientos en la realización judicial del Derecho (Aportación a la teoría de la seguridad jurídica) p.21.

El recurso de casación obedece a una lógica para su formulación, el de revisión depende de un proceso penal (hecho nuevo) en el que se declare la comisión de un delito, luego de lo cual basta con seguir los pasos que la ley dispone para su admisión.

El recurso de casación tan solo procede frente a las sentencias proferidas por los tribunales superiores de distrito judicial en procesos ordinarios o contra sentencias de primera instancia, en la casación *per saltum*. El recurso de revisión procede contra todas las sentencia ejecutoriadas proferidas en la jurisdicción ordinaria laboral, en procesos ordinarios. También, directamente contra la conciliación en cuanto que surte los mismos efectos de la sentencia.

4. Procedencia del Recurso de Revisión Laboral y sus causales

El de Revisión en materia laboral se caracteriza por las causales que ponen fin a una sentencia ejecutoriada, basada en pruebas falsas o en conductas dolosas del juez que la profirió o de los apoderados de las partes.

Por su alcance, respecto de las sentencias proferidas por la Sala Laboral de la Corte Suprema de Justicia, las Salas Laborales de los Tribunales Superiores y los Jueces Laborales del Circuito, proferidas en procesos ordinarios.

Igualmente, con relación a las conciliaciones laborales, por tratarse de un procedimiento alternativo, en algunos casos, o dentro del trámite procesal ordinario, es que la solución por esa vía de un conflicto jurídico es amparada con los efectos de cosa juzgada.

La Sala Laboral de la Corte Suprema de Justicia ha desarrollado una amplia doctrina al respecto.

Sin embargo, un sector de la doctrina ha intentado reivindicar, para las conciliaciones laborales, el carácter absoluto de cosa juzgada con el argumento que es la libre voluntad de las partes la que se manifiesta expresamente en ese acto jurídico, motivo por el cual quedaría amparada con fuerza de verdad legal.

Pero, ocurre que el acto de conciliación sigue al contenido sustancial de los derechos laborales mínimos que se reconocen al trabajador como indisponibles e irrenunciables[7]. El acto jurídico de la conciliación laboral se distingue de la conciliación en el negocio jurídico privado, en cuanto que normas superiores restringen sus efectos sobre derechos que son considerados *ciertos e indiscutibles*.

En el universo de la conciliación se restringe respecto de las normas de orden público, los derechos y garantías fundamentales y cuando se hace uso abusivo de ella para defraudar a terceros[8].

---

7 Sala de Casación Laboral SL911-2016. Radicación No.53019, 9 de febrero de 2016.

8 Corte Constitucional C-1195-01.

Son causales del Recurso de Revisión Laboral, las siguientes:

Primera causal

Haberse declarado falsos por la justicia penal documentos que fueron decisivos para el pronunciamiento de la sentencia recurrida.

El Código Penal define el documento, para todos sus efectos, como la "expresión de persona conocida o conocible recogida por escrito o por cualquier medio mecánico o técnicamente impreso, soporte material que exprese o incorpore datos o hechos, que tengan capacidad probatoria".

Según el Estatuto Penal, incurre en el delito de falsedad material, el que falsifique un documento público o privado que pueda servir de prueba.

El documento decisivo es aquel del cual se vale el juzgador para fundar su decisión y que resulta de trascendental importancia en el derecho reconocido o desconocido.

Segunda causal

Haberse cimentado la sentencia en declaraciones de personas que fueron condenadas por falsos testimonios en razón de ellas.

El delito de falso testimonio consiste, según el Código Penal, en la conducta de faltar a la verdad o callar total o parcialmente, en una actuación judicial o administrativa, bajo la gravedad del juramento. Esto es, en el interrogatorio de parte y en la declaración como testigo.

Tercera causal

Cuando después de ejecutoriada la sentencia se demuestre que la decisión fue determinada por un hecho delictivo del juez, decidido por la justicia penal.

Un hecho delictivo del juez tiene un alcance más allá del delito de prevaricato, como por ejemplo, una falsedad u otro delito que tenga incidencia en la sentencia laboral, como podría llegar a ser el de asesoramiento ilegal.

El prevaricato es una conducta prevista en el Código Penal, cuando el servidor público profiere resolución, dictamen o concepto manifiestamente contrario de la ley (prevaricato por acción) o cuando omite, retarda o rehúsa o deniega un acto propio de sus funciones (prevaricato por omisión).

Cuarta causal

Haber incurrido el apoderado judicial o mandatario en el delito de infidelidad de los deberes profesionales, en perjuicio de la parte que representó en el proceso laboral, siempre que ello haya sido determinante en este.

Es una falta a la ética profesional, que alcanza la categoría de delito, que tiene dos condiciones. La primera, cuando por cualquier medio fraudulento, perjudica la gestión que se le ha confiado. La segunda, cuando defiende intereses contrarios o incompatibles dentro del mismo o diferente asunto, pero surgidos de los mismos supuestos de hecho, en un asunto judicial o administrativo.

5. Competencia,prejudicialidad y término para interponerlo

Para las causales de revisión que contempla el Código Procesal del Trabajo, la parte agraviada con la sentencia laboral o la conciliación puede interponer el recurso dentro de los seis (6) meses siguientes a la ejecutoria de la sentencia penal, sin exceder de los cinco (5) años, contados a partir de la sentencia laboral o de la conciliación[9].

Si no puede exceder de los cinco (5) años contados a partir de la ejecutoria de la sentencia laboral o de la fecha en que se surtió la conciliación laboral, implica que la sentencia penal se tenga que proferir dentro de los cinco (5) años siguientes a la fecha de la sentencia o conciliación laboral, lo cual puede dar lugar a la dilación o la afectación del derecho como consecuencia de la morosidad judicial.

No es una garantía para el recurrente, una disposición procesal que limita la acción en el tiempo, a la sentencia ejecutoriada en materia penal. Para la transparencia de la revisión y la prevalencia de la verdad sobre la conducta ilícita de la que se vale del delito, para obtener un derecho que no se tiene, se ha debido permitir la presentación del recurso dentro de un tiempo prudencial luego de ejecutoriada la sentencia penal.

La prejudicialidad penal, formulada en el curso del recurso extraordinario de revisión, es la figura apropiada, contra la dilación del proceso penal o la morosidad judicial, que lleva al fracaso de la revisión de la sentencia fundada en el delito.

El profesor Hernando Devís Echandía, entiende por prejudicialidad "cuando se trate la cuestión sustancial pero conexa, que sea indispensable resolver por sentencia en proceso separado, ante el mismo despacho judicial o en otro distinto, para que sea posible decidir sobre lo que es materia de litigio o de la declaración voluntaria en el respectivo proceso, que debe ser suspendido, hasta cuando aquella decisión se produzca y sin que sea necesario que la ley lo ordene." [10]

La finalidad del recurso de revisión es devolver las cosas al estado anterior, cuando quiera que se está frente a un delito, de manera que la sentencia penal ejecutoriada es una condición sustancial para revisar la sentencia proferida con base en el ilícito, lo que hace que la prejudicialidad heterogénea y de interés público, pueda ser declarada en el curso

9 (Artículo 20 de la Ley 797 de 2003)

10 DEVIS ECHANDIA, Hernando. "Compendio de derecho Procesal", quinta edición, Teoría General del proceso, Tomo I, Editorial ABC, 1976, Bogotá. Pág.485

del recurso de revisión con el fin de garantizar el curso normal del debido proceso, de duración razonable, así como la efectividad de los derechos reconocidos por la ley sustancial.

En los casos de revisión por el pago de sumas periódicas, violación al debido proceso y pago de sumas mayores a las debidas, el término para recurrir es el previsto en el artículo 251 del CPACA, de cinco (5) años contados a partir de la ejecutoria de la providencia judicial o del perfeccionamiento del acuerdo conciliatorio o de transacción.

En cuanto a la competencia es funcional según el funcionario que profirió la sentencia a revisar, a excepción de la revisión en los casos del artículo 20 de la Ley 797 de 2003.

En los casos de conciliaciones laborales incursas en las causales 1,3, y 4 del C. de P.Laboral, es de conocimiento exclusivo de los tribunales superiores de distrito judicial.

6. Legitimación por activa

Toda persona natural o jurídica agraviada con la sentencia objeto de revisión y con origen en las causales antes examinadas, es titular del derecho de acción. Pero, en cuanto hace a la causal de revisión prevista en el Artículo 20 de la Ley 797 de 2003, la ley prevé una legitimación por activa de naturaleza funcional, al determinar quiénes son los titulares de la acción, (*El gobierno por conducto del Ministerio del Trabajo y Seguridad Social, del Ministerio de Hacienda y Crédito Público, del Contralor General de la República o del procurador General de la Nación).*

7. Demanda

La demanda en el recurso de revisión debe ajustarse a unas formalidades que no tienen el rigor conceptual de la demanda de casación; sin embargo, contiene unos requisitos que, sin el rigor lógico, pueden ser excesivos e inconvenientes para el alcance sustantivo y los fines de un recurso que se propone rescatar la verdad y devolver la justicia a un asunto resuelto mediante maniobras fraudulentas.

Hay que tener en cuenta la realidad de las situaciones que dan origen en cada caso que, según la causal de revisión, se pueden presentar en procesos individuales o en asuntos acumulados.

Según el artículo 33 de la Ley 712, la demanda debe contener:

1. *Nombre y domicilio del recurrente. Un requisito que es general a toda demanda y del cual se deriva la legitimidad por activa del agraviado con la sentencia objeto de revisión.*

2. *Nombre y domicilio de las personas que fueron parte en el proceso en que se dictó la sentencia.*

   Los sujetos pasivos de la acción que pueden ser o el demandante o el demandado, singular o plural en el proceso en que se produjo la sentencia laboral.

3. *La designación del proceso en que se dictó la sentencia con indicación de su fecha, el día en que quedó ejecutoriada y el despacho judicial en que se halla el expediente.*

   Para efectos de contabilizar el término para interponer el recurso, es importante la constancia de ejecutoria de la sentencia. La identificación del proceso que es el proceso ordinario, las partes y su radicado, el lugar y el despacho en donde se surtió el asunto y el lugar actual en donde se encuentra el expediente.

4. *Las pruebas documentales que se pretenden hacer valer, incluida la copia del proceso laboral.*

   A la demanda deberá acompañarse, tantas copias de ella y de sus anexos cuantas sean las personas a quien deba correrse traslado.

   Hay que tener presente que la Jurisdicción Laboral Ordinaria es una sola. De manera que no facilita el cumplimiento de este requisito que el recurrente, tenga la carga de aportar la copia del proceso laboral.

   Es el despacho que conoce del recurso de revisión, el que debe solicitar, con apremio, el envío del expediente en su original y ponerlo a disposición de las partes interesadas a través de la secretaría del respectivo despacho.

   El requisitos de acompañar, la cantidad de copias de la demanda como de los anexos para el número de personas a las que deba correrse traslado no es una garantía para el recurrente. En cambio, si resulta ser un obstáculo para el éxito del recurso.

   La norma contiene un desequilibrio en la carga de requisitos para las partes. El recurrente tiene que aportar la copia de todo el expediente, más la de los anexos a la demanda, en número de los demandados.

   El equilibrio en los requisitos se cumple si, a solicitud del demandante en revisión, el despacho de conocimiento ordena remitir el expediente en su original y ponerlo a disposición de los interesados. Al fin y al cabo, es el despacho el que va a examinar un expediente que está en su propia jurisdicción.

   Y, de otra parte, el expediente con la demanda y sus anexos debe reposar en el despacho de conocimiento para efectos de correr traslado por secretaría a los demandados junto con la copia de la demanda y sus anexos, tal y como está previsto para la revisión en materia civil.

   Estas consideraciones ameritan una reforma en ese sentido, toda vez que de no reunir los requisitos formales exigidos se procede a la inadmisibilidad de la demanda.

Cabe advertir que la exigencia que hace la norma puede devenir obsoleta por los avances de la virtualidad.

8. Trámite

Hay que distinguir la inadmisibilidad de la demanda y su rechazo. Porque la norma no establece las consecuencias de la primera, pero sí está claro que el rechazo implica una multa de cinco (5) a diez (10) salarios mínimos mensuales.

Como quiera que la norma no prevé las consecuencias de la inadmisibilidad de la demanda de revisión, que debe ser por la ausencia de requisitos, se debe acudir al principio de integración o de aplicación analógica, que en primer orden son las disposiciones del mismo Código Procesal del Trabajo y, en su defecto las del Código General del Proceso. Sin embargo, en estricta analogía la regla a emplear no es otra que la prevista para la inadmisión de la demanda de en el recurso de revisión civil, consagrada en el inciso segundo del artículo 358, que concede un término de cinco (5) días para subsanar los defectos advertidos.

En el evento de que la demanda fuere admitida o que los defectos anotados se hubieren cumplido y subsanado. La Corte o el Tribunal, deberá correr traslado por diez (10) días a la contraparte.

Transcurridos los diez (10) días, aunque la norma no lo dice, se entiende que, para efectos de la réplica a la demanda de revisión, para lo cual tampoco se fija un término, se siguen los pasos previstos en el Código General del Proceso, que para el caso son cinco (5) días para replicar, en las condiciones allí señaladas.

La Corte o el tribunal, disponen de veinte (20) días para pronunciar la decisión y, si la demanda se encuentra fundada, deben invalidar la sentencia y dictar la que deba reemplazarla, decisión sobre la cual no cabe recurso alguno.

Es necesaria una reforma al Recurso de Revisión Laboral, para que las garantías de las partes guarden simetría en la acción y en la oposición. Pero, sobre todo, para facilitar sin el exceso de formalidades y cargas innecesarias, la impugnación de la sentencia dictada con pruebas y conductas delincuenciales, que no termine siendo un procedimentalismo proclive a los defraudadores. Como se puede apreciar, el recurso extraordinario de revisión en materia laboral se queda corto, ya que no es razonable que algunas causales de otras especialidades, cuyos hechos también se pueden presentar en la sentencia laboral, no estén previstos para resistir por esa vía a la sentencia ilícita.

9. Cuadro comparativo entre el Recurso de Revisión en el Código de Procedimiento Laboral y en la Ley 797 de 2003 , en el Código de Procedimiento Administrativo y de lo Contencioso Administrativo y el Código General del Proceso

Recurso de Revisión Laboral	Recurso de Revisión Civil	Recurso de Revisión en el Código de Procedimiento Administrativo y de lo Contencioso Administrativo
Haberse declarado falsos por la justicia penal documentos que fueron decisivos para el pronunciamiento de la sentencia definitiva	Haberse encontrado después de pronunciada la sentencia documentos que habrían variado la decisión contenida en ella, y que el recurrente no pudo aportarlos al proceso por fuerza mayor o caso fortuito o por obra de la parte contraria.	Haberse encontrado o recobrado después de dictada la sentencia documentos decisivos, con los cuales se hubiera podido proferir una decisión diferente, y que el recurrente no pudo aportarlos al proceso por fuerza mayor o caso fortuito o por obra de la parte contraria.
Haberse cimentado la sentencia en declaraciones de personas que fueron condenadas por falso testimonio en razón de ellas.	Haberse declarado falsos por la justicia penal documentos que fueron decisivos para el pronunciamiento de la sentencia recurrida.	Haber dictado sentencia con fundamento en documentos falsos o adulterados.
Cuando después de ejecutoriada la sentencia se demuestre que la decisión fue determinada por un hecho delictivo del juez, decidido por la justicia penal.	Haberse basado la sentencia en declaraciones de personas que fueron condenadas por falso testimonio debido a ellas	Haber dictado sentencia con base en el dictamen de peritos condenados penalmente por ilícitos cometidos en su expedición.

Recurso de Revisión Laboral	Recurso de Revisión Civil	Recurso de Revisión en el Código de Procedimiento Administrativo y de lo Contencioso Administrativo
Haber incurrido el apoderado judicial o mandatario en el delito de infidelidad de los deberes profesionales, en perjuicio de la parte que representó en el proceso laboral siempre que ello haya sido determinante en este.	Haberse fundado la sentencia en dictamen de perito condenado penalmente por ilícitos cometidos en la producción de dicha prueba	Haberse dictado sentencia penal que declare que hubo violencia o cohecho en el pronunciamiento de la sentencia.
	Haberse dictado sentencia penal que declare que hubo violencia o cohecho en el pronunciamiento de la sentencia recurrida.	Existir nulidad originada en la sentencia que puso fin al proceso y contra la que no procede recurso de apelación.
	Haber existido colusión u otra maniobra fraudulenta de las partes en el proceso en que se dictó la sentencia, aunque no haya sido objeto de investigación penal, siempre que haya causado perjuicios al recurrente	Aparecer, después de dictada la sentencia a favor de una persona, otra con mejor derecho para reclamar.
	Estar el recurrente en alguno de los casos de indebida representación o falta de notificación o emplazamiento, siempre que no haya sido saneada la nulidad.	No tener la persona en cuyo favor se decretó una prestación periódica, al tiempo del reconocimiento, la aptitud legal necesaria, o perder esa aptitud con posterioridad a la sentencia, o sobrevenir alguna de las causales legales para su pérdida.

Recurso de Revisión Laboral	Recurso de Revisión Civil	Recurso de Revisión en el Código de Procedimiento Administrativo y de lo Contencioso Administrativo
	Existir nulidad originada en la sentencia que puso fin al proceso y que no era susceptible de recurso.	Ser la sentencia contraría a otra anterior que constituya cosa juzgada entre las partes del proceso en que aquella fue dictada. Sin embargo, no habrá lugar a revisión si en el segundo proceso se propuso la excepción de cosa juzgada y fue rechazada.
	Ser la sentencia contraria a otra anterior que constituya cosa juzgada entre las partes del proceso en que aquella fue dictada, siempre que el recurrente no hubiera podido alegar la excepción en el segundo proceso por habérsele designado curador ***ad litem*** y haber ignorado la existencia de dicho proceso. Sin embargo, no habrá lugar a revisión cuando en el segundo proceso se propuso la excepción de cosa juzgada y fue rechazada.	

Acción impugnativa autónoma-Ley 797 de 2003

Los representantes legales de las instituciones de Seguridad Social o quienes respondan por el pago o hayan reconocido o reconozcan prestaciones económicas, deberán verificar de oficio el cumplimiento de los requisitos para la adquisición del derecho y la legalidad de los documentos que sirvieron de soporte para obtener el reconocimiento y pago de la suma o prestación fija o periódica a cargo del tesoro público, cuando quiera que exista motivos en razón de los cuales pueda suponer que se reconoció indebidamente una pensión o una prestación económica. En caso de comprobar el incumplimiento de los requisitos o que el reconocimiento se hizo con base en documentación falsa, debe el funcionario proceder a la revocatoria directa del acto administrativo aún sin el consentimiento del particular y compulsar copias a las autoridades competentes.

Revisión de reconocimiento de sumas periódicas a cargo del tesoro público o de fondos de naturaleza pública.-

Las providencias judiciales que (en cualquier tiempo) hayan decretado o decreten reconocimiento que imponga al tesoro público o a fondos de naturaleza pública la obligación de cubrir sumas periódicas de dinero o pensiones de cualquier naturaleza podrán ser revisadas por el Consejo de Estado o la Corte Suprema de Justicia, de acuerdo con sus competencias, a solicitud del Ministerio del Trabajo y Seguridad Social, del Ministerio de Hacienda y Crédito Público, del Contralor General de la República o del Procurador General de la Nación.

Causales:

a) Cuando el reconocimiento se haya obtenido con violación al debido proceso.

b) Cuando la cuantía del derecho reconocido excediere lo debido de acuerdo con la Ley, pacto o convención colectiva que le eran legalmente aplicables.

10. Acción de Revisión de sumas periódicas (Acción impugnativa autónoma), causales

Algún sector de la doctrina considera que en las sentencias ejecutoriadas ya no cabe ningún recurso, lo que sigue es propiamente una acción impugnativa Autónoma; así la denominan, pero también, porque el recurso tiene la característica de ser un medio de impugnación que se ejerce contra los autos o las sentencias en el curso del proceso.

Sin embargo, el recurso también se caracteriza porque es el instrumento con el cual las partes en el proceso resisten a una decisión contraria a derecho y por lo tanto son los titulares de este.

Cuando la Ley 797 de 2002, introdujo reformas al sistema general de pensiones previsto en la Ley 100 de 1993. Dispuso de unos mecanismos dirigidos a que la propia administración a *motu proprio*, por vía de la acción administrativa de revocatoria directa, pueda dejar sin validez y revisar los actos administrativos de reconocimiento de prestaciones periódicas, proferidos de manera indebida o con documentación falsa.

Así es como el artículo 19 del texto legal referido, ordena:

"Los representantes legales de las instituciones de Seguridad Social o quienes respondan por el pago o hayan reconocido o reconozcan prestaciones económicas, deberán de verificar de oficio el cumplimiento de los requisitos para la adquisición del derecho y la legalidad de los documentos que sirvieron de soporte para obtener el reconocimiento y pago de la suma o prestación fija o periódica a cargo del tesoro público, cuando quiera que exista motivo en razón de los cuales pueda suponer que se reconoció indebidamente una pensión o una prestación económica. En caso de comprobar el incumplimiento de los requisitos o que el reconocimiento se hizo con base en documentación falsa, debe el funcionario proceder a la revocatoria directa del acto administrativo aún sin el consentimiento del particular y compulsar copias a las autoridades competentes".

La norma fue materia de un expediente de inconstitucionalidad en la Corte Constitucional, que se decidió mediante las sentencias C-835 de 23 de septiembre de 2003 / y de acuerdo con lo anterior las sentencias C-1094 de 2003 / C-282-04.

En esa oportunidad se declaró la exequibilidad condicionada de la norma, en el siguiente sentido:

Se deben cumplir los procedimientos previstos en el Código Contencioso Administrativo, en particular los Título III, Título II Capítulos VIII y IX

Como se trata de revocar una decisión de la propia administración, es a ella a quien le incumbe la carga de probar la irregularidad. Advirtió la Corte Constitucional que los "motivos que dan lugar a la verificación oficiosa no pueden contraerse al capricho, a la animadversión o la simple arbitrariedad del funcionario competente".[11]

El primer trámite que se debe surtir es el de la revocación directa del acto administrativo expedido ilegalmente que da lugar al reconocimiento indebido de una prestación. Por tratarse de un acto administrativo que contiene un derecho subjetivo, la administración debe contar con la anuencia del administrado o sus causahabientes para que pueda revocarlo.

Si el titular del derecho no presta su consentimiento para la revocatoria del acto administrativo, es la administración la que debe acudir al procedimiento de control consagrado en el Código de Procedimiento Administrativo, para que a través de la acción de lesividad se anule el acto acusado de ilegalidad que fue expedido por la propia administración.

---

[11] Corte Constitucional C-835 de 2003.

A la luz de las disposiciones vigentes en lo contencioso administrativo, aun existiendo la prueba de que el acto ocurrió por medios fraudulentos o ilegales, no le es dado a la administración de manera discrecional proceder a la revocatoria directa del acto administrativo viciado. Lo debe demandar, mediante la acción de lesividad, sin el procedimiento previo de la conciliación y, en cambio, sí, debe solicitar la suspensión provisional.

Lo anterior quiere decir que la administración no tiene la potestad, en ninguna circunstancia, de revocar directamente y dejar sin validez su propio acto, a menos que exista el consentimiento del depositario del derecho subjetivo allí contenido. De lo contrario, siempre debe acudir a la justicia contencioso-administrativa para que, por vía de sentencia, se anule la decisión fraudulenta o ilegal.

Sin embargo, al reformar la Ley 100 de 1993, se introdujo una modalidad de revisión de providencias judiciales cuando decreten el reconocimiento de sumas periódica a cargo del tesoro público o fondos de naturaleza pública.

Artículo 20 de la Ley 797 de 2003

"Revisión de reconocimiento de sumas periódicas a cargo del tesoro público o de fondos de naturaleza pública.

Las providencias judiciales que (en cualquier tiempo) hayan decretado o decreten reconocimiento que imponga al tesoro público o a fondos de naturaleza pública la obligación de cubrir sumas periódicas de dinero o pensiones de cualquier naturaleza podrán ser revisadas por el Consejo de Estado o la Corte Suprema de Justicia de acuerdo con sus competencias, a solicitud del gobierno por conducto del Ministerio del Trabajo y Seguridad Social, del Ministerio de Hacienda y Crédito Público, del Contralor General de la República o del procurador General de la Nación

La revisión también procede cuando el reconocimiento sea el resultado de una transacción o conciliación judicial o extrajudicial".

Al emplear la palabra, sumas periódicas, se quiere incluir algo más que las pensiones, como los beneficios económicos periódicos y otras prestaciones a cargo del tesoro público o de fondos de naturaleza pública. Además, que también está prevista contra las transacciones, conciliaciones judiciales o extrajudiciales.

Es una verdadera acción impugnativa autónoma cuando fija expresamente un titular de la acción, sometida a la solicitud del gobierno, en cabeza del Ministerio del Trabajo y Seguridad Social, hoy Ministerio del Trabajo y Ministerio de Salud y Protección Social; el Ministerio de Hacienda y Crédito Público, El Contralor General de la República o del Procurador General de la Nación.

Porqué sujetar esta acción a la solicitud del gobierno y, fijar la legitimidad por activa en tantas instituciones, con lo cual se dispersa el ejercicio del control. Cuando ha debido ser competencia exclusiva de la Procuraduría General de la Nación, sin la autorización del gobierno, ya que según las competencias constitucionales es la entidad encargada de la defensa del patrimonio público.

Se ha discutido si, en los dos últimos casos, es una competencia asignada a los funcionarios o a los órganos de control. Pero, es el ejercicio de las funciones de control, a través de sus reglamentos internos, la que permite que por vía de delegación en sus dependencias se pueda ejercer esa facultad por sus delegados.

Además de las causales de revisión examinadas, el decreto mencionado agrega dos causales:

1. *Cuando el reconocimiento se haya obtenido con violación al debido proceso.*
2. *Cuando la cuantía del derecho reconocido excediere lo debido de acuerdo con la Ley, pacto o convención colectiva que le eran legalmente aplicables.*

11. Observaciones finales

Cabe precisar que la prueba pericial en material laboral adquirió mayor importancia a partir de la ley 100 de 1993 y de las normas que regulan asuntos relativos a riesgos laborales.

Otra causal, que no se tuvo en cuenta en la reglamentación del recurso de revisión laboral, es la circunstancia de aquellos documentos que, después de pronunciada la sentencia, el recurrente no pudo aportar al proceso por fuerza mayor o caso fortuito o por obra de la parte contraria, que de haberlos podido arrimar en tiempo, la decisión hubiera sido otra.

Es una situación que en material laboral puede eventualmente ocurrir tal como la contempló el legislador en materia del procedimiento civil y contencioso administrativa. Que parte de demostrar la imposibilidad de acceder al documento por razones de fuerza mayor y caso fortuito, antes de proferir la sentencia recurrida. O, la de probar que, por una conducta de la parte contraria no tuvo acceso al documento; circunstancias que son susceptibles de presentarse en las relaciones litigiosas privadas y en las de naturaleza ordinaria laboral; sobre todo en los asuntos contenciosos administrativos con origen en una relación legal y reglamentaria de naturaleza laboral, donde también se contempla dicha causal como está prevista en el Código General del Proceso.

Sin embargo, estimo que la regla de integración del Código Procesal del Trabajo (artículo 145) con las del Código General del Proceso (artículo 1), permite llevar dichas causales al procedimiento del trabajo, cuando según consideración de la naturaleza sustancial de los derechos protegidos, la causal no esté regulada en el procedimiento laboral.

CAPÍTULO XI
I. EL RECURSO DE ANULACIÓN

EL ARBITRAJE OBLIGATORIO

1. Arbitramento en conflicto colectivo de trabajo 2. Autocomposición o heterocomposición 3. Definición de Tribunal de arbitramento que resuelve conflictos de intereses o económicos 4. Eventos en que procede un Tribunal de Arbitramento obligatorio 5. Legitimidad por activa para convocar un tribunal de arbitramento obligatorio 6. Requisitos para ser arbitro en un Tribunal de Arbitramento para dirimir conflictos colectivos de trabajo 7. El poder de los árbitros 7.1 Competencia negativa 7.2 Competencia positiva 8. Principio de congruencia 9. La cláusula retrospectiva 10. Carácter transitorio del arbitraje en conflicto de intereses 11. Notificación del Laudo arbitral 12. Vigencia del Laudo 13. Doctrina de la duración estipulada o impuesta legalmente. 12. Procedimiento para el arbitramento en conflicto de intereses 12.1 Solicitud de convocatoria 13.2. Trámite administrativo 13

1. Arbitramento en conflicto colectivo de trabajo

La institución del arbitramento no es exclusiva en la solución de los conflictos del trabajo, sino que es propia de los mecanismos no adversariales de solución de todos los conflictos. Por eso existe en materia civil, comercial, administrativo y en contiendas internacionales.

Existe dentro del abecé del derecho del trabajo una clasificación universal de los conflictos de relación capital y trabajo, planteada por la doctrina laboral desde los orígenes del mismo derecho social[1], aceptada por la Organización Internacional del

1 Las primeras expresiones doctrinales de conflicto económico y jurídico se encuentran en los estudios de "Introducción a la ciencia del Derecho" del profesor de la universidad de Heidelberg, Gustav Radbruch, Librería general de Victoriano Suárez, 1930, Madrid. Primera edición.

Trabajo y en varias ocasiones recogida por la Jurisprudencia Nacional, sobre la cual se erige la legislación sustantiva como la instrumental. Dicha clasificación enseña, que hay *conflictos jurídicos y conflictos económicos*. Esto es, que los primeros parten de la existencia de un orden positivo, o sea de unas reglas que han sido diseñadas por el Estado, en uso de su poder soberano, como legislador o por las partes en conflicto cuando acuerdan sus derechos. De modo tal que, si llega a existir una controversia acerca de la aplicación del derecho sustancial, se está frente a un conflicto que debe ser dirimido por la jurisdicción ordinaria, que ejerce el poder de administrar justicia al aplicar el ordenamiento jurídico vigente al caso concreto.

Pero, también, lo pueden hacer a través de un tribunal de arbitraje integrado por árbitros que hacen las veces de jueces, tan sólo que éstos son designados por las partes en virtud de la llamada *cláusula compromisoria*, que debe estar prevista de manera anticipada en los contratos o convenios. Pero, en todo caso, en uno como en el otro, la controversia es en torno a la *aplicación del derecho*.

En el *conflicto económico,* en cambio, se parte de la existencia de normas obligatorias e irrenunciables, de orden público, de principios, derechos y garantías fundamentales. De un estándar mínimo de derechos, susceptibles de ser superados y de cláusulas mediante las cuales las partes en conflicto crean derechos.

La contienda es de intereses, cuando surge de un conflicto colectivo de trabajo que emerge de la relación laboral. Las partes acuden a la creación de sus propias normas, en medio del antagonismo de sus intereses por vía de la concesión recíproca, hasta llegar al punto culminante del mismo, cuando sin la intervención del Estado y por vía de la *autocomposición,* logran crear la regla que los ha de regir. La convención colectiva de trabajo, cuando estamos frente a una asociación sindical o en casos muy excepcionales, el pacto colectivo cuando se está frente a un grupo de trabajadores no sindicalizados. El laudo arbitral emerge como solución alternativa cuando se frustra el proceso de arreglo directo.

Cuando se fracasa en el intento de un acuerdo directo, y no se tiene la capacidad suficiente para solucionar el conflicto por su propia cuenta el Estado, en su obligación de pacificador, dispone de mecanismos institucionales para resolver la contienda. Porque, todos los asociados demandan el derecho de solución a sus conflictos por vía

---

pág.120. En el Capítulo de su obra "Derecho económico y Derecho obrero". Allí sostiene que : "Hay dos clase de luchas del trabajo: <<*contiendas totales*>>, es decir, luchas económicas, pugna de intereses, entre el proletariado organizado de un oficio o fábrica y los patronos o las organizaciones de éstos acerca de la conclusión de contratos colectivos de trabajo o de convenios de fábrica; y «*contiendas singulares*», esto es, polémicas jurídicas entre patronos y operarios, o entre sus respectivas organizaciones, sobre la interpretación o aplicación de los contratos de trabajo colectivos o individuales. Las << *contiendas totales*>> son objeto de conciliación; las <<*contiendas singulares*>> tienen que resolverse por la jurisdicción del trabajo.

institucional, ya que en el contexto teleológico de la Constitución Política. "La paz es un derecho y un deber de obligatorio cumplimiento "(artículo 22). Motivo por el cual, en materia del trabajo no pueden existir conflictos que puedan permanecer en la indefinición.

En cuanto derecho fundamental de tercera generación, se garantiza el derecho de negociación colectiva para regular las relaciones laborales y eleva a "deber del Estado promover la concertación y *los demás medios para la solución pacífica de los conflictos"(Artículo 55).* Disposiciones de orden superior que hacen parte de las obligaciones contraídas por el Estado colombiano con la Organización Internacional del Trabajo, en la Declaración de principios y derechos fundamentales del trabajo[2].

Es aquí, cuando entra a operar en pleno vigor el *tribunal de arbitramento para la solución de conflictos económicos o de intereses*, en que los árbitros elegidos por las partes–pero en ningún momento como representantes de estas[3]-concurren a crear el derecho. Por ese motivo, el fallo reviste las características de convención colectiva en cuanto rige las condiciones de trabajo, le pone fin al conflicto y su vigencia no puede exceder de dos (2) años. Es decir, produce los mismos efectos jurídicos del convenio suscrito directamente por las partes. Se deposita como la convención colectiva para su validez, con lo cual adquiere los efectos de cosa juzgada, tal como lo ha asimilado la jurisprudencia con cierta imprecisión.

Por tratarse de un mecanismo alternativo, al optar por ese mecanismo, no puede haber suspensión colectiva durante el tiempo en que esté rigiendo (Art. 461 del C.S.del T.).

2. Autocomposición o heterocomposición

El modelo depende de la orientación económica en la solución del conflicto. Según se trate de un Estado corporativo o de un Estado democrático de derecho.

El primero, privilegia la intervención directa del poder público en la solución del conflicto, desplazando la voluntad de las partes, toda vez que parte de desconocer el

---

2 Adoptada por la Conferencia Internacional del Trabajo en su octogésima sexta reunión, Ginebra, 18 de junio de 1998.

3 Por esa razón no pueden ser miembros del tribunal de arbitramento las personas que directa o indirectamente hubieren intervenido en representación de las partes en períodos de arreglo directo o de conciliación; los empleados, representantes, apoderados o abogados permanentes de las partes y en general toda persona ligada a ellas por cualquier vínculo de dependencia (art. 545 del c.s.del t.).

conflicto, ya que lo considera negativo para el orden económico que se reserva al Estado y los gremios económicos[4].

El segundo, promueve la negociación voluntaria y libre, como parte de la libertad de empresa y la autonomía de la voluntad, para la fijación de las cláusulas que rigen la relación laboral privada. Apoyada en una legislación que ante la imposibilidad del órgano legislativo del poder público de regular todos los escenarios en que se desarrolla la libertad de empresa, delega por vía general el poder de legislación, con el propósito de que las partes se encarguen de regular sus relaciones económicas y las condiciones de trabajo.

La legislación laboral colombiana, privilegia un modelo de negociación directa entre los propios protagonistas del conflicto, cuando establece un procedimiento de negociación y protege sus acuerdos. Ya que estos no pueden ser variados o modificados en las etapas posteriores al arreglo directo y permite que las partes concurran a la negociación con plenos poderes para aceptarlos, que es lo contrario a la negociación *ad-referéndum* o autorizada. En todo caso, el conflicto comienza por el mecanismo del arreglo directo y no por el arbitraje. Es una de las razones por las cuales, en un Estado democrático de libre empresa, el conflicto colectivo de trabajo no puede comenzar por el procedimiento de la heterocomposición o el arbitraje obligatorio, en sustitución del arreglo directo.

Sin embargo, cabe anotar que, en la solución a los conflictos colectivos de trabajo en Colombia, algunos sectores se muestran refractarios a adelantar conversaciones directas con los trabajadores en conflicto, con el fin de saltar discretamente la etapa del arbitramento, con dos propósitos: el primero, no asumir compromisos; el segundo, diferir el conflicto al órgano de heterocomposición, con la esperanza de obtener el favor de la mayoría (el juego de dos a uno o el tres a cero). Sobre todo, en la composición actual del arbitraje económico, donde los árbitros actúan *ad-referéndum* a fuerza de representar a quienes los postulan. Es uno de los aspectos críticos del arbitraje en el modelo actual de la legislación laboral, en detrimento de la negociación colectiva y de la solución equitativa del conflicto[5].

---

4 BOBBIO, Norberto y MATIEUCCI, Nicola "Diccionario de Política ", redactor PASQUINO, Gianfranco , redactores de la edición en Español ARICO, José y TULA, Jorge. Siglo XXI editores, 1981 "" **Definición y premisa**.–El corporativismo es una doctrina que propugna la organización de la colectividad sobre la base de asociaciones representativas de intereses y de las actividades profesionales (corporaciones). Este propone, gracias a la solidaridad orgánica de los intereses concretos y a las fórmulas de colaboración que de ellos pueden derivar, la remoción o la neutralización de los elementos conflictivos; la competencia en el plano económico, la lucha de clases en el plano social, la diferenciación ideológica en el plano político."

5 Ver anulación 2615 de julio 22 de 2020. Rad.79.987.
Ver sentencias de anulación SL C.S. de J. 25771 de 2005 y 32094 de 2007.

3. Definición de tribunal de arbitramento que resuelve conflictos de intereses o económicos

El tribunal de arbitramento es con relación a la facultad de autocomposición de las partes en conflicto, un mecanismo indirecto, alternativo y subsidiario. Que decide en equidad. *Indirecto,* porque no puede comenzar la solución al conflicto por esa vía, toda vez que está sujeta a las conversaciones en la etapa de arreglo directo para que sus protagonistas procedan a solucionar el conflicto. *Alternativo,* porque ante la imposibilidad de las partes de auto componer, total o parcialmente el conflicto o a través de mediadores, según el caso, se acude a terceros (los árbitros). Y *subsidiario,* porque nada impide que una vez integrado y antes de ejecutoriado el laudo respectivo, las partes directamente, lleguen a un acuerdo. Su decisión es en equidad.

4. Eventos en que procede un tribunal de arbitramento obligatorio

La legislación laboral, Artículo 19 de la Ley 584 de 2000, somete al arbitramento obligatorio, los siguientes conflictos colectivos de trabajo:

1. Aquellos que se presenten en los servicios públicos esenciales y que no hubieren podido resolverse mediante arreglo directo.
2. Cuando los trabajadores optan por el arbitramento, diez (10) días hábiles siguientes a la terminación de la etapa de arreglo directo.
3. Por decisión de la mayoría absoluta de los trabajadores de la empresa, o de la asamblea general de los afiliados al sindicato o sindicatos que agrupen más de la mitad de aquellos trabajadores, cuando optan por la huelga o el tribunal de arbitramento.

3.1 Procedimiento:

a) Mediante votación secreta, personal e indelegable.

b) Cuando los trabajadores de las organizaciones sindicales laboran en municipios donde hay sedes de la empresa, deben celebrar asambleas en cada uno de ellos, hacer uso del mismo mecanismo de votación y de la suma obtenida en cada una de las sedes se contabiliza el número total de votos emitidos.

c) Las organizaciones sindicales pueden solicitar la intervención de las autoridades del trabajo en la sede central o en las dependencias locales con el fin de que puedan presenciar y comprobar la votación.

4. De los sindicatos minoritarios, siempre y cuando la mayoría absoluta de los trabajadores de la empresa no hayan optado por la huelga.
5. En otras empresas por **acuerdo voluntario** de las partes.

5. Legitimidad por activa para convocar un tribunal de arbitramento obligatorio

Antes de acudir a una clasificación sinóptica del arbitramento, resulta mejor establecer unos eventos en que la solución al conflicto por vía arbitral se impone.

I. Por decisión de los trabajadores sindicalizados o comprometidos en el conflicto.

Depende, en primer lugar, de que los autores del conflicto, es decir quienes lo promovieron en asamblea general con la presentación del pliego de peticiones, al culminar el período de conversaciones directas, decidan acudir a esa vía de solución a cambio de la huelga, caso en el cual vinculan al empleador. Motivo por el cual, adquiere el carácter de **obligatorio**, porque así lo disponen quienes dieron lugar al conflicto; de manera que lo mismo no se podría decir con respecto al empleador quien irremediablemente tendrá que acudir a integrarlo. No tiene otra posibilidad, toda vez que, así como no puede promover el conflicto, tampoco le asiste capacidad jurídica para solicitar la convocatoria del arbitramento, mucho menos para declarar una huelga patronal. Con excepción del conflicto en servicios públicos esenciales y al terminar el período de la huelga.

Así las cosas, los trabajadores directamente comprometidos en el conflicto, que para el caso son los afiliados a la organización sindical que lo promueve, deben ser convocados en asamblea general con el fin de decidir entre votar la huelga o solicitar la convocatoria de un tribunal de arbitramento.

La asamblea debe ser citada dentro de los diez (10) días hábiles siguientes a la terminación de la etapa de arreglo directo.

La votación es secreta, impersonal e indelegable.

Según lo previsto en el artículo 61 de la Ley 50 de 1990, la huelga como la solicitud de un tribunal de arbitramento debe ser decidida de la siguiente manera:

a) Por la mayoría absoluta (mitad más uno) de la asamblea general de afiliados al sindicato o sindicatos que agrupen más de la mitad de aquellos trabajadores (se refiere al sindicato mayoritario, artículo 61 de la Ley 50 de 1990).

b) Mayoría absoluta (mitad más uno) de los trabajadores de la empresa. Artículo 61 de la Ley 50 de 1990, en armonía con el literal c) del artículo 19 de la Ley 584 de 2000, cuando el o los sindicatos **son minoritarios**, evento en el cual, tanto para la convocatoria de la huelga o el tribunal de arbitramento, se requiere que la mayoría absoluta **de los trabajadores de la empresa** tomen la decisión.

Cuando la mayoría absoluta de los trabajadores de la empresa optan por el mecanismo de la huelga, la ley excluye la posibilidad de acudir al arbitraje. A *contrario sensu*, si optan por solucionar el conflicto por la vía del arbitramento no pueden optar por el mecanismo de la huelga. Sobra decir que las dos situaciones no pueden concurrir al mismo tiempo.

6. Requisitos para ser arbitro en un Tribunal de Arbitramento para dirimir conflictos colectivos de trabajo

La Ley 48 de 1968, exige como requisitos para integrar la lista de árbitros seleccionados por la Sala Laboral de la Corte Suprema de Justicia, los siguientes:

- ser ciudadano colombiano, residente en los distintos departamentos del país.
- Abogados titulados, especialistas en derecho laboral.
- O expertos en la situación económica y social del país.
- Reconocida honorabilidad.

Las exigencias anteriores, las establece la ley para que la Sala Laboral de la Corte Suprema de Justicia, elabore la lista de árbitros para un período de dos (2) años, integrada por doscientos (200) ciudadanos colombianos residenciados en distintos departamentos del país. La ley no precisa si los anteriores requisitos se aplican también para los árbitros designados directamente por las partes en conflicto. Pero, tanto, para los árbitros de la lista institucional, como los designados por las partes, la Ley por vía negativa, prevé:

a) No pueden ser árbitros las personas que directa o indirectamente hubieren intervenido en representación de las partes en los periodos o etapas de arreglo directo o de conciliación.

Según lo previsto por el Decreto 07 de 2016, el impedimento se extiende al árbitro que coincide o ha coincidido con alguna de las partes o sus apoderados en otros procesos arbitrales o judiciales, trámites administrativos o cualquier otro asunto profesional en los que él o algún miembro de la oficina de abogados a la que pertenezca o haya pertenecido, intervenga o haya intervenido como árbitro, apoderado o consultor, asesor, secretario o auxiliar de la justicia en el curso de los dos(2) últimos años.

b) La Prohibición se hace extensiva a los empleados, representantes, apoderados o abogados permanentes de las partes y en general a toda persona ligada a ellas por cualquier vínculo de dependencia.

La disposición legal antes mencionada incluye cualquier relación de carácter familiar o personal que sostenga el árbitro con las partes o sus apoderados.

De acuerdo con lo previsto en el Decreto 017 de 2016, el árbitro designado, es quien debe poner en conocimiento del Ministerio del Trabajo, antes de tomar posesión del cargo transitorio, si está impedido por alguno de los motivos antes señalados.

Si en el curso del procedimiento arbitral se llegare a establecer que estaba incurso en impedimento, así se declarará con los efectos que se llegaren a producir.

Demostrado el impedimento se produce la desintegración del tribunal y la pérdida de competencia, toda vez que el laudo no puede ser expedido con el voto de tan solo dos árbitros regularmente posesionados. De otra parte, si el árbitro ocultó el impedimento y no lo puso en evidencia, se hace acreedor a un proceso disciplinario.

c) El Decreto Ley 2351 de 1965, tenía previsto que todos los árbitros fueran escogidos por la lista elaborada por el Gobierno, mientras la Corte Suprema de Justicia comenzaba a elaborar las listas. Limitando así la libertad de las partes para designar el árbitro y concentrando el poder de designación en el Ministerio del Trabajo.

La Ley 48 de 1968, adoptó como leyes permanentes los Decretos 2351 de 1965 y 939 de 1966, los cuales modificó y adicionó. La ley no tuvo la suficiente claridad, lo cual obligó a la Sala Laboral de la Corte Suprema de Justica en sentencia de Sala Plena, de 20 de noviembre de 1970[6], a sortear por vía de jurisprudencia, la oscuridad de la ley.

En esa oportunidad, la alta Corte al examinar el artículo 3 de la Ley 48 de 1968, sostuvo que la fundamental modificación era la composición del tribunal de tres (3) árbitros, "*uno designado libremente por cada una de las partes, tal como estaba previsto en la legislación anterior, y el tercero nombrado libremente, sin sujeción a listas, por los dos principales, una vez posesionados, es decir cuando ya tienen el carácter transitorio de funcionarios públicos*".

Otras modificaciones relevantes, según la sentencia de Sala Plena, fueron las siguientes: *"Si, dentro de las 48 horas, no se produce acuerdo para la designación del tercero, la Ley le dio al Ministerio del Trabajo el derecho a nombrarlo, pero no libremente, sino escogido de la lista elaborada por la Sala Laboral de la Corte Suprema de Justicia." "Se estableció, como lo disponía antes el artículo 35 del Decreto 2351, cuál era la lista de árbitros y qué requisitos debían llenar los escogidos, modificando su número que antes era de 180 personas y a partir del 11 de diciembre de 1968, fue de 200."*

Esta jurisprudencia de la Sala Plena Laboral es de trascendental importancia, toda vez que pone de presente que, el motivo de la reforma fue garantizar el procedimiento de autocomposición, limitando la intervención del Gobierno en el procedimiento de solución al conflicto por vía de heterocomposición. Al permitir que las partes, por su propia cuenta, estuvieran facultadas para integrar el Tribunal de Arbitramento. La norma da un margen para que los árbitros escogidos por las partes, a su vez, convengan la designación del tercero. Tan solo, ante el desacuerdo, el Ministerio del Trabajo

6 Sentencia de Homologación, 20 de noviembre de 1970, Magistrado Ponente Dr. Jorge Gaviria Salazar, Sociedad Expreso Trejos Ltda. Sindicato de base.

adquiere la competencia para hacerlo, con base en la lista elaborada por la Sala Laboral de la Corte Suprema de Justicia.

Así mismo, fijó el alcance del poder de la Sala de Casación Laboral al examinar la regularidad del laudo y el debido proceso para dirimir el conflicto, para lo cual sostuvo, que "*El control jurisdiccional que otorga la ley a la Corte es pues completo*". Criterio jurisprudencial que ha permanecido invariable[7].

7. El poder de los árbitros

Los árbitros actúan como particulares investidos de un poder público transitorio, que va desde la toma de posesión e integración del tribunal de arbitramento, hasta cuando se profiere el laudo definitivo.

El deber de sujeción de los árbitros los hace susceptibles de ser investigados por la Comisión nacional de Disciplina Judicial por faltas contempladas en el numeral 1, artículo 30 de la Ley 1123 de 2007, cuando son abogados. También por las reglas disciplinarias referidas a otras áreas del conocimiento requeridas para el ejercicio de esta función.

Sala Laboral de Corte Suprema de Justicia, en sentencia de marzo 21 de 1991, exp. No. 2227, sostuvo lo siguiente:

"*Un tribunal de arbitramento, sin duda alguna, profiere primordialmente actos jurisdiccionales. Los árbitros obran en forma similar a cualquier juez, ya que mediante un procedimiento preestablecido deben comprobar los hechos planteados por las partes, valorar las pruebas aportadas y extraer de este acervo una consecuencia definitoria condensada en un proveído que, formal y materialmente, es revestido de las características de verdadera sentencia, pues se trata de un acto de declaración de certeza del derecho*".

Por ejercer una función jurisdiccional transitoria, deben ser ciudadanos o tener la calidad de nacional colombiano, investidos transitoriamente de una jurisdicción y competencia, como particulares en ejercicio de una función pública.

El modelo de arbitraje en la negociación voluntaria y libre se caracteriza por aquello que los árbitros no pueden hacer y, sobre todo, porque la motivación del laudo está fundada en la equidad.

---

[7] Consejo de Estado – Sección Segunda- Rad.6128 de marzo 30 de 1993 "La legalidad del acto de convocatoria es algo que tiene que decidir el juez de la homologación, como lo expresó la jurisprudencia citada en el acto recurrido (folio 275), al decir: La función jurisdiccional se proyecta sobre la naturaleza misma del conflicto, el trámite que se haya dado, la integración del tribunal de arbitramento..." es decir, sobre todo el conflicto colectivo, incluidas las distintas etapas del diferendo".

7.1. Competencia negativa.-Derechos y facultades de las partes que el laudo arbitral no puede afectar:

1. Principios y derechos fundamentales del trabajo.

   Los reconocidos en la Constitución Política y aquellos relacionados con derechos humanos que se integran al ordenamiento jurídico por mandato constitucional; "el de propiedad y demás derechos adquiridos; el de asociación, reunión y huelga y, todos aquellos que establecen directa e indirectamente un régimen de protección al trabajo y garantizan al empresario el ejercicio de su actividad".[8]
2. *"Los reconocidos por las leyes cuando desde el punto de vista del trabajador constituyen un mínimo que no puede afectarse y los que por ser de orden público son irrenunciables y respecto del patrono los que emanan de su calidad de subordinante propietario de la empresa, de director del establecimiento."*[9]
3. Los consagrados en normas convencionales vigentes que *"por haber consolidado situaciones subjetivas concretas o que por no haber sido propuesta su variación por parte legalmente habilitada para hacerlo, deben ser respetados en el laudo".* Sentencia Sala Plena/ SL C.S.de J. 23 de julio de 1976. Magistrado Ponente Dr. José Eduardo Gnecco Correa.
4. Abstenerse de decidir sobre puntos que no fueron objeto de denuncia de la convención colectiva de trabajo o del laudo arbitral vigente, por la parte con vocación para promover el conflicto. En otras palabras, que no manifestó su voluntad de modificarlos o darlos por terminados.
5. Abstenerse de tomar decisiones que impliquen una competencia judicial o de solución de conflictos jurídicos, reservada a la jurisdicción ordinaria.
6. Abstenerse de asumir competencias que la ley atribuye exclusivamente al empleador, a entidades oficiales o a órganos del poder público.

7.2. Competencia positiva:

Decidir en equidad.

El punto de partida de una decisión en equidad es que no se trata de un conflicto jurídico, donde el juzgador se encuentra obligado a aplicar un texto positivo para resolver un litigio laboral. En el conflicto económico, los árbitros por mandato de la propia ley están autorizados para actuar en equidad, lo cual no significa que carezcan

---

8 C.S. de J. SL Homologación Rad.6731 abril 19 de 1994

9 C.S. de J. SL Homologación Rad.6441, noviembre 9 de 1993
C.S. de J. SL Homologación Rad.6161, julio 7 de 1993
C.S. de J. SL Homologación Rad. 9688 febrero 13 de 1997

de límites o de fundamentación jurídica para elaborar una decisión de esas características.

De otra parte, su labor está dirigida a resolver un conflicto económico que las partes no pudieron solucionar. De tal manera que el tribunal centra su atención en los aspectos económicos del conflicto que, por sus características, obedece a situaciones económicas singulares, según el sector económico donde se desarrolla el conflicto. Su decisión no es de carácter general, sino circunscrita a crear normas según la actividad económica y el giro normal de los negocios en que se desarrolla la relación laboral. Al fin y al cabo, el laudo arbitral como la convención colectiva de trabajo se incorporan a los contratos de trabajo.

El arbitraje laboral es el paraíso de la ponderación, porque, sin arriesgar la estabilidad financiera de la empresa, se trata de escoger la mejor opción para las partes y convertirla en su propia ley[10], a través de un laudo arbitral que solo rige en circunstancias particulares. En principio, para los trabajadores miembros de la organización sindical con la posibilidad de extenderse a trabajadores no afiliados.

En un modelo de negociación voluntaria y libre, tan solo las partes pueden disponer de sus derechos. El empleador particular puede disponer ampliamente de su patrimonio en favor de los trabajadores, pero eso mismo no pueden hacer los árbitros. El empleador público, está limitado en esa posibilidad y por supuesto que también los árbitros. En el caso de los trabajadores, ni siquiera ellos mismos pueden disponer del mínimo consagrado en la ley, toda vez que no produce efecto alguno cualquiera estipulación que los afecte, en cuanto que son irrenunciables y de orden público. Los derechos ciertos e indiscutibles están por fuera de la libre disposición de las partes y de terceros. Su vigencia se ampara en el principio de irretroactividad de la ley y de favorabilidad.

Por creación jurisprudencial, los árbitros tan solo pueden proferir decisiones retrospectivas en materia salarial. Pero, de ninguna manera sobre cláusulas que causaron derechos consolidados.

De manera semejante, los trabajadores podrían disponer de la modificación de las cláusulas convencionales atributivas de derechos en la porción que supera el mínimo; pero hacer lo mismo, no sería de la competencia del tribunal de arbitramento, en aquellos eventos en que el punto no fue materia de denuncia o de controversia en la etapa de arreglo directo, siempre que se decida en equidad. De ser así, estaríamos ante una restricción de la autocomposición a cambio de una legislación heterónoma, propia de los sistemas políticos corporativos, donde el Estado o cualquiera de sus órga-

---

10 C.S. de Justicia Anulación SL 2283 Rad. 61911 de 2014
C.S. de Justicia Anulación SL 22028 20217 Rad..76577 de 2017
C.S. de Justicia Anulación SL 4879 de 2017 Rad.75253 de 2017

nos, se entrometen de manera autoritaria en la regulación de todas las condiciones de trabajo (fija salarios, termina contratos, prohíbe la negociación colectiva o la restringe con exceso; dispone sin límites de los derechos, etc.).

1. Fijar los puntos del conflicto sobre los cuales tiene competencia.
2. Verificar, si en las conversaciones en la etapa de arreglo directo, las partes discutieron o convinieron puntos relacionados con el pliego de peticiones y las propuestas del empleador dirigidas a modificar, suspender o terminar clausulas vigentes a cambio de otros beneficios.

En este punto existe una línea histórica que inicialmente consideró que los árbitros únicamente podían decidir sobre el pliego de peticiones aprobado por los trabajadores en la asamblea del sindicato (parte legalmente habilitada para hacerlo), con el argumento que la manifestación de voluntad del empleador, coloquialmente denominada "contra pliego", carecía de vocación para promover un conflicto colectivo de trabajo. Que solamente la organización sindical tenía la posibilidad de iniciarlo, al presentar el pliego de peticiones. Posteriormente, en homologación se dijo que, si las partes discutían aquellos puntos originados en la manifestación de voluntad del empleador para ponerles fin, modificarlos o cambiarlos por otros beneficios, habilitaba al tribunal para conocer y decidir acerca de ellos.

3. Citar a las partes en audiencia.
4. Solicitar información a las partes o a terceros relacionada con el conflicto económico.
5. Decidir sobre todos los puntos planteados.–Lo cual, no significa tener que concederlos o negarlos. La decisión en equidad debe ser motivada, cualquiera sea la posición de los árbitros y la decisión que se apruebe. Lo mismo, en lo relacionado con el salvamento de voto.

8. Principio de congruencia[11]

1. Abstenerse de resolver sobre puntos no sujetos a su decisión. Declarándose incompetente para decidir *ultrapetita,* más o por fuera de lo pedido.

Es la diferencia que marca un sistema que privilegia la negociación voluntaria y libre, que protege lo acordado directamente por las partes y se abstiene de ir más allá de las peticiones de los trabajadores. Respecto al corporativo, que dirige la negociación dejando de lado la voluntad de las partes.

---

11 Ver jurisprudencia Sala Plena Laboral, Corte Suprema de Justicia, 19 de julio de 1982. Rad. 8637 (Flota Mercante Gran Colombiana / Unimar.

Dicen que el camino al infierno está empedrado de buenas intenciones y los fallos de modulación o condicionados, en el procedimiento de anulación, hacen del órgano de control un tribunal de reemplazo, que concentra la actividad de arbitraje en la Corporación judicial, muy en la senda que puede conducir a sistemas corporativos.

9. La cláusula retrospectiva

En principio, las normas en materia laboral por ser de orden público producen efecto general e inmediato y se aplican a los contratos vigentes cuando la ley entra a regir. Por tal motivo, no tienen carácter retroactivo en la medida que no afecta situaciones consumadas o derechos consolidados en vigencia de normas anteriores.

En esas condiciones, la vigencia de la convención colectiva de trabajo denunciada, mientras se suscribe una nueva o entra a regir el laudo, es una garantía para que, una vez causada su terminación, los trabajadores conserven los derechos alcanzados y a partir de la vigencia de la nueva convención, se originen beneficios nuevos o se actualicen los que venían rigiendo. Pero, también para la empresa, la seguridad de que pueda liquidar los salarios, prestaciones e indemnizaciones de los contratos de trabajo que se terminan entre la fecha de vencimiento de la convención denunciada y la firma de la nueva convención.

Sin embargo, la doctrina de la Sala Laboral de la Corte Suprema de Justicia, en sentencia de Sala Plena de 19 de julio de 1982, dispuso el carácter **retrospectivo de la cláusula salarial**, al señalar que *"las cláusulas del laudo no rigen sino desde su expedición, pero la vigencia de los aumentos salariales puede tener efecto retrospectivo. La vigencia provisional de la norma anterior denunciada para su revisión permite que la nueva norma adoptada para sustituir la anterior haga reajustes salariales retrospectivamente, en todo en parte del término adicional de vigencia provisional de la convención colectiva o del laudo arbitral denunciados. La norma que está siendo revisada no puede configurar por su provisionalidad, en cuanto al pago de salarios, situaciones jurídicas consumadas irrevisables respecto de los contratos de trabajo que se encuentran vigentes al momento de la expedición del fallo arbitral o de la firma de la nueva convención."*

La jurisprudencia de Sala Plena permitió la cláusula retrospectiva únicamente materia salarial, la cual no tiene aplicación con relación a las prestaciones o nuevos derechos que se acuerden. El carácter retrospectivo tiene como consecuencia que los derechos causados y consolidados permanezcan inmutables, salvo los aumentos salariales que entran a correr a partir de la vigencia de la nueva convención o del laudo arbitrar, según el caso.

Para concluir, se debe precisar que la *retroactividad* de las cláusulas arbitrales no es de recibo en la legislación laboral[12], toda vez que no puede tener el alcance de afectar situaciones definidas o consolidades que constituyen derechos adquiridos, que han ingresado al patrimonio de los trabajadores con fundamento en cláusulas anteriores. La *retrospectividad,* en cambio, pone a salvo los derechos consolidados, pero, se convierte en un concepto que busca corregir los efectos económicos de la depreciación salarial, la falta de incremento, por todo el tiempo que se empleó para adelantar el procedimiento de solución del conflicto. Esta doctrina se ha mantenido vigente desde el 19 de julio de 1982, cuando la Sala Plena Laboral de la C.S. de J. recogió las tesis que se venían empleando al respecto en detrimento del salario de los trabajadores. (Ver SL 12303-2016 Rad. 73755, de 31 de agosto de 2016).

10. Carácter transitorio del arbitraje en conflicto de intereses

El arbitraje laboral en conflicto de intereses tiene una vigencia transitoria, que está expresamente definida en la ley, cuando les impone a los árbitros la obligación de deliberar con la asistencia plena de sus integrantes y proferir el fallo dentro del término de diez (10) días[13], **contados desde la integración del tribunal**.

Sin embargo, la ley permite que las partes (no los árbitros escogidos por las partes), convengan y autoricen expresamente ampliar y disponer de un plazo razonable.

Generalmente las partes convienen y autorizan ampliar el plazo, con el fin de que los árbitros puedan ejercer la función y apropiarse de un conocimiento sobre los antecedentes del conflicto, la información financiera de la empresa y en general, todas aquellas funciones en el ejercicio del encargo.

Este plazo es perentorio, quiere decir que, si los árbitros expiden el laudo por fuera del término que tienen para proferirlo–extinguido el plazo de ley o el fijado por las partes- quedan sin la investidura transitoria, como particulares sin competencia. Lo cual conlleva a la *nulidad* del laudo[14].

12 C.S. de J. SC Rad.11771 de abril 21 de 1999.

13 **Código del Régimen Político y Municipal** (**Artículo 62**).–"En los plazos de días que se señalen en las leyes y actos oficiales, se entienden suprimidos los feriados y de vacantes, a menos de expresarse lo contrario. Los de meses y años se computan según el calendario; pero si el último día fuere feriado o de vacante, extenderá el plazo hasta el primer día hábil."

14 Sentencia de anulación SL 3483-2021 Rad. 89657 de 28 de julio de 2021.

11. Notificación del laudo arbitral

El artículo 460 del Código Sustantivo del Trabajo, señala de manera expresa que la notificación del Laudo arbitral se debe hacer a las partes personalmente o por medio de comunicación escrita.

Para tal efecto se debe entender que dicha norma históricamente fue complementada por el artículo octavo (8) de la Ley 2213 de 2022, en cuanto dispone:

“”Las notificaciones que deban hacerse personalmente también podrán efectuarse con el envío de la providencia respectiva como mensaje de datos a la dirección electrónica o sitio que suministre el interesado en que se realice la notificación, sin necesidad del envío de previa citación o aviso físico o virtual. Los anexos que deban entregarse para un traslado se enviarán por el mismo medio.

(...)

La notificación personal se entenderá realizada una vez transcurridos dos días hábiles siguientes al envío del mensaje y los términos empezarán a contarse cuando el iniciador recepcione acuse de recibo o se pueda por otro medio constatar el acceso del destinatario al mensaje.

(...)

Cuando exista discrepancia sobre la forma en que se practicó la notificación, la parte que se considere afectada deberá manifestar bajo la gravedad del juramento, al solicitar la declaratoria de nulidad de lo actuado, que no se enteró de la providencia, además de cumplir con lo dispuesto en los artículos 132 a 138 del Código General del Proceso.

PARÁGRAFO 1º. *Lo previsto en este artículo se aplicará cualquiera sea la naturaleza de la actuación incluidas las pruebas extraprocesales o del proceso, sea este declarativo, declarativo especial, monitorio, ejecutivo o cualquier otro.*

(...)

PARÁGRAFO 3. *Para los efectos de lo dispuesto en este artículo, se podrá hacer uso del servicio de correo electrónico postal certificado y los servicios postales electrónicos definidos por la Unión Postal Universal -UPU- con cargo a la franquicia postal.””*

La disposición referida lleva implícita una modalidad de notificación que es la conducta concluyente, cuando el notificado se da por enterado, al recibir de la secretaría del tribunal la copia del laudo, revestida de las formalidades exigidas por la ley.

12. Vigencia del laudo

El artículo 461 del Código Sustantivo del Trabajo, de manera explícita señala que la vigencia del laudo arbitral no puede exceder de dos (2) años.

Los árbitros según las circunstancias pueden fijar un plazo de vigencia inferior al previsto en la ley, pero en ningún momento ir más allá. Evento en el cual, en el procedimiento de anulación, se estaría frente a una cláusula inexistente que hace que el plazo a regir, por tratarse de una norma de orden público, sea el que fija la ley. Como se trata de una cláusula que se integra a los contratos de trabajo, en un conflicto jurídico individual se puede presentar como una cláusula ineficaz.

A diferencia de la convención colectiva de trabajo, donde las partes, con plena autonomía, pueden fijar el plazo de vigencia de la convención. Sin embargo, cuando lo han fijado y no se denuncia, automáticamente se prorroga por términos sucesivos de seis en seis meses, lo cual también es predicable del laudo arbitral cumplido el plazo de vigencia.

13. Doctrina de la duración estipulada o impuesta legalmente

Se ha discutido si el límite para la vigencia del laudo arbitral es el que fija el pliego de peticiones y si los árbitros pueden disponer de un término mayor o menor al que allí se propone. La S.L. de la C.S. de J. estudió el asunto y acertadamente sostuvo que el límite que los árbitros están obligados a observar es el que establece la Ley, dos (2) años de vigencia, dentro de los cuales los árbitros pueden disponer libremente el plazo, en el marco de una decisión equitativa, apartándose del término de vigencia que enuncia el pliego de peticiones.[15]

Acontece cuando los árbitros disponen que la aplicación del laudo sea ulterior a la propuesta por los trabajadores en el pliego de peticiones, con el fin de evitar el desgaste de las organizaciones sindicales como de las empresas que se ven obligadas a tramitar un nuevo conflicto cuando no han resuelto el anterior. Pero, la duración impuesta legalmente es la de dos (2) años de vigencia dentro de los cuales, como ya se explicó, puede el tribunal fijar la vigencia del laudo.

---

15 Homologación C.S. de J. S.L. Rad. 8128 de septiembre 1 de 1995.

14. Procedimiento para el arbitramento en conflicto de intereses

14.1. Solicitud de convocatoria.

Tal como lo examinamos, la legitimidad por activa es de la asamblea de los trabajadores afiliados a la organización sindical mayoritaria o de los trabajadores de la empresa cuando la organización sindical no es mayoritaria. Son ellos los que tienen la capacidad jurídica para optar entre la huelga o el tribunal de arbitramento, una vez surtidas las exigencias de ley. De ninguna manera, la Junta Directiva de la organización Sindical, toda vez que es una facultad indelegable, que la ley le atribuye a los asociados o a la mayoría de los trabajadores de la empresa.

El empleador o su representante legal, en los demás casos, como en los servicios públicos esenciales, o una vez agotados los sesenta (60) días de la huelga, sin que existiere fórmula de arreglo, tienen legitimidad por activa para solicitar a las autoridades del trabajo la convocatoria de un Tribunal de Arbitramento.

14.2. Trámite administrativo interno

La solicitud se debe tramitar, junto con sus anexos [Artículo 2.2.2.9.2 del Decreto 017 de 8 de enero de 2016] en el Ministerio del Trabajo sede central, en las Direcciones Territoriales, Oficinas Especiales o en las Inspecciones de Trabajo.

- La solicitud entra en reparto por cinco (5) días.
- Revisan la solicitud y documentación en un término de diez (10) días hábiles.
- Si la solicitud es incompleta, le corren traslado al peticionario para que allegue los documentos que faltan, para lo cual cuenta con un plazo de un mes (artículo 17 de la Ley 1437 de 2011). Si no hay respuesta del interesado, se decreta el desistimiento. Cada una de las partes debe allegar los documentos que le corresponden.
- El inspector del trabajo verifica que se hubiere agotado la etapa de arreglo directo conforme a sus características. De lo contrario, se advierte a la empresa o a la organización sindical, para que agoten dicha instancia procedimental y se verifica si han incurrido actos atentatorios al derecho de asociación sindical y al derecho de negociación colectiva, con el fin de que se dé trámite a una investigación administrativa y se les conmine a obrar en consecuencia.
- Se verifica la vigencia de la personería jurídica de la organización sindical que debe ser expedida por el grupo de archivo sindical.
- Recibidos los documentos y cumplidos los requisitos, se deja constancia de la fecha a partir de la cual se comienzan a contar los términos para tramitar la convocatoria e integración del Tribunal de Arbitramento.

- Junto a la constancia se comunica a los árbitros designados por las partes la obligación de posesionarse dentro de los tres (3) días siguientes al recibo de la comunicación.

Si el árbitro designado por una de las partes no se posesiona o manifiesta estar impedido, se le comunica a la parte interesada para que designe otro árbitro dentro de los tres (3) días siguientes a la comunicación.

En caso de renuencia de cualquiera de las partes en la designación del árbitro, dentro del término concedido, el Ministerio del trabajo procederá a proveer su designación mediante sorteo [Resolución 3503 de 2017 y Decreto 017 de 2016].

- El Ministerio del Trabajo procede a elaborar el acta de posesión de los árbitros, seguidamente, se expide la resolución por medio de la cual se convoca e integra el tribunal de arbitramento.
- Los árbitros quedan vinculados a la obligación de instalar el tribunal dentro de un término no mayor a ocho (8) días, a partir de la comunicación de la resolución.
- La actuación administrativa y la resolución de convocatoria y designación de árbitros, se remite al viceministro de Relaciones Laborales e Inspección.
- En adelante, se debe comunicar a dicho funcionario la decisión de prórroga, el laudo arbitral expedido en tiempo, el o los recursos de anulación interpuestos por las partes.

II. EL RECURSO DE ANULACIÓN

1 ¿Por qué anulación y no homologación? 2. Término para interponer el recurso de anulación y competencia para su conocimiento 3. Término para sustentar el recurso de anulación 4. Apéndice. La cláusula de novación 5. El derecho de información y de petición (Un procedimiento de negociación participativo y razonable).

Se trata de un recurso autosuficiente, regulado de manera completa en el Código Procesal del Trabajo.

Por tratarse de un Tribunal de Arbitramento concebido para decidir en equidad, no admite integración con el Estatuto de Arbitraje Nacional e Internacional (Ley 1563 de 2012), como tampoco las disposiciones del Estatuto de los Mecanismos Alternativos de Solución de Conflictos (Decreto 1818 de 1998), ni los de la cláusula compromisoria civil o de la contratación administrativa, que están legislados para solucionar conflictos jurídicos, que son de diferente naturaleza al arbitraje con ocasión de un conflicto colectivo de trabajo, regulado en su integridad por la Legislación Laboral.

1. ¿Por qué anulación y no homologación?

¿La modificación introducida por la Ley tiene alguna consecuencia?

El laudo arbitral en conflicto de intereses contiene cláusulas que consagran derechos en favor de los trabajadores representados por la organización sindical o que, en virtud de la ley, se extienden a los trabajadores de la empresa. Esas cláusulas son la ley de las partes, por tanto, adquieren validez en cuanto que surgen de un organismo que cumple funciones jurisdiccionales dirigidas a resolver un conflicto de intereses.

Las cláusulas del laudo arbitral adquieren validez si en desarrollo del debido proceso, los árbitros deciden en equidad las materias sobre las cuales tiene competencia. Pero, la validez se mantiene hasta cuando son anuladas por un órgano superior de control de acuerdo con el procedimiento legal previsto para ello, cuando los árbitros se exceden en sus facultades.

Aquí es donde emerge la diferencia entre homologar y anulación que no es nulidad. La nulidad se predica respecto del procedimiento, mientras que la anulación parte del presupuesto de que la cláusula es válida hasta cuanto no sea objeto de anulación. *"Ha sido necesario un acto del órgano competente para que sea abolida... una norma jurídica no es jamás nula; solamente puede suceder que sea anulable".* [1]

Homologar significa, que el órgano de control acoge, valida o consiente la cláusula arbitral cuando la declara exequible, es decir, que adquiere firmeza los actos de los árbitros y equivale a una confirmación de lo proferido por ellos. La homologación reviste el laudo de solemnidad y le da plena validez[2].

Cuando el laudo arbitral es objeto del recurso de anulación, se surte en el efecto suspensivo, en virtud de la naturaleza del conflicto y tan solo adquiere validez en el momento de su ejecutoria, cuando la Sala Laboral dicta la providencia (constitutiva) mediante la cual confirma que fue expedido conforme a la ley o es anulado, porque al ser confrontado con la Constitución, la Ley o los derechos consagrados en la Convención Colectiva vigente, resulta contrario a los derechos de las partes. Son las condiciones que establece el ordenamiento jurídico para que el laudo pueda estar revestido de validez y eficacia.

Esto obedece a que en el evento en que un laudo llegare a ser objeto de anulación por ilegal, si la impugnación se surtiera en el efecto devolutivo, su cumplimiento haría ineficaz la declaratoria de anulación, ya que los derechos a posteriori declarados ilegales, serían de difícil recuperación, con graves consecuencias para las partes.

El recurso de anulación de laudos arbitrales en conflicto de intereses no está revestido de ninguna formalidad especial. No requiere de una exposición argumentativa, solo interponerlo, con alcance total o parcial, le da competencia al órgano de control para que proceda a efectuar la confrontación entre el ejercicio motivado del poder de los árbitros y el ordenamiento jurídico. Sin embargo, por razones prácticas se debe indicar el motivo de la objeción.

El laudo arbitral contiene una norma válida; pero, tan solo es susceptible de ser efectiva cuando no ha sido objeto de impugnación o en el momento en que se decide con efectos de cosa juzgada el recurso de anulación, a partir del cual cobra ejecutoria y adquiere validez desde la fecha en que fue proferido.

Cabe señalar que en el contencioso administrativo se suspende lo resuelto en el laudo cuando así lo solicita la entidad pública condenada.

---

1 Kelsen, HANS. "Teoría Pura del derecho" / Editorial Universitaria de Buenos Aires/ Pág. 158 "Solo una norma válida puede ser anulable, y si no lo es, significa que queda definitivamente válida". "¿Cómo podemos reconocerla y distinguirla de la anulabilidad? Solo el orden jurídico podría responder a esta pregunta determinando en qué condiciones no es necesario anular un acto pretendidamente jurídico... Ahora bien, esta verificación tendría necesariamente el carácter de una decisión constitutiva, eventualmente con efecto retroactivo..."

2 ORTEGA TORRES, Jorge. Código Sustantivo del Trabajo y Código Procesal del Trabajo, Con notas, concordancias, jurisprudencia y normas legales complementarias. Cuarta edición, actualizada. Bogotá 1959. Pág. 778 Capítulo XVII.

En materia laboral, aquellas cláusulas que no fueron objeto de impugnación entran a regir a partir de la vigencia del laudo.

Es de libre disposición del empleador, solicitar la anulación parcial del laudo arbitral y acatar algunos puntos sobre los cuales se manifiesta conforme. Pero nada lo obliga, cuando la solicitud de anulación del laudo es total como, por ejemplo, cuando estima que es manifiestamente inequitativo.

El artículo 52 de la ley 712 de 2001, cambió la expresión "recurso de homologación" por la de "recurso de anulación". La diferencia también está en la parte resolutiva de la sentencia, toda vez que en el recurso de homologación se empleaba la expresión "homologar" con el fin de aprobar la cláusula válida y revestirla de eficacia. Mientras que en el recurso de anulación no se emplea la anterior expresión sino la de "anular" que en términos del jurista vienés es, "abolir" la cláusula válida, pero contraria a las condiciones exigidas por el ordenamiento jurídico para su existencia y reconocer su validez con relación a todas aquellas que fueron expedidas conforme a las condiciones impuestas por el ordenamiento jurídico.

2. Término para interponer el recurso de anulación y competencia para su conocimiento

Es preciso recordar que el artículo décimo de la Ley 712 de 2001, que reformó el Código de procedimiento laboral, asignó la competencia a la Corte Suprema de Justicia – Sala Laboral- para conocer del recurso de anulación de laudos arbitrales proferidos por tribunales de arbitramento, incluidos los de la cláusula compromisoria que resuelven conflictos jurídicos.

La notificación personal se entenderá realizada una vez transcurridos dos (2) días hábiles siguientes al envío del mensaje y los términos empezarán a contarse cuando el iniciador acuse haber recibido el mensaje o se pueda por otro medio constatar el acceso a este por parte del destinatario.

En esas condiciones, una vez notificado el Laudo arbitral a las partes, el término para interponer el recurso de anulación es de tres (3) días. Según las cuentas, al sumar los dos (2) días hábiles siguientes al envío del mensaje o cuando el iniciador decepcione el acuse de recibo o el destinatario acceda al mensaje, comienza a correr los tres (3) días para interponer el recurso. Significa que el recurrente cuenta con cinco (5) días para recurrir. (Artículo 141 del C.S. del Trabajo)

3. Término para sustentar el recurso de anulación

La Sala laboral al ocuparse de estas dos circunstancias, unificó mediante Auto de 5 de febrero de 2008, los términos en que se debe interponer el recurso de anulación y presentar la sustentación, cada uno en tres (3) días hábiles.

Sin embargo, como ya lo vimos, el recurso de anulación no tiene las formalidades que la ley contempla para otro tipo de recursos extraordinarios. Se surte una vez interpuesto el recurso, con el envío del original al tribunal respectivo (hoy Sala Laboral de la Corte Suprema de Justicia), dentro de los dos (2) días que siguen. Para lo cual la Corporación en su respectiva Sala, cuenta con cinco (5) días para resolverlo (término que no se cumple, sin ninguna consecuencia, artículo 143 del C.S. del T.).

En ese instante, el órgano de control debe verificar si los puntos sometidos a arbitraje fueron evacuados en su totalidad. De lo contrario, lo devuelve a los árbitros para que se pronuncie sobre esos puntos dentro del término fijado para hacerlo. El pronunciamiento del tribunal revive igualmente, el término para recurrir, únicamente sobre la materia que no fue resuelta en su debida oportunidad.

Mi punto de vista es que la Sala laboral no ha debido ocuparse en fijar un término para sustentar el recurso de anulación. La Sala Laboral de Corte S. de J. En sentencia de 30 de octubre de 1959, se había ocupado del tema, al señalar que: *"Conforme al artículo 143 del C. P. del T. la Corte Suprema está obligada a examinar los fallos arbitrales recibidos por vía de homologación, aunque no se sustente el recurso, aparte de que no existe trámite especial para la presentación de alegatos de las partes, ni se ha establecido expresamente la deserción del recurso."*

El recurso de homologación, en ese entonces, estuvo previsto como un control rogado para que el órgano de control procediera a confrontar, lo decidido por el tribunal con las normas condicionantes de su validez y eficacia. Es la razón por la cual el legislador, al disponer de un viraje hacia el recurso de anulación no formalizó el acto de la sustentación, que es en realidad una actuación de parte dirigida a demostrar que el laudo carece de validez porque no atiende las condiciones establecidas por la ley.

Fijar un término judicial perentorio, por la vía de un Auto de la Sala de Casación Laboral, es un hecho inexistente, porque ante el razonable silencio del legislador –que no es un vacío- y el antecedente de una sentencia de homologación; el máximo órgano de la jurisdicción ordinaria no ha debido actuar como legislador en asuntos de procedimiento. Además, el legislador no se ocupó de fijar ese término de sustentación, por las razones expresadas de antaño por la C.S. de J. SL.

4. Apéndice. La cláusula de novación

La legislación laboral colombiana carece de una cláusula de novación que haga fluido el proceso de negociación, la cual en términos muy amplios equivale más o menos a volver a barajar en circunstancias apremiantes sin partir de cero. Cuando quiera que se busque introducir cambios imprescindibles a los derechos anteriormente estipulados para garantizar "la existencia de la empresa, el cumplimiento real de lo convenido o la actualización del convenio a las nuevas necesidades de los trabajadores". Lo que no es posible hacer a través de la revisión concebida frente a imprevisibles y graves alteraciones de la normalidad económica.

Situación frente a la cual la jurisprudencia llegó hasta emplear el criterio de las obligaciones irredimibles.

De manera que la falta de esa cláusula, propio de un sistema restringido de autocomposición, ha volcado la atención de los empleadores al período del arbitramento, frente a las convenciones colectivas férreas. Con la esperanza de imponer su modificación a través de los árbitros, con base en el pliego de aspiraciones de los empleadores y la denuncia de la convención colectiva de trabajo, que los trabajadores llaman "contra pliego patronal".

Situación que ha recargado a los tribunales de arbitramento de todo el peso de la negociación, lo que a su vez ha inclinado la balanza hacia un sistema heterónomo de negociación en detrimento de la legitimidad de estos tribunales, a los que se busca trasladar cada vez más, toda la responsabilidad en la solución del conflicto. Solo basta con observar las providencias arbitrales de comienzos del presente siglo para concluir que son muchos los conflictos en que la etapa de arreglo directo transcurre en blanco, lo que dio lugar al retiro de pliegos de peticiones para sustraer el conflicto del arbitramento[3].

Son muchos los años en que los empleadores han buscado, por todos los medios, inclusive como autores del conflicto, una "igualdad" en la negociación para revisar sin límites, las convenciones colectivas de trabajo. Lo que llevó a la Corte Suprema de Justicia, a insistir en que los únicos que pueden promover un conflicto colectivo de trabajo son los trabajadores.

Ad portas del nuevo milenio, es hora de concluir que esa táctica ha fracasado y que no es posible inventar un nuevo modelo de negociación colectiva sin contar con

---

3 C.S. de J. SL Anulación 25771 de 2005.
C.S. de J. SL Anulación 28770 de 2006.
C.S. de J. S.L. Rad. 31945 de 2008.
Corte Constitucional T-1166 de 2004.
Corte Constitucional T 711 de 2004.
Corte Constitucional T 1166 de 2004.

los trabajadores, quienes han respondido defendiendo sus posiciones con un elevado aporte de intransigencia que hace de la negociación algo petrificado e inmóvil. Que paradójicamente, cuando no le reconocen imparcialidad al arbitramento, al mismo tiempo depositan su confianza en todo aquello que los árbitros no pueden hacer.

En ese sentido me parece significativa la sentencia de Homologación de la Sala Laboral de la Corte Suprema de Justicia que recogió ese planteamiento el 8 de julio de 1996, al resolver el recurso extraordinario presentado por el Hospital Mental de Antioquia.

"Empero, una vez presentado el pliego, los efectos de inderogabilidad de dichas convenciones colectivas no necesariamente se mantienen férreos e inflexibles frente al proceso de negociación colectiva en los eventos en que ha habido denuncia por cualquiera de las partes, pues en desarrollo de las conversaciones ellas, a través de sus delegados, pueden dialogar cuandoquiera que pretendan introducir cambios imprescindibles a los derechos anteriormente estipulados para la existencia de la empresa, el cumplimiento real de lo convenido o la actualización del convenio a las nuevas necesidades de los trabajadores, porque es de esa manera como la negociación colectiva cumple la función de buscar soluciones posibles al conflicto, en virtud de su naturaleza mutable.

Debe resaltarse que la negociación colectiva realiza la función de regular las relaciones laborales y el derrotero de lograr los deberes de paz en la solución de los conflictos colectivos de trabajo que la normatividad vigente le han asignado, si se desarrolla de manera fluida y móvil en perfecta armonía con los derechos y obligaciones que la Ley les concede a las partes para efectos de garantizar la igualdad de los antagonistas frente al conflicto.

De lo contrario, el pretender sacar ventajas, pretextando derechos que la Ley no les reconoce, comporta retrotraer el conflicto a su estado natural, creando una polarización indeseable en que las partes de manera radical se repliegan en términos de la confrontación a una auténtica guerra de posiciones, en la que los contendientes no concurren a escuchar sus propuestas sino a defender de antemano lo que tienen preconcebido. De esa manera se desvirtúa el importante instituto de la negociación colectiva cargando todo el peso de la solución del conflicto a la etapa de heterocomposición, en la que los árbitros ordinariamente actúan de manera limitada frente al mismo, dado que por mandato legal su decisión está limitada a aquellos puntos que no fueron materia de acuerdo en las etapas anteriores y, además, porque no pueden disponer de derechos de las partes consagrados en la Constitución Nacional, La Ley o las Convenciones Colectivas de Trabajo, como sí podrían hacerlo directamente las partes mediante la autocomposición".

Para una mejor comprensión de este punto, es necesario entender que la negociación colectiva se encuentra inscrita dentro del ordenamiento jurídico en procura de fijar las condiciones que han de regir los contratos de trabajo, por tanto, su ejercicio no es ilimitado, sino que existen razones de orden público a las que no se pueden sustraer las partes en la autocomposición, porque en algunos casos la ley fija la materia que es negociable.

La más notable restricción es el orden público jurídico y económico.

Para comenzar, diremos que las disposiciones que rigen el contrato de trabajo obedecen a esa naturaleza, en cuanto no se puede afectar el mínimo de derechos consagrados en la ley en favor del trabajador. De existir una cláusula convencional en ese orden, inmediatamente cae en el campo de las cláusulas ineficaces, es decir aquéllas que el mismo ordenamiento jurídico rechaza por vulnerar el mínimo legal.

Igual sucede con aquellas disposiciones adjetivas que tienen el carácter de orden público en cuanto regulan el procedimiento y los términos para la definición de los derechos en disputa[4]. Así lo ha sostenido la Corte Suprema de Justicia, al declarar invalidas aquellas cláusulas convenciones que amplían el término de la prescripción.

En materia de orden público económico, aquellas disposiciones que regulan la cláusula de exclusión legal; en cuanto que impiden hacer extensivos los beneficios obtenidos en la negociación colectiva a quienes, en su condición de negociadores, actuaron en nombre de las empresas industriales y comerciales del Estado.

El caso más reciente es el que tiene que ver con la norma básica de seguridad social, en cuanto busca mantener el principio de universalidad en materia del sistema.

No obstante que las partes si pueden acordar condiciones que superen la norma básica, cuyo contenido obligacional es de derecho público subjetivo, puede hacerlo siempre que lo obtenido guarde armonía con el sistema de seguridad social, toda vez que únicamente la ley puede excluir a ciertos sectores de su aplicación, pero lo mismo no sería propio de la libre disposición de las partes, a partir de una norma particular, como es la convención colectiva de trabajo[5].

Quizá por eso el legislador se ocupó de facultar a los árbitros para armonizar la materia negociable relativa a pensiones y salud, aún con la sola denuncia del empleador.

La doctrina laboral debe preguntarse hasta dónde es cierto que la sola denuncia de las partes da por terminada la convención colectiva, cuando al mismo tiempo la legislación prevé que esta continúa vigente mientras no se subscriba la que es objeto de negociación. Sería más preciso señalar que esa facultad de las partes es para someter

---

4 C.S de J. SL Casación Rad 11349 de diciembre 11 de 1989.

5 C.S. de J. SL. Homologación, Empresa de acueducto y alcantarillado de Antioquia S.A. Acuantioquia, Julio 13 de 1994.
C.S. de J. SL. Homologación, Procesadora de Leche "Proleche S.A.", octubre 25 de 1995.
C.S. de J. SL. Homologación, Rad. 9735, febrero 26 de 1997.
C.S. de J. SL. Homologación, Rad.14010, marzo 17 de 2000.

a la negociación la que desean modificar. Vale la pena observar el derecho comparado, tal como sucede con la legislación laboral de Guatemala, según la cual: "*La denuncia de un pacto colectivo de condiciones de trabajo, no implica la terminación ni disminución de los beneficios contenidos en éste, siendo su único efecto dejar en libertad a las partes para negociar un nuevo pacto.*"[6]

5. El derecho de información y de petición (Un procedimiento de negociación participativo y razonable)

Su objetivo es adelantar el procedimiento de negociación con conocimiento de causa.

El derecho a la información se encuentra en la Recomendación 143 y 163 de la OIT, así:

- **RECOMENDACIÓN 143 de 1971**.

""IV. FACILIDADES QUE HABRÁN DE OTORGARSE A LOS REPRESENTANTES DE LOS TRABAJADORES

16. La empresa debería poner a disposición de los representantes de los trabajadores, en las condiciones y en la medida que podrían determinarse por los métodos de aplicación a que se refiere el parágrafo 1 de la presente recomendación, las facilidades materiales y la información que sean necesarias para el ejercicio de sus funciones"

RECOMENDACIÓN 163 DE 1981

""II. Medios para fomentar la negociación colectiva

7.

(1) En caso necesario, deberían adoptarse medidas adecuadas a las condiciones nacionales para que las partes dispongan de las informaciones necesarias para poder negociar con conocimiento de causa.

(2) Con este objeto:

(a) a petición de las organizaciones de trabajadores, los empleadores — públicos y privados — deberían proporcionar las informaciones acerca de la situación económica y social de la unidad de negociación y de la empresa en su conjunto que sean necesarias para negociar con conocimiento de causa; si la divulgación de ciertas de esas informaciones pudiese perjudicar a la empresa, su comunicación debería estar sujeta al compromiso de mantener su carácter confidencial en la medida en que esto sea necesario;

---

6 OJEDA AVILES, Antonio / ERMIDA URIARTE, Oscar /Editores "La negociación colectiva en América Latina" "Instituto Europeo de Relaciones Industriales/ Editorial Trotta. 1993. Pág.270

las informaciones que puedan proporcionarse deberían ser determinadas por acuerdo entre las partes en la negociación colectiva;

(b) Las autoridades deberían proporcionar las informaciones necesarias sobre la situación económica y social global del país y de la rama de actividad en cuestión, en la medida en que la difusión de tales informaciones no resulte perjudicial para los intereses nacionales.""

Carácter confidencial. – No puede ser empleada con el fin de perjudicar a la empresa.

La información para la negociación colectiva debe ser determinada.–Por acuerdo entre las partes en la negociación colectiva y sobre aspectos relacionados con el conflicto a resolver. No sujetos a reserva legal o que afecten el derecho de protección de datos (Ley 1581 de 2012-*habeas data*-).

Información de las entidades oficiales.–Deben suministrar información necesaria sobre la situación económica y social global del país y de las ramas de actividad en cuestión siempre y cuando no perjudiquen intereses nacionales.

Es importante establecer diferencias entre el derecho de información a los negociadores del sindicato para la preparación de un pliego de peticiones al empleador en dirección a una negociación colectiva con conocimiento de causa y el derecho de petición a las autoridades o a las entidades privadas, que es el mecanismo al que se recurre por falta

de reglamentación del derecho de información.

Hay que distinguir entonces entre el derecho de petición en interés colectivo de lo que sería una obligación que emerge para el empleador, ligado a una relación laboral colectiva, con una organización sindical o un grupo de trabajadores no sindicalizados, en las condiciones en que está permitido. Es el evento en que surge el derecho a la información y el deber del empleador a facilitarla, por tratarse de un medio adecuado y un instrumento necesario a fin de obtener un conocimiento objetivo y veraz de la entidad o de la empresa, con el fin de elaborar la normatividad interna que regula los contratos de trabajo.

La ausencia de regulación del contenido y alcance del derecho de información, previo a la negociación colectiva, se ha suplido con el derecho de petición, bajo las limitaciones generales y concretas de la reserva establecida en la Ley para ciertos actos y documentos de la empresa.

La única fuente en que se puede encontrar el derecho a la información a los representantes de los trabajadores es en las Recomendaciones mencionadas[7], que según algunos doctrinantes son apenas una cuasi doctrina que carece de carácter normativo y por tanto ausentes de garantía, solo queda que el Gobierno Nacional a través del Legislador las adopte como legislación interna, o que las partes en la negociación colectiva, por vía de acuerdos, precisen sobre qué aspectos de la empresa se puede suministrar información a los representantes de los trabajadores como titulares del derecho a la negociación colectiva. Ya sea sobre aspectos contables o financieros, administrativos, etc.

Existe antecedentes en la legislación extranjera, en que el derecho de información a las organizaciones sindicales cumple un cometido de fiscalización sobre la transparencia de la contratación individual, contra relaciones laborales simuladas, o de las relaciones entre la empresa y terceros que gestionan aspectos relacionados con la vinculación laboral, como es el caso de las empresas que prestan servicios temporales con trabajadores en misión, la seguridad social o de la administración de riesgos laborales. En la empresa moderna se conoce con el nombre de "participación democrática de los trabajadores en la empresa", que es muy importante para que las organizaciones sindicales denuncien irregularidades en la contratación que pueden llevar a una empresa a conflictos jurídicos de alto riesgo y a su iliquidez.

El derecho de información previamente a la negociación colectiva o en curso de esta, tal como ocurre en desarrollo del tribunal de arbitramento, implica un replanteamiento simétrico de las partes en la negociación, con relación al conocimiento que se requiere para la justificación de las reivindicaciones. Ya que en el modelo de negociación colectiva que empleamos en Colombia los pliegos de peticiones son un listado de aspiraciones económicas a veces maximalistas, desordenadas y sin fundamento en la realidad, sometidas a la gracia del empleador.

Hasta hace poco en el sector público se hacía mención a las "solicitudes respetuosas", a manera de un procedimiento *sui generis* de derecho de petición colectiva, sobre lo cual la administración actuando como todo un príncipe, se reservaba para sí la facultad de acceder o no a lo solicitado.

Si estamos ad-*portas* de la presentación de un pliego de peticiones y un interés en conflicto, emerge el derecho a la información para elaborarlo y sustentarlo racional-

7 "Las Recomendaciones OIT no se destinan a crear obligaciones jurídicas directas en el plano internacional (por ello no están abiertas a la ratificación)... sino que se adoptan, también en el seno de la Conferencia Internacional del Trabajo, con el objetivo de dirigir y orientar la acción política, legislativa y práctica de los gobiernos, o bien para aclarar la interpretación de un Convenio"" pág. 76,77 "La acción normativa de la Organización Internacional del Trabajo" Arias Domínguez, Ángel. Ediciones Laborum 2002

mente, con el fin de evitar en el curso de la negociación un intercambio recíproco de intransigencia, un diálogo de sordos y el azar del desgaste.

El derecho de petición de información, como un interés colectivo, no es el camino apropiado, pero es el único procedimiento que hay frente a la ausencia de reglamentación específica como acto preparatorio de las eventuales reivindicaciones.

Diría que hay una legitimidad por activa de la organización sindical, que proviene de la representatividad de la mayoría de los afiliados o de los trabajadores de la empresa, con el propósito de que los negociadores estén informados y enterados de las condiciones de la empresa, para fijar los contenidos de la petición, de la realidad económica objetiva de la empresa con relación a sus pretensiones normativas y obligacionales sobre las cuales versa la negociación.

En el derecho de petición no siempre se requiere ser el titular de un derecho. Se pude tener interés en la información, para saber si le asiste el derecho, lo cual no es propiamente la posición de los negociadores del sindicato o de los trabajadores a quienes, sí los asiste un interés directo en la composición de un conflicto colectivo de trabajo con el cual persiguen crear, junto con el empleador, la normatividad que ha de incorporarse a los contratos de trabajo.

El derecho de petición es, además, un derecho de contenido simplemente formal, toda vez que no obliga al destinatario a suministrar una respuesta positiva o favorable a lo solicitado. Es un derecho de contenido procedimental en dirección a la petición a una resolución fundada y precedida de un procedimiento.

El derecho a la información a las Organizaciones Sindicales debe tener una estrecha relación con las condiciones de trabajo y empleo, así como las relaciones entre las partes, toda vez que un tipo de información por fuera del ámbito de la materia negociable no obliga al empleador, ya que la organización sindical en ese evento carece de legitimidad para obtenerla.

De otra parte, debe existir la certeza de que la información obtenida para la preparación de la negociación colectiva no sea difundida ni puesta en conocimiento de terceros que puedan vulnerar los intereses del empleador y de la comunidad laboral.

Si el derecho de información a las organizaciones sindicales no ha sido siquiera materia de discusión a la luz de las Recomendaciones de la OIT, es por el ambiente de violencia generalizado que ha prevalecido en el país en su historia reciente, por el temor a que la información puede ser desviada con fines delictivos.

En el fondo la limitación a los derechos que hemos examinado o el ejercicio pleno de los mismos depende de que la negociación de los conflictos sea un ejercicio de buena fe, democrático, bajo el significado de respeto a la vida y a los derechos de las personas.

Por último, haré referencia a los alcances de la Ley 1755 de 30 de junio de 2015 que regula "El derecho fundamental de petición y se sustituye un título del código de Procedimiento Administrativo y de los Contencioso Administrativo".

El derecho de petición aparece regulado como un derecho fundamental a presentar peticiones respetuosas a las autoridades y, a las organizaciones privadas, con el fin de garantizar derechos fundamentales, por motivos de interés general o particular, y obtener una resolución completa y de fondo sobre lo pedido.

Así se puede solicitar: El reconocimiento de un derecho, la intervención de una entidad o funcionario, la resolución de una situación jurídica, la prestación de un servicio, requerir información, consultar, examinar y requerir copias de documentos, formular consultas, quejas, denuncias y reclamos e interponer recursos.

Es de resaltar el artículo 20, por medio del cual se le da el tratamiento de atención prioritaria a las peticiones de reconocimiento de un derecho fundamental, cuando tengan que ser resueltas, para evitar un perjuicio irremediable al peticionario, quien debe probar sumariamente la titularidad del derecho y el riesgo del perjuicio invocado.

Cuando por razones de salud o de seguridad personal esté en peligro la vida del peticionario, la autoridad adoptará de inmediato las medidas necesarias para conjurar dicho peligro, pero con la obligación de seguir el trámite que debe dársele a la petición.

A los periodistas con relación a su oficio las peticiones deben surtir un trámite preferencial.

El estatuto comentado también consagra el derecho de petición ante organizaciones e instituciones privadas, con o sin personería jurídica, tales como sociedades, corporaciones, fundaciones, asociaciones, organizaciones religiosas, cooperativas, instituciones financieras o clubes, con el fin de garantizar sus derechos fundamentales.

Las organizaciones privadas solo pueden invocar la reserva de la información solicitada en los casos expresamente establecidos en la Constitución Política y la Ley.

MODIFICACIONES Y REFORMAS AL RECURSO DE CASACIÓN LABORAL, REVISIÓN, ANULACIÓN DE LAUDOS ARBITRALES Y AL ORDINARIO DE QUEJA.

Código Procesal del Trabajo y Seguridad Social.

El 12 de diciembre de 2024, el Congreso de la República presentó el informe de conciliación del proyecto de Ley 051 de 2023 del Senado y 459 de 2024 de la Cámara de Representantes. Pendiente de la sanción presidencial, de su publicación para la entrada en vigor un año después como lo dispone su artículo 330.

Es la razón por la cual lo escrito en su aspecto conceptual no perderá vigencia, las normas dejan de regir, pero la lógica y la fundamentación de las instituciones permanece. La historia del derecho muestra que en periodos de crisis las instituciones y el derecho no solo evoluciona, sino que en medio de convulsiones sociales y de turbulentas coyunturas sociales también es posible la involución.

Pendiente del resultado final del proceso de aprobación y vigencia del nuevo instrumento procesal de carácter exclusivo para regular los procedimientos en materia laboral y de la seguridad social, las normas que han dejado de regir se convierten en piezas fundamentales para entender y someter a reflexión lo que ha llegado.

Testigo de los resultados prácticos y las angustias del ejercicio profesional de abogado laboralista en los ángulos del cuadrilátero como litigante, docente, funcionario público; entiendo el esfuerzo de la alta magistratura al promover un instrumento de solución a los conflictos jurídicos, frente a la constelación de normas en materia laboral y de seguridad social, el crecimiento desbordado de los conflictos jurídicos, el incumplimiento de las obligaciones laborales por el propio Estado, la transferencia administrativa a la jurisdicción laboral y la cantidad de procesos, ya no en las puertas de los despachos sino, dentro de los despachos, en detrimento de la calidad de las decisiones y hasta de la salud de los funcionarios, tripulantes de un barco que amenaza con naufragar mientras que las bombas de achique resultan insuficientes para contener la tragedia.

CAPITULO X

1.Finalidad del novedoso recurso de Casación.–2. Objeto y alcance del recurso de Casación.-3. El control de selección o un sertiorari matizado. Trámite del recurso de selección.–4. Causales del recurso de Casación. Ley o norma, la derrota de la Ley. 5. La casación de oficio. 6. El anverso de la unidad doctrinal, el rechazo motivado.7. Términos, presentación de la demanda en el tribunal y efectos en que se concede el recurso sobre la sentencia impugnada, caución. 8.Efecto en que se concede el recurso de casación laboral.-9. Requisitos de la demanda de Casación para admitir o inadmitir la demanda. 10. Criterios para establecer el interés jurídico para recurrir en Casación. 11. Tercera primera instancia.

1. Finalidad del novedoso recurso de Casación.

No soy de los que creen que el concepto de ley colapsó y está en crisis, con el propósito de entregar a merced del derecho libre un poder según el caso a los organismos judiciales encargados de aplicar las normas.

El concepto de ley en cuanto que es un instrumento de organización social, a partir de la voluntad expresada en organismos representativos parlamentarios, es la fórmula que permite una democracia que cierra el camino a poderes omnímodos o "jueces pretendidamente redentores o iluminados, auto investidos como representantes de cualquier ideología, doctrina o tradición histórica"[1] o, representantes de intereses corporativos o gremiales.

La jerarquía de las fuentes del derecho proviene de la Constitución Política (Ley de Leyes). A partir de ella se integran en un orden lógico las normas, los instrumentos internacionales y en un orden sistemático los actos de inferior jerarquía.

No es un ejercicio literal el que vincula a la judicatura en su labor de aplicación de la ley, ni a los particulares en la obligación de observarla. Pero si están, tanto los ciudadanos como la judicatura y la función pública en la obligación de acatar el ordenamiento jurídico en su conjunto.

El ordenamiento jurídico no es una entidad distinta a la Ley. Los principios, los instrumentos internacionales integrados en la jerarquía normativa, la jurisprudencia, la equidad, cuentan con el soporte positivo de la Ley. Nada es válido en un Estado

---

1 García de Enterría, Eduardo; Menéndez Menéndez, Aurelio. "El Derecho, la Ley y el Juez". Dos Estudio, cuaderno Civitas. Editorial Civitas,S.A. 1997 Pág.50

Democrático por fuera de fuentes del Derecho y mucho menos por encima de ellas[2]. Pero, ninguna de es una entidad aparte, susceptible de manejar según la conveniencia o el interés particular.

La seguridad jurídica es el valor principal que buscan todos los medios de impugnación, que surge cuando la legalidad está acompañada de reconocimiento y legitimación.

El Recurso de Casación ha de seguir tras el rumbo histórico de la evolución de la Ley, inderrotable en su propósito de lograr la igualdad de trato, su aplicación general, su carácter dialógico, prescribir conductas y comportamientos, regular los derechos y las obligaciones. En materia laboral no hay derechos sin obligaciones ni obligaciones sin derechos y así, el ordenamiento jurídico que emana de la Ley Superior cumple una función ética y social.

El recurso extraordinario de Casación en su etapa de evolución tienen como fin la defensa de la unidad e integridad del ordenamiento jurídico, la eficacia de los instrumentos internacionales suscritos por el país e integrados al derecho interno mediante el procedimiento Constitucional y por mandato de la Constitución, proteger los derechos Constitucionales en cuanto que de allí se derive su carácter normativo o en cuando a derechos garantías fundamentales, controlar la legalidad de las sentencias, promover la unidad jurisprudencial y reparar o restablecer los derechos desconocidos por la sentencia impugnada.

2. Objeto y alcance del recurso de Casación.

Como novedoso, extiende el control antes reservado a las sentencias proferidas en segunda instancia (y en primera instancia en la impracticable casación ***per saltum***, que desapareció como en todos los códigos de procedimiento), pero, en cambio, la extiende a los procesos especiales.

Sin embargo, hay que anotar que según la competencia que el legislador le fijó a la Sala Laboral de la Corte Suprema de Justicia, su conocimiento se limita a las sentencias proferidas en procesos ordinarios, ***acoso laboral y especiales de fuero.***

---

2 Pérez Luño, Antonio–Enrique "La Seguridad Jurídica", Ariel Derecho S.A. Barcelona, "El juez, ante la insuficiencia de la norma legal, no puede crear normas, sino que recurre a principios que expresan esos estándares ético-políticos institucionalizados que son el soporte legitimador de las Constituciones democráticas. La teoría jurídica tiene como una de sus principales funciones la de clarificar el sentido y alcance de esa moralidad institucional. La dogmática contribuye así a que el juez al decidir en base a principios, que expresan valores morales, disponga de pautas doctrinales de fundamentación racional que le auxilien en su decisión y prevengan, a la postre, la incerteza del derecho." Pág. 103

En el caso del fuero sindical, por su naturaleza, someter el control extraordinario de casación la sentencia seguida de un procedimiento especial no cumple con la eficacia de protección frente a un recurso revestido de tal rigor que lo convierte en un procedimiento ordinario. Los procedimientos especiales en general hay que tratarlos como procedimientos especiales, su característica es la tutela efectiva del derecho, cuya protección eficaz no puede prolongarse en el tiempo. Someterlos a control de un recurso extraordinario es eclipsar el control constitucional, expedito para el ejercicio de derechos fundamentales o de obligaciones que ya fueron declaradas en un procedimiento especial.

El proceso ejecutivo, afortunadamente quedó por fuera, su reforma debe ser para hacerlo ejecutivo, para obligar al cumplimiento de una obligación ya controvertida, resultado de un debido proceso donde las partes tuvieron todas las oportunidades de controvertir lo pedido y de acudir a los medios de impugnación ordinarios y excepcionar en su defensa.

En capítulo anterior hicimos referencia al recurso de Casación frente a procesos especiales en la ley de enjuiciamiento civil española que rigió a partir del año de 1856, dirigida, únicamente, a rectificar errores de procedimiento. De ninguna manera a volver sobre la decisión de fondo.

En el inciso segundo del artículo 239, prescribe como susceptibles del Recurso extraordinario "Las sentencias proferidas en segunda instancia por los tribunales en los procesos declarativos–ordinarios y especiales-"cuando fija el interés para recurrir. En esas condiciones cierra completamente la posibilidad del recurso extraordinario de Casación respecto de "sentencias de carácter constitutivo", como es el caso de la proferida en un proceso ejecutivo que parte de un título ya constituido en juicio ordinario en sentencia clara, expresa y exigible.

De otra parte, al fijar el interés para recurrir aumenta la cuantía cuando excede la suma de ciento cincuenta de (150) veces el salario mínimo mensual legal vigente. Por lo demás se siguen las reglas para establecerlo con base al interés económico afectado con la sentencia impugnada, sin que pueda invocarse aspectos nuevos que no fueron debatidos en juicio. Para tal efecto permite que el interesado se valga de un dictamen pericial, sobre lo cual el tribunal de instancia decide de plano si lo concede.

3. El control de selección o un sertiorari matizado. Trámite del recurso de selección.

En la década del ochenta en los Estados Unidos ante la proliferación de la demanda de justicia, de manera pragmática se introdujo un mecanismo de control conocido como ***Certiorari***, creado por la Corte Suprema de Justicia de los Estados Unidos.

Se le ha formulado un reparo, y es que hace prevalecer la autoridad sobre el sentido de racionalidad, toda vez que se reserva para si la facultad discrecional de revisar una sentencia. No revisa, aunque pudiera existir un error y se convierte en una instancia permisiva a la arbitrariedad en cuanto que pone fin a la vía extraordinaria sin revisar. Es para el justiciado una rueda fichet que dispensa a la suerte.

Sin embargo, en algunos países el ***Certiorari*** lo han matizado con algunas adiciones y aparece al lado del recurso extraordinario de Casación como un mecanismo basado en precedentes con el fin de acortar el tiempo de la decisión. El motivo es que en el derecho continental el precedente se construye a partir de cuestiones de derecho, tal como se evidenció históricamente cuando la Sala Laboral de la CSJ organizada en dos secciones, se reunían para unificar jurisprudencia. Se trataba de asuntos que venían planteados por infracciones ***juris in iudicando***, toda vez que cada sección se ocupaba, en general, de las impugnaciones proliferantes, fundadas en errores de hecho.

O, el efímero mecanismo, al que hicimos referencia, cuando se trataba de impugnar sentencias fundadas en principios de derecho.

A cambio de un recurso extraordinario para la unificación doctrinal, el procedimiento laboral próximo a regir, opta por dos mecanismos:

El primero, cuando la sentencia no puede ser impugnada por carecer de cuantía, el recurso extraordinario se activa para:

- unificar la jurisprudencia
- Proteger los derechos constitucionales
- Controlar la legalidad de las sentencias

No cabe la suerte para su escogencia, toda vez que señala los eventos en que procede y, además, establece la competencia para su selección de manera oficiosa en la Sala de Casación Laboral o por remisión de los tribunales superiores.

Remisión por parte de los tribunales superiores.

Cuando se trata de remisión por parte de los tribunales superiores la actuación la deben motivar y seguir con, estricto cumplimiento, el trámite para la selección.

El trámite se surte teniendo en cuenta dos circunstancias:

La primera, cuando la Corte selecciona de manera oficiosa, la solicitud debe someterse a la aprobación de la mayoría de los integrantes de la Sala de Casación Laboral, para lo cual deben hacerlo en un término de veinte días (20). Vencido el término se cierra la selección. Cualquiera que sea la decisión acerca de la solicitud de selección, deberá notificarse a las partes y contra ella no cabe recurso alguno.

Los criterios de selección no constituyen prejuzgamiento, pero da a entender que se deben resolver con apego a la técnica de casación, no obstante que expresamente dispone que para este trámite "no se requerirá demanda de casación" (Parágrafo art.249). Pareciera entonces que los criterios para la solicitud son unos y la decisión de negarla o aceptarla, se debe hacer con fundamento en la técnica de Casación. Esto puede convertir en parte interesada al órgano de control extraordinario.

Contra la decisión final tampoco procede recurso alguno.

El segundo.- , Cuando las sentencias son remitidas por los tribunales parte del deber de **evidenciar** como fundamento de la solicitud dos criterios, que tan solo rigen para los tribunales superiores que cierran la instancia:

a) **Criterio objetivo.** Unificación de la jurisprudencia

b) **Criterio Subjetivo.** Necesidad de garantizar un "enfoque diferencial".

Los criterios anteriores generan un riesgo para los tribunales superiores y es que los convierte en partes, ya que la Constitución y la Ley consagran la protección a los grupos vulnerables de la sociedad, pero en este caso de selección, está dirigido a sujetos de derecho de una relación laboral en condiciones de igualdad de trato. El propósito tal vez sea el de crear una jurisprudencia laboral para las minorías desprotegidas de la comunidad laboral o con enfoque de género[3]. Se trata de establecer una medida de protección y no un privilegio.

Trámite de la selección:

La norma prevé cuatro (4) etapas en las que destaca se deben adelantar con transparencia, publicidad y economía procesal, ya que se debe insistir que se trata de proteger y no de privilegiar.

1. Parte del presupuesto que la sentencia objeto de selección se encuentra ejecutoriada.

Dentro de los quince (15) días siguientes a su ejecutoria el tribunal superior debe elevar de manera motivada la solicitud de selección a la Sala Laboral de la CSJ y comunicar a las partes para que se pronuncien respecto de la solicitud.

2. La solicitud debe contener los criterios en que se fundamenta (objetivo y subjetivo).

3. De aquí en adelante existe unidad con relación al procedimiento que sigue la Sala Laboral de la Corte cuando solicita los expedientes para selección a los tribunales superiores, con las mismas exigencias en cuanto a su decisión, si selecciona o no selecciona.

---

3 Ver sentencia Corte Constitucional SU-067 de 2023 y SU-167 de 2024

El procedimiento de selección por parte de los tribunales con el fin de unificar la jurisprudencia resulta restringido al criterio subjetivo de enfoque diferencial, que bien se podría señalar como de control a la sentencia discriminatoria.

Mientras que la Sala Laboral de la CSJ emplea tan solo el criterio objetivo de selección para unificar la jurisprudencia.

Así se desprende, cuando al referirse en el inciso tercero del artículo 239 a los tribunales superiores ("por remisión de aquellos. En este último caso, ello se decidirá mediante providencia debidamente motivada. Con estricto cumplimiento de lo dispuesto en el procedimiento y criterios establecidos en el artículo 240" del Estatuto procesal.).

Por su parte, la Sala Laboral de la CSJ se reserva la selección con fundamento en el criterio de unidad jurisprudencial, protección constitucional y control de legalidad, siendo un filtro a la discriminación el criterio diferencial a cargo de los tribunales superiores.

En materia laboral, con el Recurso extraordinario de casación laboral selectivo se disputan competencias a la Corte Constitucional que por vía del control Constitucional de Tutela venía ejerciendo.

4. Causales del recurso de Casación. Ley o norma, la derrota de la Ley.

"Los jueces, en sus providencias, sólo están sometidos al imperio de la ley. La equidad, la jurisprudencia, los principios generales del derecho y la doctrina son criterios auxiliares de la actividad judicial."

Artículo 230 Constitución Política de Colombia.

Las reglas universales del conocimiento rigen como normas constitucionales, es la razón por la cual para ejercer un control sobre las sentencias fundadas en la Ley o en la Constitución se fundamentan en ellas. Tal como quedó en evidencia en la tutela contra sentencias cuando por vía judicial, se tuvo que acudir a causales de casación.

El recurso extraordinario de Casación o cualquiera que se proponga el control de las sentencias, debe tener en cuenta que también le fija un límite al órgano de control, al tiempo que reglamenta unas modalidades y conceptos basados en la lógica universal para su ejercicio.

La función de control de las sentencias de cierre no equivale a un juez colegiado omnipotente y omnisciente. Las causales de casación cumplen esa misión, la de someternos tan solo a aquello que ante nosotros se presenta como evidente y previamente definido en una regla universal de obligatorio cumplimiento, que es la ley.

La diferencia que se observa en la novedosa reglamentación procesal es que la violación de la ley opta por la violación de la norma jurídica de derecho sustancial.

Lo contrario a la norma es lo anormal y lo contrario a la ley es lo ilegal. La ley se caracteriza porque el órgano que la origina está soportado en la soberanía para expresar la voluntad del pueblo o si se prefiere de los asociados en una nación. La ley es de aplicación nacional, general, impersonal y abstracta, prescribe un resultado y hace parte de una jerarquía dentro de las fuentes del derecho.

La norma en sí puede no tener efectos por fuera del contexto del sistema normativo, ya que tiene naturaleza propositiva con relación a otras normas con las cuales el derecho (la Ley) expresa su lenguaje.

Una norma puede ser de carácter general, o simplemente individual, que tan solo rige de manera restringida para un sector de la sociedad o una relación determinada, una ordenanza, un acuerdo, un reglamento de trabajo, una convención colectiva o un contrato o convenio.

Cuando nos referimos a normas debemos hacer referencia a los artículos de la Ley, cuando nos referimos a contratos o actos entre particulares como los reglamentos o convenios debemos referirnos a cláusulas. Pero todos son normas, inclusive las de moral o de ética de la empresa, inclusive la costumbre o las que surgen en el mundo de lo ilícito.

El uso de la norma jurídica como objeto de protección en las causales de Casación, permite una condición igual que disuelve el orden lógico normativo. En adelante no deja de haber litigantes que empleen la infracción directa con relación a cláusulas convencionales, de reglamentos que tan solo rigen entre particulares y a partir de los cuales no se puede crear y unificar una jurisprudencia nacional, pero son normas jurídicas, replanteando así la doctrina expuesta en la sentencia de Sala Plena de la CSJ del 21 de febrero de 1990, Exp.3662

Sería dar pie a un órgano de control omnipotente, que se entromete en las relaciones de particulares en la formación de su voluntad, a un colegiado corporativo que modifica o crea las reglas que tan solo rigen en el ámbito de los particulares.

El tribunal de Casación tiene por objeto la unidad de la ley no de la norma. La norma por sí sola no alcanza a ser Ley. Para ser Ley tiene que inscribirse en el ordenamiento jurídico donde se integra en un conjunto coordinado de normas que le dan un sentido completo. Por eso he planteado que, si se sabe integrar una proposición jurídica completa, al elaborar el lenguaje con el que se le habla al tribunal de casación, es mejor que sobre y no que falte. La proposición jurídica esencial es la que prescribe el derecho y no el capricho del recurrente.

Para señalar un ejemplo, en el Código Sustantivo del Trabajo no está la norma que prescribe por sí sola la indexación. Es con el lenguaje de la Ley que se puede construir a partir de un conjunto de normas relacionadas entre sí las que atribuyen el derecho a actualizar lo debido [4].

El fin de la jurisprudencia es unificar la doctrina en torno a la ley general creadora del derecho. El ordenamiento jurídico es un conjunto de fuentes del derecho que concurren a la creación de la norma general.

Toda norma contempla un deber ser y exige un resultado, algo se debe hacer. Pero, no todas las normas son generales, como aquellas que se derivan de actos particulares como el mandato, que tan solo rigen entre las partes y es jurídica.

Sobre todo, la ley es general en cuanto deriva de un mandato democrático, de una voluntad parlamentaria que tiene alcance nacional. La legislación laboral en el ámbito de lo privado rige para toda relación de trabajo que vincule a un trabajador con un empleador particular en Colombia. Una Convención Colectiva de Trabajo, es ley general en cuanto a la fuente que la autoriza, pero en su contenido, coloquialmente es ley de las partes; pero, en la realidad es una cláusula contractual, de la cual no se puede derivar unidad jurisprudencial. Sin embargo, cuando se extiende a terceros es la ley general la que los vincula al acuerdo colectivo (Art.38 D 2351/65; art. 472 CST).

Concluyo afirmando que el ordenamiento jurídico no es un sustituto del concepto de ley. Que la norma es un aspecto técnico que emplea la ley para que pueda convertir el enunciado general en norma individual, tal como quedó planteado en capítulo anterior. No es acertado que la finalidad del recurso extraordinario esté fundada en la violación de la norma jurídica sustancial.

La reforma mantiene los conceptos de violación ***iuris in iudicando***, de la vía directa, pero ya no como violación de la Ley sino de la norma jurídica sustancial.

Pareciera ser que la expresión vía indirecta pasa a ocupar el lugar de la modalidad de aplicación indebida como consecuencia de errores de hecho manifiestos y, agrega que, debe provenir de la ***apreciación de la demanda, contestación de la demanda o de las pruebas reguladas en este código o de su no apreciación***. Considero importante señalar que la Sala Laboral en una ocasión se ocupó de los errores de hecho con

---

4 Bobbio Norberto "Teoría General del Derecho", editorial TEMIS 1987 "... que solo se puede hablar de derecho cuando hay un sistema de normas que forman un ordenamiento, y que por lo tanto el derecho no es norma, sino conjunto coordinado de norma. En suma, que una norma jurídica no se encuentra nunca sola, sino ligada a otras, formando un sistema normativo. Gracias también a la teoría de la institución, la teoría general del derecho se ha venido transformando cada vez más de teoría de las normas jurídicas en teoría del ordenamiento jurídico, y los problemas que han venido presentándose a los teóricos del derecho cada vez están más relacionados con la formación, la coordinación y la integración del sistema jurídico." Pág. 13

origen en las ***actuaciones procesales*** cuyos errores por errónea apreciación o falta de apreciación se deben argumentar por la vía indirecta.[5]

La ley de procedimiento laboral recoge la creación jurisprudencial de violación de normas sustanciales como consecuencia del error en reglas de procedimiento, al legislar que este debe estar siempre acompañado de la norma sustancial que atribuye el derecho.

Elimina la causal segunda de casación en el orden en que estaba establecida y la une dentro de las causales o motivos del recurso. Me parece que no han debido hacerlo, toda vez que la reforma en perjuicio no va dirigida a unificar jurisprudencia sino a proteger una garantía procesal que consiste en que el tribunal de alzada no le puede hacer más gravosa la situación al único apelante. Es mi punto de vista, que se trata de una norma procesal que contempla un derecho fundamental de primera generación, en cuanto que el juzgador que actúa en esa dirección viola el derecho de defensa, el debido proceso y su decisión se torna incongruente.

Es la razón por la cual la legislación derogada contemplaba la ***reformatio in peius*** como una causal aparte de las causales por violación de la Ley (causal segunda). Porque no conduce a la unidad jurisprudencial, y era autónoma por cuanto en ese tiempo no existía la acción de tutela. De alguna manera había que controlar la sentencia que incurría en esa causal sin tener que emplear la técnica exigente del recurso de Casación.

La Ley de procedimiento laboral enlista por separado el error de derecho, sin cambios al concepto previsto en la legislación anterior. Las observaciones están en capítulo anterior.

---

5 **ACTUACIONES PROCESALES EN CASACION LABORAL (VIA DE ATAQUE)**

"Para que pueda darse violación por la vía directa de la norma contenida en el artículo 57 de la ley 2a de 1984, es necesario que el error de juicio, que debe ser de puro derecho, se produzca dentro del mismo cuerpo o texto de la sentencia. pero, si es necesario acudir a hechos, pruebas, actos procesales o elementos extraños a la decisión que se acusa, se estará frente a un distinto motivo de casación.

"Saber entonces si un derecho reconocido o una condena proferida en primera instancia fue objeto o no del recurso de apelación por haberse mencionado en el escrito de sustentación ante el juzgado o dentro de la audiencia de trámite de la segunda instancia, es circunstancia de carácter fáctico que obliga a su demostración en casación a través de la vía indirecta...

"En consecuencia, si la impugnación afirma–y esto es rigurosamente lo que afirma- que el Tribunal no cayó en la cuenta de que en el recurso de apelación la parte demandada implícitamente desistió o abandonó la excepción de prescripción que como medio de defensa había propuesto ante el juez de primera instancia ya que ni siquiera fue mencionada en la sustentación del recurso, está en verdad acusándolo en un error que no es de puro derecho, y planteando una situación fáctica imposible de examinar a través del concepto de infracción directa de la ley.

(...)

"Importa anotar que la apreciación errónea o la falta de apreciación de las pruebas de los hechos debatidos por las partes o de las pruebas de los actos procesales, deberá establecerse para demostrar el error de hecho ostensible que produzca la violación de la ley, lo que en este caso no puede darse sino por la vía indirecta."

Exp.3917, 12 de marzo de 1991.

5. La casación de oficio

Acoge la Casación de oficio bajo la exigencia de que no provenga de causales que no sean las contempladas para el recurso extraordinario de Casación Laboral, apena obvio ya que no es de parte (no se trata de las causales en la super casación de la acción de Tutela contra sentencias, como la violación de la ley sustancial, para mencionar un ejemplo). Sin embargo, procede la casación de oficio para cumplir los fines del recurso cuando resulta manifiesta la violación de derechos fundamentales. A diferencia de la Casación Civil se contrae, tan solo, a los derechos fundamentales.

En todo caso es facultativo del tribunal de casación casar la sentencia en este caso, cuando emerge de un expediente de Casación.

6. El anverso de la unidad doctrinal, el rechazo motivado.

Bajo el título de "Selección en el trámite del recurso de casación", Art. 242, dispone que aun si la demanda de casación llegare a reunir los requisitos formales, puede ser inadmitida cuando exista identidad esencial del caso con jurisprudencia reiterada de la Corte, salvo que la demanda este dirigida a variar su sentido, es decir un cambio de línea jurisprudencial. La inadmisión debe ser motivada.

Es el anverso del recurso extraordinario de unidad doctrinal, cuyo origen está en el artículo 360 del Código de Procedimiento Civil de Italia, que en el año 2009 introdujo ese concepto "... previendo que el recurso de casación sea ***inadmisible*** cuando la decisión impugnada <<ha decidido la cuestión de derecho de manera conforme a la jurisprudencia del tribunal y el análisis de los motivos no brinde elementos para confirmar o cambiar la tendencia de la misma>>. Es un recurso de Casación adverso a la jurisprudencia[6]. Pero sigue haciendo falta un recurso extraordinario para la unidad doctrinal, sobre todo, en aquellos eventos de sentencias seriadas cuyos casos guardan identidad en los hechos y el derecho, cuyo juicio comparativo busca la unidad, sin emplear la técnica del recurso de Casación.

7. Términos, presentación de la demanda en el tribunal y efectos en que se concede el recurso sobre la sentencia impugnada, caución.

Se trata de una reforma que a partir del interés jurídico para recurrir en casación crea y separa un recurso selectivo de un recurso de casación dispositivo, un pro-

---

6 Taruffo, Michele "Sobre la evolución del Tribunal de Casación Italiano, en el texto "La Casación hoy, cien años después de Calamandrei" directores Jordi Nieva Fenoll y Renzo Carvani. Proceso y Derecho, Editorial Marcial Pons. 2021. Pág.23

cedimiento de marcado interés patrimonial, en causas superiores a ciento cincuenta (150) smlv.

Se caracteriza porque el tiempo para su interposición es dentro de los cinco (5) días siguientes a la notificación de la sentencia de segunda instancia y, el traslado se corre por veinte (20) días para sustentarlo.

En la anterior legislación el término de quince (15) días era más generoso, toda vez que permitía a las partes hacer una evaluación de la conveniencia de interponer el recurso o acatar la sentencia a impugnar. Sin embargo, es una práctica aconsejable la de interponer el recurso en la misma audiencia en que se profiere la sentencia, una vez notificada en estrados, con el fin de evitar que el término, ahora más reducido, se pueda agotar.

En cuanto al traslado, la norma procesal hace explícito el término de veinte (20) para el traslado al demandante con el fin de que examine el expediente y ensamble la demanda de casación y la presente dentro de ese término.

Otra modificación importante para tener en cuenta es que la demanda no se presenta ante la secretaria de la Sala Laboral de la Corte sino ante el Tribunal que profirió la sentencia recurrida. Una vez presentada en término deberá remitirla a la Corte Suprema de Justicia. Si la demanda no se presenta en término debe remitir la actuación al juzgado de origen.

El tribunal al correr traslado por el término de ley ya señalado, concede el recurso en el **efecto devolutivo** para efectos de continuar con el trámite del recurso extraordinario. Importante según que se esté ante una sentencia proferida en proceso ordinario o en proceso especial de fuero sindical.

La sentencia proferida en proceso ordinario laboral puede llegar a resolver pretensiones sobre las cuales se confirme o revoque la sentencia de primera instancia que absuelve o condena. Algunas decisiones, según la parte interesada, pueden ser favorables y desfavorables consentidas que no serán objeto de impugnación.

Entonces, en el grupo de las desfavorables, si la parte recurrente acepta lo resuelto por el tribunal la sentencia cobra ejecutoria parcial y se convierte en título ejecutivo.

Pero en cuanto a lo resuelto desfavorable que es motivo de inconformidad y será el objeto del ***petitum*** (alcance de la impugnación), emerge la opción de la de solicitar la ***suspensión*** de la sentencia, para desactivar los efectos de cosa juzgada mientras se decide lo recurrido.

Petición que solo procede si presta una **caución suficiente,** con el fin de responder y pagar por los perjuicios que la suspensión ocasione a la contraparte.

En auto que se concede el recurso, se fija el monto y la naturaleza de la caución, que se debe constituir dentro de los diez (10) días siguientes a la notificación del auto.

La naturaleza de la caución es un concepto jurídico no definido, a merced del juzgador, que puede estar previsto para valorar la condición del peticionario con relación al monto de la pretensión.

La caución debe ser suficiente y prestada en tiempo, de lo contrario la sentencia recurrida puede ser ejecutada. En el auto que declara prestada en tiempo la caución y de suficiente garantía, se dispone por el despacho la suspensión del cumplimiento de la sentencia.

El alcance de la impugnación toma especial importancia cuando el recurrente al fijar lo pedido, por alguna razón, deja por fuera algunas de las condenas. En tales condiciones la fuerza de verdad legal sobre aquellas que no son controvertidas recobra vigencia y la contraparte puede solicitar su cumplimiento. En este evento y cuando el recurrente persigue más de lo pedido, el interesado debe solicitar la expedición de copias con costas a su cargo, que se debe cancelar antes de la ejecutoria del auto que las ordena, para los fines de su cumplimiento. En caso de que lo anterior no fuere posible, el magistrado ponente lo decidirá mediante un auto de cúmplase que no admite recurso alguno.

En los asuntos que se tramiten en los tribunales por vía de casación selectiva por petición elevada por los Tribunal Superiores al Tribunal de Casación, se dispone su envío mediante auto que decide la selección.

El mismo procedimiento se sigue en el trámite de interposición del recurso de Casación de naturaleza dispositiva cuando el interés para recurrir es superior a ciento cincuenta (150) smlv.

En todos los casos, contemplados para el recurso de casación (recuso de casación dispositivo y selectivos a petición del tribunal o por decisión de la Sala Laboral de la CSJ), el Tribunal dentro de los cinco (5) días debe enviar el proceso a la Sala Laboral de la CSJ, que decidirá mediante providencia motivada, si selecciona o no la petición de selección que hiciere el respectivo Tribunal.

En el recurso de casación dispositivo (de interés jurídico superior a 150 smlv), una vez que el tribunal remite el expediente a la Corte, la Sala Laboral entra a verificar el cumplimiento de los requisitos de la demanda y mediante auto, admite el recurso, califica la demanda y corre traslado al opositor por quince (15) días.

Si la demanda de casación no reúne los requisitos de ley, se declara desierto el recurso. Me pregunto si cambiará la práctica anterior cuando solamente se tenía en cuenta la mera formalidad para admitir y, llegado el momento de fallar se procedía de fondo. Sin embargo, el auto con el cual la Sala de casación califica la demanda puede ser objeto del recurso de reposición.

El Estatuto procesal dispone que por cualquier causa de carácter legal se pueda inadmitir el recurso, que supone la motivación de esta y al menos la posibilidad de reponer el auto, ya que el legislador no dispone expresamente que se trate de un auto que no admite recurso.

La citación de partes en audiencia para aclarar puntos de hecho no es una oportunidad para enmendar la demanda de casación. Es lo que tenía prevista la legislación reformada cuando se trataba de buscar evidencias, sobre aspectos específicos, con el fin de aclarar y cerciorarse sobre aspectos fácticos con la finalidad de llegar a una decisión en sede de instancia, sustentada con mayor certeza. Era lo que se conocía como auto para mejor proveer. Para esos efectos la Sala puede interrogar a las partes, solicitar de ellas informes, documentación que tengan en su poder y que resulte necesaria.

8. Efecto en que se concede el recurso de casación laboral. -

El Estatuto Procesal del trabajo eliminó el efecto suspensivo en que se concedía el recurso de Casación laboral, en todos los casos, a cambio de concederlo en el efecto devolutivo en las condiciones ya examinadas. O, en el efecto suspensivo a cambió de prestar una caución, que por tratarse una póliza de garantía su costo no retorna a quien la prestó y salió triunfador en la sentencia de casación.

Los empleadores demandados correrán con la carga de la caución frente a las condenas, que aspiran a que se suspendan mientras se produce la sentencia de casación.

Para los trabajadores afectados por una resolución absolutoria en el tribunal se pueden presentar los siguientes eventos, un ejemplo puede servir:

El tribunal revoca una decisión de primera instancia que condena a un empleador a reintegrar un trabajador a quien le terminó el contrato de manera ilegal, y ordenó el pago de salarios y prestaciones. Si el trabajador busca que en sede de casación se case la sentencia y en su lugar se confirme la decisión de primera instancia, para suspender la decisión impugnada debe prestar una caución. Pero, si no lo hace, el tribunal lo concede en el efecto devolutivo, sin posibilidad de agravio para el empleador, toda vez que la sentencia que revoca y absuelve del reintegro, continúa surtiendo efectos mientras se decide el recurso de casación.

En el mismo ejemplo. Si el tribunal confirma una pretensión subsidiaria que fue resuelta en primera instancia a favor del trabajador, pero en el alcance de la impugnación del empleador demandante en casación, no impugna esa decisión sino otras. Surte efecto inmediato y el trabajador debe solicitar que se expidan copias con costas a su cargo que se deben cancelar antes que se expida el auto que las ordena, con el fin de hacer cumplir lo resuelto.

Otra hipótesis resulta de la sentencia de segunda instancia que revoca algunas condenas proferidas en primera instancia, pero, confirma una condena en que dispone pagar una suma fija de dinero al trabajador demandante. El trabajador impugna la decisión que de todas maneras le favorece, pero, persigue que el monto sea mayor al que le fue reconocido. Igual que en el caso anterior, debe pagar las expensas para las copias y solicitar su cumplimiento si el empleador no demanda en casación esa pretensión. Si la demanda, el empleador tiene dos opciones, si solicita que el recurso se conceda en el efecto suspensivo, para no solucionar lo resuelto a favor del trabajador, debe prestar caución para responder por los perjuicios que le pueda causar al trabajador si la sentencia llegare a ser desfavorable.

Si no hace esa solicitud, como el recurso se concede en el efecto devolutivo debe pagar lo resuelto por el tribunal y oponerse al mayor valor que es materia del alcance de la impugnación del trabajador demandante en casación.

No encuentro la hipótesis en que la concesión del recurso a ambas partes imposibilite poner en práctica el efecto devolutivo en que se concede el recurso o el suspensivo con prestación de caución, tal como emerge del inciso séptimo del artículo 243 del CPL. De ser así, hay que anotar que en las normas de naturaleza procesal el legislador debe actuar con precisión. Las normas de esta naturaleza no deben dar lugar a interpretaciones que puedan crear ventajas para una de las partes en detrimento de los intereses de la contraparte. Y menos aún que estimulen el arbitrio del juzgador, o un manejo impredecible.

El efecto en que se concede el recurso de Casación laboral tiene una mayor carga económica para los empleadores y, excepcionalmente, para los trabajadores, como puede ocurrir cuando de alguna manera se esté frente a una sentencia de segunda instancia, en proceso ordinario, que obligue al trabajador a pagar o reembolsar una suma de dinero.

9. Requisitos de la demanda de Casación para admitir o inadmitir la demanda.

El Estatuto procesal laboral hace un esfuerzo por regular la lógica del recurso como una regla suficiente para motivar la inadmisión o el examen de fondo de los cargos, sin entrar en modificaciones sustanciales. De otra parte, agrega una exigencia que no estaban previstas en procedimiento reformado, como la expresión sintética de las ***pretensiones y decisiones*** de instancia.

Establece unas reglas para la formulación de los cargos y le fija un contenido a las causales que no cambian sustancialmente la lógica de estas y agrega la violación de medio que acoge de la doctrina reiterada a partir del Tribunal Supremo del Trabajo.

Al derogar el artículo 7 de la Ley 16 de 1969, permite el Estatuto de Procedimiento Laboral fundar errores de hecho en casación laboral sobre todos los medios ordinarios de prueba. Pero en cuanto a los testimonios advierte que no se podrá fundar el error de hecho únicamente en estos, sino que debe acompañarse de "las pruebas reguladas en este código". Queda por precisar, luego de examinar las pruebas diferentes a la testimonial, si con ellas se demuestra el error de hecho manifiesto, circunstancia en la cual no habría para qué el testimonio; queda reducido a una exigencia simplemente formal cuando es uno de los soportes de la sentencia impugnada. O, se trata de que el testimonio fue mal valorado o dejado de apreciar como también las pruebas que siguen siendo calificadas para demostrar errores de hecho. Pero, jamás que el error de hecho se demuestre únicamente con el testimonio, cuando el tribunal al valorarlo altere la versión de manera manifiesta y ostensible.

La ley procesal no se atrevió a superar la sentencia de Sala Plena de 6 de octubre de 1972, asumir el control pleno sobre la libre apreciación del testimonio como sí lo hace el Código General del Proceso, donde la prueba testimonial es apta para fundar errores de hecho en el recurso extraordinario. En materia laboral, con buenas razones cuando la virtualidad ha dejado sin fundamento la sentencia de inexequibilidad que le dio vida a la exclusión de la prueba testimonial. La única razón para incluirla en el control de hecho es poque sirve de fundamento al fallo impugnado, pero el error en su apreciación o no apreciación, no es autosuficiente para casar la sentencia recurrida.

En materia laboral una sentencia de cierre sobre una pretensión puede estar soportada únicamente en prueba testimonial sin que sea posible acceder a su control en casación, si no hay valoración de otras pruebas o la decisión tan solo se sustenta en la prueba testimonial. La apreciación del tribunal queda incólume y la sentencia del juez Hércules queda en firme.

10. Criterios para establecer el interés jurídico para recurrir en Casación.

No hay mayores modificaciones al procedimiento que se emplea para establecer el interés económico para recurrir en casación. Siempre se debe establecer con los elementos que obren en el expediente y se puede demostrar con prueba pericial. Es al tribunal al que corresponde decidir de plano, sin que sea del resorte de la Sala de casación tomar esa decisión como en ocasiones se llegó a hacer al momento de proferir la sentencia de casación.

11. Tercera única instancia.

Será motivo de controversia el inciso cuarto (4) del artículo 249 del CPL. El legislador con el fin de hacer prevalecer el derecho sustancial, parte del supuesto que el recurso de casación cuyos cargos están bien fundados es apenas un formalismo que hay que desatender. Esa práctica convierte el recurso de casación en una tercera primera instancia que hace de la Sala de Casación Laboral un juez de única instancia, toda vez que "las razones distintas que deben explicarse", deberían ser el reinicio de la instancia, del cual debería dar lugar a una nueva fijación del litigio y plenas garantías al derecho de contradicción y defensa.

Hay una antinomia por resolver, ya que el derecho sustancial si debe prevalecer, pero sin restar garantías a las partes cuando quiera que surjan razones distintas que no fueron materia de discusión en las dos instancias, ni materia del razonamiento y controversia de las partes. Mi punto de vista es que una demanda de casación bien fundada debe estar dirigida a demostrar las razones que han debido explicarse. No descarto que excepcionalmente existan excesos de rigor o que el juzgador renuncie a la verdad por acoger otros criterios, pero el derecho a controvertir esas razones también es un derecho de superior jerquía.

Finalmente, introduce una norma que permite acumular varios asuntos para ser decididos en una misma sentencia, pero no es la ley la que señala las condiciones de la acumulación, sino que lo deja al juicio de la Sala. Dispone que la decisión de acumular debe incorporarse en cada uno de los procesos y se tiene en cuenta cada proceso para efectos de la estadística y no el conjunto de ellos como un solo proceso.

BIBLIOGRAFÍA

ARAGÓN, REYES, Manuel. *Estudios de Derecho Constitucional.* Madrid: Centro de Estudios Políticos Constitucionales, 1998.

ARÁMBULA DURAN, Enrique. *El Recurso de Casación Laboral.* Bogotá: Editorial Temis, 1975.

ALEXY, Robert. *Teoría de los Derechos Fundamentales.* Madrid: Centro de Estudios Políticos y Constitucionales, 2001.

ARIAS DOMÍNGUEZ, Ángel. *La acción normativa de la Organización Internacional del Trabajo.* Ediciones Laborum, 2002. Colección Derecho Laboral, Temas puntuales.

BRAVO, Luis Alberto. "*El nuevo procedimiento en los juicios del Trabajo.*" *Revista Derecho del Trabajo*, Año IV, enero-febrero de 1948, Ns. 37 y 38, Vol. VII.

BAYÓN CHACÓN, Gaspar. "*El Recurso de Casación en lo Laboral: Problemas Generales. Tipicidad de este.*" En *Dieciséis Lecciones sobre Casación en lo Laboral.* Madrid: Universidad de Madrid, Facultad de Derecho, Artes Gráficas Benzal, 1974.

BOBBIO, Norberto. *Teoría General del Derecho.* Editorial Temis.

BOBBIO, Norberto, y Nicola MATIEUCCI. *Diccionario de Política.* Redactor PASQUINO, Gianfranco; redactores de la edición en español ARICO, José y TULA, Jorge. Madrid: Siglo XXI Editores, 1981.

CALAMANDREI, Piero. *La Casación Civil.* Buenos Aires: Editorial EJEA, 1973. Tomo I, Volumen 2.

CAPPELLETTI, Mauro. *Proceso, Ideologías, Sociedad.* Ediciones Jurídicas Europa-América, 1974.

CARRIÓ, Genaro. *Cómo Fundar un Recurso: Nuevos Consejos Elementales para Abogados Jóvenes.* 2da ed. Buenos Aires: LexisNexis Abeledo-Perrot, 2005.

CHACÓN BAYÓN, Gaspar, OLEA, Manuel Alonso, y otros. *Dieciséis Lecciones Sobre Casación en lo Laboral.* Madrid: Universidad de Madrid, Facultad de Derecho, Departamento de Derecho del Trabajo, 1974.

COSSIO, Carlos. *La plenitud del ordenamiento jurídico.* Buenos Aires: Editorial Losada, S.A., 1947. Segunda edición.

CONSTANT, Benjamín. *La Libertad de los Modernos.* Edición de Ángel Rivero. Madrid: Alianza Editorial.

CONSTAIN, Miguel Antonio. *Jurisprudencia del Trabajo*, Vol. III, compilación de 1975.

DE LA PLAZA, Manuel. *La Casación Civil.* Madrid: Editorial Revista de Derecho Privado, 1944.

DE MIDÓN, Gladis. *La Casación: Control del Juicio de Hecho.* Argentina: Rubinzal-Culsoni Editores, 2001.

DEMANDT, Alexander, editor. *Los Grandes Procesos, Derecho y Poder en la Historia.* Barcelona: Drakontos, 1993.

DESCARTES, René. *Discurso del Método.* México: Editorial Porrúa, S.A., 1976. No. 177.

DEVIS ECHANDIA, Hernando. *Compendio de Derecho Procesal.* 5ta ed. Bogotá: Editorial ABC, 1976. Tomo I.

DWORKIN, Ronald. *El Imperio de la Justicia.* Barcelona: Gedisa Editorial, 1992.

ESCRICHE, Joaquín. *Diccionario Razonado de Legislación y Jurisprudencia.* Suplemento. Madrid: Librería de la Vda de Ch. Bouret, 1931.

FERRAJOLI, Luigi, y otros. *Los Fundamentos de los Derechos Fundamentales.* Madrid: Editorial Trotta, 2001.

FERRAJOLI, Luigi. *Derechos y Garantías: La Ley del Más Débil.* 3ra ed. Madrid: Editorial Trotta, 2002.

GARCÍA AMADO, Juan Antonio. *Ensayos de Filosofía Jurídica.* Bogotá: Editorial Temis, S.A., 2003.

GARCÍA DE ENTERRÍA, Eduardo. *Reflexiones sobre la Ley y los Principios Generales del Derecho.* Madrid: Editorial Civitas, S.A., 1986.

GARCÍA DE ENTERRÍA, Eduardo. *Reflexiones sobre la Ley y los Principios Generales del Derecho.* Madrid: Editorial Civitas, 1986.

GARCÍA DE ENTERRÍA, Eduardo. *La Lengua de los Derechos: La Formación del Derecho Público Europeo Tras la Revolución Francesa.* Madrid: Alianza Universidad, 1995.

GARCÍA DE ENTERRÍA, Eduardo. *La Constitución Como Norma y el Tribunal Constitucional.* Madrid: Civitas.

GONZALES, Elena, y García, Blanco. "*Estudios sobre la Tradición Oral* de la Rioja: Reflexiones Críticas y Perspectivas de Futuro." *Academia.edu.*

GRAMSCI, Antonio. *Cultura y Literatura.* Barcelona: Ediciones Península, 1977. En *Oratoria, Conversación, Cultura.*

GUASCH, Fernández, Sergio. *El Hecho y el Derecho en la Casación Civil.* Barcelona: J.M. Bosch Editor, 1998.

GUASCH FERNÁNDEZ, Sergio. *El Hecho y el Derecho en la Casación Civil.* Barcelona: Editorial J.M. Bosch, 1998.

HERRERA ANZOATEGUI, Blas. *Casación Laboral.* Reproducción permitida y autorizada, 1960. Mimeógrafo. Apuntes de clase del estudiante Julio Bennetti Salgar, 1956.

HERRNSTADT, Ernesto. *Tratado del Derecho Social Colombiano.* 3ra ed. Bogotá: Editorial ABC, 1949.

KELSEN, Hans. *Teoría Pura del Derecho.* 11ª ed. México: Editorial Porrúa, 2000. Traducción de Roberto J. Vernengo, pág. 247.

KELSEN, Hans. *Teoría General de las Normas.* México: Editorial Trillas, 1994.

KELSEN, Hans. *Derecho y Lógica.* México: Ediciones Coyoacán, 2012.

KELSEN, Hans. *La Garantía Jurisdiccional de la Constitución: (La Justicia Constitucional).* México: Universidad Nacional Autónoma de México, Instituto de Investigaciones Jurídicas, 2001. Num. 5.

KELSEN, Hans. *Derecho y Lógica.* 1ra ed. México, D.F.: Ediciones Coyoacán, 2012.

LAPORTA, J. Francisco. *El Imperio de la Ley: Una Visión Actual.* Madrid: Editorial Trotta, 2007.

MENDOZA MEDINA, Raimundo y Alberto. *Principios de Técnica de Casación Laboral* (Tesis de grado). Bogotá: Universidad Javeriana, 1987.

MORALES MEDINA, Hernando. *Técnica de Casación Civil.* Bogotá: Editorial Lerner Ltda., 1963.

MORCHÓN, Gregorio Robles. *Ley y Derecho Vivo.* Madrid: Centro de Estudios Políticos y Constitucionales, 2002.

MUR BELLIDO, Francisco. *Recurso de Casación Laboral (Según la Legislación Española y la Doctrina de la Sala VI del Tribunal Supremo).* 2da ed. Madrid, 1964.

MURCIA BALLEN, Humberto. *Recurso de Revisión Civil.* 3ra ed. Bogotá: Grupo Editorial Ibáñez.

OJEDA AVILÉS, Antonio, Oscar ERMIDA URIARTE, eds. *La Negociación Colectiva en América Latina.* Madrid: Instituto Europeo de Relaciones Industriales/ Editorial Trotta, 1993.

ORTEGA TORRES, Jorge. *Código Sustantivo del Trabajo y Código Procesal del Trabajo,* con notas, concordancias, jurisprudencia y normas legales complementarias. 4ta ed. Bogotá, 1959.

PALMA FERNÁNDEZ, José Luis. *La Seguridad Jurídica Ante la Abundancia de Normas.* Madrid: Centro de Estudios Políticos y Constitucionales, 1997. Cuadernos y Debates, 68.

PASCUAL, Juan Mon. *La Nueva Legislación de Procedimiento Laboral (22-V-1958).* Barcelona: Escuela Social de Barcelona, Editorial Bosch, 1959.

PÉREZ LUÑO, Antonio-Enrique. *La Seguridad Jurídica.* 1ra ed. Barcelona: Ariel Derecho, 1991.

PÉREZ VIVES, Álvaro. *Recurso de Casación en Materias Civil, Penal y del Trabajo.* 2da ed. Bogotá: Librería Americana, 1946.

PFÄNDER, A. "*Lógica*," traducción del alemán por J. Pérez Bances. *Revista de Occidente* I, Manuales de Filosofía, 1928.

PLANA, Juan Gil. *La Prueba en el Proceso Laboral.* Madrid: Editorial Thomson, Aranzadi, 2005.

POMBO, Manuel Antonio, y José Joaquín GUERRA. *Constituciones de Colombia,* Tomo III, 4ta ed. Bogotá: Biblioteca Banco Popular, 1986.

PUIGARNAU, Jaime Mans. *Hacia una Ciencia General del Derecho.* 3ra ed. Barcelona: Casa Editorial Bosch, 1970.

QUINCHE RAMÍREZ, Manuel Fernando. *Vías de Hecho, Acción de Tutela Contra Providencias.* 6ta ed. Bogotá: Ediciones Doctrina y Ley Ltda., 2010.

RADBRUCH, Gustav. *Introducción a la Ciencia del Derecho.* Madrid: Biblioteca de la Revista de Derecho Privado, Serie C, Vol. II, Librería General de Victoriano Suárez, 1930.

RACIONERO, Luis. *Leonardo Da Vinci.* Madrid: Biblioteca ABC, Protagonistas de la Historia, 2004.

ROMERO, Francisco, y Eugenio PUCCIARELLI. *Lógica.* Edición escolar. México, D.F.: Espasa Calpe Mexicana, S.A., 1958.

SARMIENTO NÚÑEZ, José Gabriel. *Análisis Crítico a la Casación de Oficio.* Caracas: Editorial Livrosca, 1996.

SEMPERE NAVARRO, Antonio V. *El Recurso de Casación para la Unificación de Doctrina.* Pamplona: Editorial Aranzadi, Cuadernos de Aranzadi Social, 1999.

TARUFFO, Michele. *La Motivación de la Sentencia Civil.* Madrid: Editorial Trotta, 2011.

TOCQUEVILLE, Alexis. *El Antiguo Régimen y la Revolución.* México: Fondo de Cultura Económica, 1998. Primera reimpresión.

USME PEREA, Víctor Julio. *Recurso de Casación Laboral: Enfoque Jurisprudencial.* Bogotá: Editorial Ibáñez, 2009.

ZULETA ÁNGEL, Alberto. *Casación Civil.* Reproducción permitida y autorizada, 1960. Mimeógrafo.

Tribunales de Arbitramento Laboral: Límites jurisprudenciales a los tribunales obligatorios. Katerine Bermúdez Alarcón, Juan Sebastián Encinales Ayarza, Sandra Lucía Tovar Reyes. Bogotá: Universidad Externado de Colombia, Departamento de Derecho Laboral, Centro de Investigaciones Laborales.

Recursos Extraordinarios en materia laboral. Coordinadores académicos: Carlos Arturo Barco Alzate, Carolina Otálora Van Houten, Bernardo Alonso Wilchez. 1ra ed. Bogotá: Legis-Colegio de Abogados del Trabajo.

Revista de la Academia Colombiana de Jurisprudencia. Director: Parmenio Cárdenas y Miguel Aguilera. *Revista de la Academia Colombiana de Jurisprudencia*, Año XXIII, No. 168, 1954.

Compilación de Jurisprudencia de la Sala Plena de Casación Laboral de la Corte Suprema de Justicia, 1967-1994. Presidente de la Sala Laboral: Ernesto Jiménez Díaz. Con la colaboración del magistrado Hugo Suescun Pujols y del profesor Pedro Charria Angulo.